은퇴의 길목에서

은퇴의 길목에서

초판 1쇄 발행 2024년 5월 20일

지은이 정연배
펴낸이 장길수
펴낸곳 지식과감성⁸
출판등록 제2012-000081호

교정 김나현
디자인 오정은
편집 오정은
검수 김나현, 이현
마케팅 김윤길, 정은혜

주소 서울시 금천구 벚꽃로298 대륭포스트타워6차 1212호
전화 070-4651-3730~4
팩스 070-4325-7006
이메일 ksbookup@naver.com
홈페이지 www.knsbookup.com

ISBN 979-11-392-1846-6(03810)
값 16,700원

- 이 책의 판권은 지은이에게 있습니다.
- 이 책 내용의 전부 또는 일부를 재사용하려면 반드시 지은이의 서면 동의를 받아야 합니다.
- 잘못된 책은 구입하신 곳에서 바꾸어 드립니다.

지식과감성⁸
홈페이지 바로가기

은퇴의 길목에서

새로운 삶을 꿈꾸는
은퇴자의 자서전적 에세이

정연배 글/그림

거묵끝에서. GAMPO 7/9.

지식감정

차림표

머리말 ··· 8

1부 젊은 시절

1 상장을 빼앗기다 ································ 12
2 한마디 칭찬이 춤을 추게 하다 ·············· 15
3 대도시 진학을 포기하다 ······················ 18
4 대학 입학금을 들고 튀어라 ·················· 22
5 철없는 댄스의 꿈 ······························· 26
6 광란의 내 젊은 시절 ··························· 30
7 동해안 멸치회의 진미 ························· 37
8 반 공기 밥을 태우는 인생 ···················· 41
9 어머니와 함께 살다 ···························· 49

2부 캐나다 생활

1 이민, 정착, 그리고 사업 ······················ 56
2 스스로 죽게 하는 것들 ························ 61
3 커피 첫 잔의 맛과 향기 ······················· 72
4 커피는 함께할 때 그 향기가 멀리 퍼진다 ·········· 76
5 Running with dog ······························ 80
6 고등어조림 한상 ································ 83
7 단풍이 드는 가을에 고향 생각 ·············· 87
8 택시 기사로 일하다 ···························· 90
9 내리는 눈송이를 보면 가슴이 터진다 ············ 95
10 두 아들 이야기 ································ 99
11 애들에게는 고향이 무엇인가 ············· 103
12 큰아들의 방문 ································ 107
13 이제 막내도 떠나고 ·························· 112
14 작은 항아리 ··································· 115
15 고국행을 머뭇거리다 ······················· 118

3부   대학교 생활

1 공예 디자인 대학교에 다니다 …………………… 122
2 공예 디자인 대학교 기초과정 졸업 …………… 130
3 두 번의 자동차 사고 …………………………… 137
4 대학교 생활에서 일상 …………………………… 146
5 시공에 갇혀 살다 ………………………………… 149
6 내 사랑, 그 아름다운 곡선 …………………… 153
7 근사하게 보여야 한다 …………………………… 157
8 떠남이 아쉽고 설레다 …………………………… 163

4부   어머니와 누이

1 세월이 남긴 어머니의 아픔 …………………… 168
2 어머니의 삶의 끈 ………………………………… 174
3 어머니의 외로움 ………………………………… 177
4 어머니께서 만든 젓갈 …………………………… 183
5 어머니의 동동주 ………………………………… 189
6 내 삶의 끈은 무엇일까 ………………………… 192
7 내 의지로 살고 싶다 …………………………… 198
8 누이의 외로움 …………………………………… 203
9 누이가 남긴 사진첩 ……………………………… 206
10 누이의 일기장 …………………………………… 211

5부　은퇴의 길목에서

1 화사하게 핀 들꽃처럼, 지저귀는 새처럼 ……… 216
2 들국화 향기처럼 ………………………………… 221
3 내가 만든 애호박고추탕 ………………………… 225
4 봄비에 추해 보이는 마른 떡갈나무 잎 ………… 229
5 한계령의 추억 …………………………………… 233
6 바다와 호수가 있는 고성 화진포 ……………… 237
7 나는 자주 깜빡한다 ……………………………… 241
8 노년에 능동적으로 산다는 것 ………………… 247
9 내 꽁지머리 ……………………………………… 251
10 '나는 무엇인가'를 찾아서 ……………………… 260
11 제로 에너지 주택을 지어라 …………………… 280
12 상추와 고등어조림 한상 ……………………… 287
13 적게 먹고 살아간다면 ………………………… 291
14 자기를 버리고 더러움을 담는 무명옷 ………… 296
15 사랑에 빠지고 싶다 …………………………… 300
16 김환기 화백 생각 ……………………………… 303
17 겨울 배추는 달고 향기롭다 …………………… 307

글을 끝내며 ………………………………………… 312

머리말

　창 너머 농촌의 들판을 본다. 영하 추위에 겨울 배추가 노란색과 푸른빛을 안고 밭고랑 사이로 듬성듬성 보인다. 배춧잎이 끈으로 동여매어져 영하의 추위를 이겨 나가는 놈도 있지만, 농부의 관심 밖에 있어 잎을 벌리고 그냥 바닥에 누워 있는 놈들도 있다. 주변 잎은 말랐지만, 중앙부 잎은 노란색이 푸른빛을 내면서 추위를 견디고 있다. 작고 볼품이 없다. 그러나 그 색깔은 어느 것보다 진하다.

　오늘 아침 바닥에 누워 있는 푸른빛의 배춧속을 따서 아침으로 먹었다. 맛은 달고 바싹하며 향기로웠다. 그놈도 추위에 살아남기 위해서 땅속에서 진액을 빨아들여 진하게 하고 또 진하게 하여 이 겨울을 이겨 나가는 모양이었다. 과거 춥고 힘든 시절이 생각났다. 마치 겨울 배추가 영하의 추위를 이겨 내는 것과 같았다. 겨울 배추가 달고 향기롭듯이 내 삶도 그러리라는 생각이 들었다.

　학창 시절에는 열심히 공부하였지만 환경의 어려움을 헤쳐 가지 못하고 반항아가 되었다. 힘들면 스스로 자학하기도 했다. 결국 나는 부모와 형제의 바람을 채워 주지 못하였고 짐이 되기도 했다. 이런 자괴감이 항상 내 인생을 눌렀다. 어른이 되어 현실을 박차고 우뚝 서야 했으나 약한 육체는 그것을 허락하지 않았다. 어떤 때는 피해 가는 도망자가 되었다. 나는 정말로 열심히 했는데, 그런데 나만 왜? 하면서 자주 세상을 원망도 했다.

다행히 열심히 한 덕분에 건축사가 되어 설계 사무소를 열었으나 몇 년 후 갑자기 들이 닥친 IMF 경제 위기로 사무소를 닫았다. 나는 또 다른 꿈을 만들기 위해 가족을 데리고 캐나다로 이민하였다. 그러나 타국에서의 적응은 쉽지 않았고 어려움의 연속이었다. 나는 점점 지쳐 가면서 또 세상을 원망하고 분노했다. 그런 나를 보는 가족도 힘들어했다.

글쓰기를 하면서 나는 조금씩 변하기 시작했다. 삶을 관조하는 마음으로 멈추어 서서 내 자신과 세상을 바라보는 계기가 되었다. 특히 캐나다에서 5년 동안 택시 기사로 일하면서 수많은 고객을 만났다. 바닥에서 다양한 일을 하면서 매사에 감사하는 그들을 보았다. 그리고 캐나다에서 7년 동안 공예 디자인 대학교에서 공부를 하고 창작 활동을 하면서 보람된 삶을 맛보았다. 조금씩 욕심이 사라지면서 나를 내려놓고 마음을 비울 수 있었다.

이제 나는 반항을 하지 않고 세상을 원망하거나 비난하지도 않는다. 그리고 도망치지도 않는다. 단지 열심히 살아간다. 한 걸음 더 나아가 이제 세상에 감사하고 세상을 사랑하고자 한다. 이만큼 온 것도 이만큼 한 것도 다행이야. 그래 지금 나는 덤으로 사는 거야. 이렇듯 글쓰기는 나를 느긋하고 멋있게 만들고 있었다.

그동안 쓴 글을 모두 모아 하나씩 다시 보았다. 65세를 넘기면서 읽어 보는 내 글이 다시 나를 다독이며 채찍질하였다. 또다시 치유와 반성의 시간이 되었으며, 동시에 용기를 주었다. 가끔은 웃기도 하고, 가끔은 행복해하고, 가끔은 외로워하는 나의 중년이 익어 가는 시간이었다.

책 발행에 수고해 주신 지식과감성 출판사 직원에게 감사한다. 저의 독자 역이민 카페 회원에게 감사드린다. 제가 공부할 수 있도록 사랑을 주신 형제에게 고마움을 전한다. 하늘에 계시는 아버지와 어머니에게 존경과 사랑을 보낸다. 마지막으로 아내와 두 아들에게 항상 사랑한다는 말을 전한다. I love you and I will always be there.

글쓴이 정연배

1부 젊은 시절

1 상장을 빼앗기다

초등학교 3학년 때였다. 학교에서 겨울 방학 전에 반에서 우수한 학생에게 최고의 상장을 주었다. 몇몇 학생이 개근상을 받았고 마지막으로 우수 상장을 받을 학생 이름이 호명되었다. 내 이름이 호명되자 나는 엉겁결에 선생님 앞으로 나갔다. 받고 보니 상장이었다.

"무슨 상장인지는 모르겠지만, 세상에, 내가 상장을 다 받다니……. 엄마께 자랑해야지."

너무 좋아 눈물이 나올 것만 같았다. 상장을 가슴에 품고 내 자리로 돌아왔다. 그 순간 반에서 갑자기 작은 혼란이 생겼다. 그리고 선생님이 나를 불러 내가 품고 있던 그 상장을 빼앗고 다른 학생에게 주었다. 다른 학생이란 같은 반의 내 사촌이었다. 이때 작고 못생긴 한 아이가 소리 없이 몰래 울었다. 그리고 이 사실을 그 누구에게도 말하지 않았다. 이 사건이 이 아이의 인생 흐름을 180도 바꾸어 버렸다.

몇 개월 후 삼촌(그 사촌의 아버지)은 경주로 발령이 났고 삼촌 가족은 경주 시내로 이사를 하게 되었다. 이때 불쑥 아버지께서 나에게 물었다.

"너 경주에서 공부해 볼래?"

"네, 아버지."

나는 망설임 없이 답했다. 내 아버지는 문중의 어른이었기 때문에 아버지가 원하면 할 수 있었다. 내 대답을 듣자 바로 아버지는 삼촌에게 나를 경주 시내 초등학교에 전학시켜 데리고 가도록 하였다. 나는 아버지 덕분에 주거지와 관계없이 전학하는 혜택을 받았고 그때부터 나는 삼촌 집에서 살면서 사촌들과 같이 먹고 자고 학교를 다녔다. 그리고 1년 후 나는 그곳을 떠났다.

우리 가족은 경주에서 먼 읍내에 살았다. 아버지는 8남매의 장남이었고 할아버지와 할머니가 일찍 돌아가시는 바람에 동생들을 돌보고 출가시켰다. 우리 가족은 7남매이다. 사촌들을 합하면 그 수는 무척 많았다.

어머니는 나이 38세에 나를 낳았다. 나는 7남매의 6번째이다. 밥도 먹기 힘든 시절 중년에 나를 배 속에 두고 힘든 집안일과 장손 며느리로서 일을 해 왔다. 배 속에서 내가 얼마나 발랐는지 어머니께서 매우 힘들었다고 했다. 나는 겨우 세상에 나왔으나 매우 메마르고 비실비실했다. 어머니 말로는 너무 힘든 시절에 못 먹었기 때문이라 하였다.

부모님이 돌보아야 할 자식들이 많고 그뿐만 아니라 형제들까지 보살폈기 때문에 사실 아버지가 사랑을 베풀고 돈을 벌었다 하더라도 우리 가족에게 돌아올 것은 그만큼 적었다. 그런 환경 속에서 막내 축에 드는 나는 작고 가늘고 말이 별로 없는 구정물 줄줄 흐르는 개구쟁이 사내였다.

아버지 형제 중 두 번째 동생(나에게는 두 번째 삼촌)은 다행히 읍사무소 공직자였기 때문에 아버지 그늘에서 벗어나 그 당시 풍족하게 살았다. 그 삼촌에게 첫 아들(나에게는 동갑내기 사촌 형제)이 있었다. 그 사촌은 첫 아들로 귀하게 여겨졌으며 아버지가 공무원이라 잘 차려입었다. 읍내에서는 가장 잘생기고 토실토실하고 공부 잘하여 애들에게 선망의 대상이었으며 반장과 회장까지 다 차지하고 있었다.

반면, 나는 허름한 옷을 입었고 체구는 작고 삐쩍 마른 몸매에 얼굴마저 못생긴 막내였다. 아버지는 교육받은 읍내 유지고 장손으로 문중에서는 절대적인 권위를 가지고 있었고, 또한 아버지는 형제를 돌보고 있었기 때문에 아버지 형제들과 그들의 가족들은 아버지를 절대적으로 의지하고 따랐다. 다행히 그 덕분에 모든 사람들이 "그래, 그 댁 막내 아들이구나!" 하면서 나를 알아주었다. 그래서 그때는 나도 아버지만큼 대단한 줄 알았다.

선생님이 내 이름을 불렀다.
"정연배?"
나는 이때 처음으로 상장을 받았다. 선생님은 내 사촌, 즉 공부 잘하고 토실토실하고 애들에게 선망의 대상인 삼촌의 첫 아들에게 주어야 할 상장을 단지 하나의 모음만 다른 이름 때문에 혼돈한 것이었다. 내 사촌 이름은 "○○부".

그때 선생님이 나에게 상장을 빼앗지 않고 추가로 상장을 하나 더 만들어 내 사촌에게 주었더라면 그때 그 어린아이는 울지 않았으리라. 그리고 어린 나이에 쉬이 부모를 떠나 감히 혼자 도시로 나갈 생각을 안 했을 것이다.

2 한마디 칭찬이 춤을 추게 하다

　삼촌 댁에서 먹고 자고 학교 다니는 것은 매우 좋았다. 동갑의 사촌이 형제고 친구였다. 먹는 것도 풍요로웠다. 그러나 아무리 좋았다 하더라도 내 집보다 못했다. 나는 1년 후 삼촌 댁에서 무작정 나왔다. 그때 누이가 경주 시내 고등학교에 입학하면서 혼자 경주에 자취를 하고 있었는데 나는 그곳으로 갔었다.
　"누나, 나 여기서 살면 안 돼?"
　삼촌 댁의 따뜻하고 풍족한 생활이 갑자기 춥고 배고픈 시절이 되었다. 누이는 공부와 학교생활로 바삐 다녔고, 나는 춥고 먹을 것 없는 단칸방에서 혼자 누이를 기다렸나. 고향을 왜 떠났는가? 비쩍 마른 작은 한 아이가 양지바른 곳에 쪼그리고 앉아 졸기도 했다. 그때부터 그 아이는 항상 홀로 있었다.
　큰형은 공무원이었는데 마침 경주로 발령을 받았다. 아버지는 모든 역량을 모아 경주 중심지에 아들 부부가 살 전셋집을 구하여 살도록 했다. 중학교에 진학하고 나는 큰형 댁으로 옮겨졌다. 나와 나이 차가 18년이나 되는 형과 형수는 사실 나에게는 형이라고 하니 형이었고 형수라 하니 형수였다. 아버지뻘의 형은 무뚝뚝했고, 형수는 살갑지 않았다.

아버지는 대가족 맏이로서 절대적인 권력을 갖고 있었기 때문에 나에게는 큰 우군이었다. 곧은 성격의 맏며느리인 형수는 아버지에게는 어린 양이었다. 그 덕분에 나에게도 함부로 하지 못했다. 형수는 아버지가 계실 때나 고향집에서는 친절했으나 따로 사는 형 집에서는 달랐다. 나에게는 무섭고 엄한 분이었다. 철없는 어린 동생은 그분들에게는 살기가 빡빡한 시절 억지로 초청된 손님이었다. 나의 호칭도 긴 발음의 '도련님'에서 짧고 굵은 발음의 '되렴'이 되었다.

어느 날 나는 학교 수학 선생님을 근처에서 만나게 되었다. 선생님은 형 댁 근처 월셋집에 살고 있었다. 비쩍 마르고 작은 애가 학반 제일 앞에 앉아 있었고 말은 없고 조용했다. 큰 교복을 입고 축 처진 어깨에 가방을 메었다. 그런 몰골에 비해 수학 성적이 꽤 괜찮았는지 눈빛이 좋았는지, 그때 선생님은 이 아이에게 한마디의 칭찬을 해 주었다.
"공부 참 잘하던데."
대가족의 어른인 아버지와 먹을 것을 바리바리 싸서 나르며 먹고살려고 애쓰는 어머니가 생각난다. 1년에 몇 번 버스를 타고 비포장도로로 3시간이나 걸려 고향으로 달려간다. 돌아올 때 학비 달라고 떼를 쓰는 누이들이 보인다. 그때마다 돈 없다고 울며 쓰러지는 어머니가 보인다. 나는 그곳을 떠나 형 댁에 살고 있었다.
나는 시계추처럼 그냥 하루하루를 왔다 갔다 하고 있었다. 양지바른 곳에 앉아 있으면 햇빛만이 나에게 따사로운 존재였다. 방과 후에는 쪼르륵 내 방에 들어갔고 밥 먹을 때만 나왔다. 그런데 누군가가 나에게 말을 걸었고 그리고 '잘했다.'라고 하였다. 선생님이.
그때부터 그 아이는 교과서를 통째로 암기하고 그것도 모자라 참고서를 탐독하기 시작했다. 반에서 제일 앞줄에 앉아 있는 쪼그마하고 조용한 한 아이가 성적이 오르자 학우들의 관심이 모였다. 그 아이는 이제 할 일을 찾았다. 그리고 더욱 공부에 열중했다.

  학우들이 그에게 다가왔다. 반 뒷줄에 있는 덩치 큰 놈들도 나에게 살갑게 말을 걸었다. 친구들도 많아졌다. 선생님도 친근한 눈빛을 보냈다. 형 집 생활의 어두움과 답답함 그리고 외로움은 이제 생각나지 않았다. 그 아이는 상위 그룹에서 공부하였고 졸업할 때는 전교에서 2등이었다.

3 대도시 진학을 포기하다

선생님의 칭찬 한마디에 나는 크게 고무가 되어 학업에 몰두했다. 하면 할수록 성적은 올라갔고 그만큼 칭찬이 많아지면서 신이 났다. 학교생활은 매우 즐거워졌다. 교과서를 넘어 참고서를 달달 외우기도 했다. 학업에 몰입함으로써 답답함과 외로움은 많이 해소되었으나 집에 돌아오면 여전히 눈치가 보이기는 마찬가지였다.

어느 날 아버지께서 올라와서 형 댁에 묵었다. 아버지는 장손으로 매우 엄했고 말씀이 별로 없는 분이었다. 나는 용기를 잔뜩 내었다. 저녁을 마치고 아버지께 내 생각을 말씀드렸다.

"아버지, 저 형 댁에서 나가 독립시켜 주시면 안 될까요?"

"같은 도시에서 네 형 댁을 두고 어찌 나가서 너 혼자 살게 할 수 있겠나?"

맞는 말씀이었다. 나는 한마디도 더 못 하고 물러났다. 경주에서 최상위급 중학생은 보통 대구에 있는 고등학교로 진학한다. 그 당시 고등학교는 입학시험을 보고 들어갔다. 성적이 오르면서 나도 공부에 자신이 붙었다. 나와 같이 공부하는 상위 그룹의 학우들은 보통 경주에서 의사, 공무원, 사장, 부농의 아들 등등 경제적으로 풍족한 애들이었다. 그들과 같이 공부하며 놀다 보니 내 형편을 잊어버리고 그들과 같은 생각을 하게 되었다. "나도 대구로 진학하면 되겠구나!" 하고.

고등학교를 대구로 진학하면 저절로 대구에서 나 혼자 자유롭게 살 수 있겠다 싶었다. "나도 성적이 최고가 되면 대구로 떠날 수 있다. 내가 왜 그런 생각을 못 했을까? 그래 맞아." 하면서 혼자 맞장구를 치면서 열심히 공부했다. 왜 공부를 할까? 공부해서 무엇이 될까? 하는 관심은 전혀 없었다. 오직 '대구로 진학', 그것이 공부의 목적이었다.

목표가 생기니 공부는 더 즐거웠고 더 재미가 났다. 성적은 쭉쭉 오르고 올라 대구 최고의 고등학교에 갈 수 있는 성적까지 올랐다. 이때까지만 하더라도 정말 별 문제가 없었다. 대구로 진학을 하는 것은 오직 성적만 좋으면 되는 것으로 생각하였기 때문이다.

그런데 고등학교 입학 원서를 작성할 때 갑자기 머리가 하얘지면서 나는 큰 충격을 받았다. 그리고 힘이 쭉 빠졌다. 그때 내 현실을 인식하였던 것이다. 내가 대구에 가서 혼자 살면 학비는 어떻게 하든지 지원받는다고 하자. 먹고 자고는? 그곳은 내가 한 번도 가 보지 못한 대도시다.

경주에서 고향 집에 가려면 덜컹거리는 버스를 타고 2~3시간을 가야 하는데, 그것도 1년에 몇 번이다. 돌아올 때는 학비 때문에 어머니께서 혼자 눈물을 지으시는데, 내가 혼자 대구로 공부하러 간다는 말인가?

우리 집 현실이 눈에 아른거렸다. 부모님은 여러 자식에 삼촌들까지 돕고 있다. 어머니께서 밤낮으로 고생하시는 것을 나는 잘 안다. 만약 내가 대구로 진학하면 우리 집은 경제적으로 더욱 피폐해질 것이고 어머니의 고통은 더 커진다. 나로 인하여 형제들은 그만큼 공부를 못 하게 되고 어머니께서는 돈을 벌러 나가야 한다.

내가 얼마나 고생하면서 열심히 공부를 하였는데, 그래서 충분히 합격할 수 있는 성적이 되었는데 어떻게 내가 포기할 수 있느냐고 마구 고집을 부릴 수도 있다. 내가 막 우기면 체면에 아버지가 대놓고 반대를 못 할 수도 있다. 모를 일이다. 장하다고 하면서 흔쾌히 받아 줄 수도 있다. 우리 집 경제적 형편이 내 느낌으로 알고 있는 것과 다를 수도 있다. 혹여 아버지에게 어떤 복안이 있을 수도 있다. 어느 날 아버지 반응이 어떨까 하고 눈치를 한번 살펴보자는 생각에 조심스럽게 아버지에게 말씀드렸다. 그런데 아버지 대답은 단호했다.

"대구에는 어느 친척도 없는데 어린 너를 객지에 혼자 보낼 수 없을 것 같다."

나는 아무 말도 못 하고 물러났다. 그 말씀은 형편이 안 된다는 뜻이다. 초등학생 때 나를 삼촌 따라 경주로 전학을 보낸 것은 많은 형제 중에 막내 하나라도 제대로 교육시켜 보자는 의도였다는 것을 나는 잘 안다. 또한 아버지는 내가 학업에 몰두하여 성적이 남다르다는 것을 알고 있으면서도 그렇게 반대한다는 것도 나는 잘 안다. 경제적인 문제와 함께 비실비실하고 어린 내가 대구에서 홀로 객지 생활을 하며 고생하는 것이 정말로 안타까워 만류했을 수도 있었다.

설령 체면으로 아버지께서 승낙했다 하더라도 나는 쉬이 대구 진학을 결정할 수 없었다. 고생하는 어머니만 보아도 우리 집 경제적 형편을 충분히 잘 알 수 있었기 때문이다. 설령 대구에도 신세 질 수 있는 친척 분들이 있다 한들 또 나는 친척 집에 붙어서 살게 된다. 그럼 대구에 갈 이유가 전혀 없었다.

아버지의 아픈 마음을 건드리고 싶지 않았다. 나는 바로 현실로 돌아왔다. 그리고 모든 것을 포기했다. 내가 왜 공부하는지도 모르면서 비풀어진 목표로 부모님을 고생시킬 수는 없었다. 현실을 무시하는 철없는 내 욕망이다. 내가 참으면 된다. 다시 3년이 지나면 성년이 되고 그때 다른 곳으로 얼마든지 떠날 수 있을 것이다. 초등학교도 겨우 졸업하고 돈 벌러 나가는 내 고향 친구들도 많다. 경주에서 공부할 수 있는 것만으로도 다행이다.

 이렇게 마음을 다잡고 보니 더 이상 공부할 필요가 없었다. 나는 여기 고등학교를 지원하고 시험까지 2개월 동안 그냥 놀았다. 모든 중학교 책과 자료를 다 버렸다. 평소 만나던 친구들은 나와 다른 부류의 애들이었다. 나는 그들과 더 이상 만나지 않았다. 그리고 그 누구도 만나지 않았다.

 나는 다시 혼자가 되었다. 어깨가 축 처졌고 답답했고 외로웠다. 만사가 귀찮았다. 내가 할 수 있는 것이라곤 방 안에 처박혀 소설책과 위인전기를 읽는 일들이었다. 책으로 다른 세상을 보는 것은 쪼그마하고 비실비실한 놈이 가장 하기 쉽고 돈도 들지 않는 일이기 때문이었다.

4 대학 입학금을 들고 튀어라

　대구로 진학할 수 없으면 더 이상 공부를 할 이유가 없었다. 무엇보다 힘이 빠졌다. 2개월 동안 공부하지 않고 그냥 소설책이나 읽으면서 빌빌거리며 놀다가 고등학교 입학시험을 보았다. 높은 등수로 입학해 보아야 그것이 나에게는 별 의미가 없다는 생각에 시험도 대충 보았다. 그래도 전교 4등으로 입학했다. 설령 1등을 해도 자랑할 일도 아니었다. 1등 한다고 내 살아가는 형편이 변하는 것이 아니기 때문이었다.

　고등학교에서 공부를 시작하면서 나는 다시 새로운 목표를 세웠다. 이제는 서울로 가는 것이었다. 여기 경주를 떠나 서울 대학교에 입학하여 과외로 돈을 벌면서 내 힘으로 대학을 다니고 싶었다. 그리고 '성공할 수 있다'라는 결심이었다. 역시 내가 공부를 해서 '무엇이 되겠다.'라는 생각은 없었다.

　상경하여 명문 대학에 간다는 거대한 꿈이 너무나 절실하였고 마음이 간절하였기에 고등학교 1학년부터 오직 학업에만 열중할 수 있었다. 그런데 고등학교 시절은 중학교 시절과 전혀 달랐다. 공부에만 몰입하고 친구 없이 형님 댁에서 밥 먹고 왔다 갔다 학교에 다니는 것은 엄청난 고통이 되었다.

한마디로 재미가 없었다. 고등학교 2학년이 되니 나도 사춘기였나? 모든 것이 힘들고 짜증이 나고 반항적이었다. 그래도 해야 했다. 내가 나를 쥐어박으니 결국 병까지 났다. 아버지께서 나를 한의원에 데리고 가서 진맥을 하고 한약을 지어 주셨다.

고등학교 2학년 때는 그 누구와도 말을 하지 않았다. 그 추운 겨울 난방 없는 슬래브 벽돌집의 찬 기운 속에서 손을 떨며 밤새 공부를 했다. 나는 수없이 내 자신이 무너지는 것을 느꼈으나 다잡았다. 어느 날 나는 내 팔을 불로 지지면서까지 나를 붙잡았다. 그런 나는 고등학교 3학년이 되면서 조금씩 지쳐 갔으며 대학 시험을 볼 즈음에는 아주 퍼지기 시작했다. 에라 나도 모르겠다 하면서.

나는 대학 입학 본고사에 실패했다. 그 시절 촌놈이 본고사 서술형 시험을 과외와 정보 없이 잘 본다는 것은 어려웠다. 무엇보다 나는 본고사 몇 달 전 이미 지쳐서 퍼지고 말았기 때문이다.

서울에 올라가서 재수하고 싶었다. 나 혼자 낑낑대며 공부하지 않고 학원에서 시키는 대로 하면 쉽게 공부할 수 있을 것 같았다. 그러나 가정 형편 때문에 고민이 되었다. 서울에서 재수하는 것이 시립 대학에 다니는 것보다 돈이 더 많이 들었기 때문이다. 몸과 마음은 피폐해져 건강은 더 나빠졌다. 신경쇠약 증상마저 나타났다.

아버지께서 후기 대학이라도 한번 시험 삼아 시험을 쳐 보라고 하셨다. 못 이기는 척하고 아버지께서 마련해 주신 여비로 바람을 쐴 겸 서울로 올라가서 후기 대학 시험을 보았다. 그리고 모든 것을 잊어버리고 고향에 내려가 쉬었다. 그때 동해안 바닷가를 돌아다니며 파도를 벗 삼아 여유 부렸다. 대학 시험 발표 날짜도 의도적으로 무시한 채 말이다.

백사장을 걸으면서 동해안을 바라보았다. 파도가 내 정강이를 덮쳤다. 나는 움칫하며 피했다.

나는 겁쟁이였다. 현실을 돌파할 용기도 없는 놈이 공부한다는 핑계로 현실을 부정하고 형제와 부모에게 반항했다. 그리고 공부로 나를 괴롭혔다. 무작정 상경해서 혼자 힘으로 재수를 하면 되지 않는가? 그럴 자신과 용기가 없으면 부모가 시키는 대로 하면 된다. 집을 떠나 형 댁에서 밥 먹고 공부하는 것이 너무나 힘들고 고된 공부였다면 고생하는 부모를 생각하여 공부를 그만두고 취업 전선으로 뛰어들면 되었다. 그런데 대학 진학을 하지 않고 직장을 잡을 용기가 나지 않았다. 아니 싫었겠지.

나는 비겁자였다. 그럴 용기가 없는 나는 얄팍한 욕심이 더해져 현실과 타협하고자 했던 것이다. 혼자 자취할 용기도 없으면서, 고등학교를 졸업하고 바로 직장을 잡을 생각도 없으면서 그냥 현실만을 부정하는 비겁한 겁쟁이 반항아였던 것이다.

시골로 대학 합격 통지서가 전해졌다. 아버지께서 후기 대학이라도 가야지 하면서 집에 있는 돈이란 돈을 다 모아 입학금을 마련해 주었다. 재수를 하고 싶다는 말은 꺼내 보지도 못하고 아버지께서 마련해 주신 입학금 돈뭉치(그 당시 백 원짜리 지폐 뭉치)를 가방에 넣고 서울로 갔다. 그리고 대학 입학 등록처를 방문했다. 그 순간 내가 꼭 이렇게 해야만 하나 하는 갈등이 생겼다.

이 입학금은 무척 큰돈이다. 한번 접수하면 끝이다. 그렇다고 접수를 안 하고 재수를 할 수는 없다. 고민과 갈등으로 등록 마지막 날 마지막 시간 저녁 5시가 되었다. 대학이고 뭐고 필요 없다. 돈 뭉치를 들고 튀

자. 그럼 나는 자유롭고 당당해진다. 부모의 도움에서 자유로워진다. 그럼 접수를 하면? 어렵게 사시는 어머니를 생각하여 무조건 열심히 공부해야 한다. 나에 대한 아버지의 희망을 저버릴 수도 없다. 동생 공부시키기 위해 형들도 힘이 든다.

그럼 튀면 어디로 가? 어디 갈 데도 없다. 나의 얄팍한 욕심이 발동했다. 접수하고 그 다음을 생각하자 하는 생각에 결국 나는 돈 뭉치를 창구에 밀어 넣고 말았다. 비겁한 내 얄팍한 생각이 잘못되었다.

그 이후로 내 대학 생활은 공부 안 하고 술만 마시는 반항과 혼동의 시절이 되었다. 헤쳐 나갈 생각을 안 하고 그냥 현실을 마구 부정하고 반항하며 살았다. 기회가 생기면 타협하는 겁쟁이가 되었다. 이러지도 저러지도 못하는 경계인이었다. 현실만 탓하면서 고민하고 괴로워하는 어중간한 인간이었다.

고등학교에서 오직 공부만 한 나는 세상 밖의 일에 대해서는 전혀 무지했다. 그때 내가 튈 수 있는 곳을 하나라도 알았다면 아마도 튀었을 것이다. 설마 입에 풀칠할 곳이 없겠는가 하는 생각을 했어두 나는 돈 뭉치를 들고 튀었을 것이다. 그때 미국이라는 나라를 알았더라면, 지금 외국물을 먹어 보았기 때문에 그런 생각을 할 수 있겠지만, 아마도 그 돈으로 물 건너갔을 것이다. 최소한 가족의 도움이나 기대에서 완전한 탈출은 되니까 말이다.

5 철없는 댄스의 꿈

촌놈이 처음으로 보는 서울은 너무나 넓었다 내가 감당하기에는 역부족이었다. 고등학교를 갓 졸업한 나는 세상 물정을 거의 모르고 아는 사람 하나 없어 서울 생활에서 항상 좌충우돌이었다. 한마디로 혼란이었다.

시골에서 보내는 학자금은 턱없이 부족했다. 그런데 서울 학생들은 모두 풍요로웠다. 서울 저놈들은 풍요롭고 촌놈인 나는 왜 가난한지 그것 자체가 이해되지 않았다. 그때 갑자기 중고등학생의 과외 공부가 전면 금지 되어 나는 공부하면서 돈 벌 기회마저 없어졌다. 공납금은 어찌어찌 모아 해결했지만 서울에서 먹고 자는 문제는 큰일이었다. 돈이 없으면 굶어야 했다.

동료들은 끼리끼리 놀았다. 돈 없는 촌놈이 낄 곳이 없었다. 모두 다 서울 저들만의 세상이었다. 이때 촌놈은 공부에 몰입하는 길밖에 없었다. 그런데 더 치열하게 공부에만 열중했어야 했지만 나는 공부하기도 싫었다. 그 대신 서울이라는 공룡을 보고 반항심만을 더 키웠다.

학교 앞에서는 매일 데모였고 최루탄의 매캐한 냄새가 거리를 메웠다. 나도 주먹을 쥐고 뛰어나가 보았지만 오히려 내 경제적 형편은 더

욱더 나빠졌고 나에게 고통만 더 주었다. 나는 자포자기했다. 그리고 혼란에 빠지면서 거리로 나와 데모를 하는 이념 행동주의보다 인생 허무주의에 빠지고 말았다.

대학교에 들어와서 술을 배웠고 그 이후로 밥 먹을 돈으로 매일 술독에 빠졌다. 학교를 끝내고 돌아오는 혜화동 성당을 지나면 혜화동 고개가 나온다. 그 고개 중턱에 허름한 내 월세방이 있었다. 혜화동 성당 석조 건물 옆에 마리아 동상이 있었다. 비틀거리며 그 옆을 지나면서 "이놈의 서울을 다 집어삼킬 거야." 하면서 고래고래 소리를 질렀다. 혜화동 고개를 넘으면서 미친놈같이 흐느적거리면서 주먹을 허공에 질렀다. 그래도 그런 젊은이를 눈여겨보는 이는 아무도 없었다. 내 목소리와 내 몸짓은 한적한 고개를 넘는 자동차 소음과 매캐한 배기가스에 파묻혔다.

1년을 그렇게 지내고 대학교 2학년이 되었다. 공부를 안 했으니 당연히 대부분의 과목이 낙제였다. 이러면 안 되겠다 싶어 정신을 차려 다시 공부에 전념했다. 2학년을 마치니 학과 2등이었고, 그래서 장학금이 나왔다. 5만 원이었다. 그때 하숙비가 2만에서 3만 원 했다. 이 돈으로 무얼 하나 곰곰이 생각했다. 매일 술을 퍼마시면 몇 달 갈 것 같았다. 이 돈을 자랑하면 작게나마 있는 향토 장학금마저 끊긴다. 그럼 없는 셈 치고 무얼 할까?

혜화동 고개를 넘으면 삼선교가 나온다. 그 입구에 유명한 나폴레옹 제과점이 있고 언덕 따라 조금 오르면 한옥 단지가 있었다. 그곳에 외숙모 댁이 있었다. 나는 처음 서울에 올라온 촌놈이었다. 아버지께서 그래도 외숙모 근처가 안전할 것이라 생각하여 외숙모 댁 근처에 나를 하숙시켰다. 몇 달 하숙 생활을 하다가 하숙비를 아껴 보자는 생각으로 삼선교 언덕에 있는 허름한 월세방으로 옮겼다. 그곳에서 종로까지 걸어 다녔다.

어느 날 삼선교 대로변을 걷다가 문득 댄스 교습소 간판이 눈에 들어왔다. 그 당시 사교 댄스가 크게 유행하여 서울 시내에 댄스 교습소가 많이 있었다. 나는 건물 2층 계단을 타고 올라가 창 너머로 댄스 교습소를 보았다. 넓은 플로어에서 두세 팀이 음악에 맞추어 춤을 추고 있었다.

어떤 결정을 할 때는 항상 핑계가 있는 법이었다. 언젠가는 서울을 다 말아서 먹을 정도로 성공했을 때 수많은 대중 앞에서 보란 듯이 나는 환상적이고 우아한 춤을 출 것이다. 외국 소설책을 많이 접한 내가 머릿속에서 또 다른 나의 소설을 쓰고 있었다. 그날 바로 나는 거금 2만 원을 들여 댄스 교습소에 등록했다.

예쁘고 젊은 아가씨 선생이 파트너가 되어 나를 가르쳤다. 매일 밀고 당기면서 스텝에 따라 넓은 플로어를 빙빙 돌았다. 배우는 것은 괜찮았으나 아가씨와 손을 맞잡고 마주 보며 춤추는 것이 참으로 부담스러웠고 민망했다. 촌놈이 난생처음으로 여자 눈동자와 코를 바로 두고 보면서 춤을 추려니 너무 쑥스러웠다. 어찌하여 아가씨 가슴이 내 몸에 닿을 때면 나는 움칠했다. 이제 겨우 20세가 되는 앳된 남자가 말이다. 선생 말로는 같이 춤을 출 때는 내가 너무 부끄러워한다고 했다. 한마디로 숫기가 없었다.

지르박, 왈츠, 트로트, 탱고 이렇게 기본 스텝만을 배우고는 두 달 만에 그만두었다. 선생이 나보고 나이 더 먹고 오라고 했다. 예쁘고 젊은 그 아가씨 선생은 공주 같았으며, 나는 하는 짓과 옷 입은 걸로 보아도 구정물 줄줄 흐르는 아주 촌놈이었다. 세상에 대한 반항심으로 스스로 타락하기엔 너무 어렸고 순진했다. 철없는 댄스의 꿈이었다.

6 광란의 내 젊은 시절

대학교 2학년을 마치고 고향에 들렀다. 겨울 무렵 날씨는 무척이나 쌀쌀했다. 무뚝뚝한 아버지께서는 별 말씀이 없으셨고, 그 대신 큰형이 말을 거들었다.

"동생, 군대에 갔다 오지?"

나는 아무 말을 할 수 없었다. 시골 부모님이 집에 있는 돈이란 돈을 모두 끌어모아 나를 대학교에 보내고 있었다. 더 이상 지탱할 수 없으리라는 것을 나는 너무나 잘 알고 있었기 때문이다. 꼭 말을 해야 아는 것이 아니다. 부모님이 돌보아야 할 사람이 우리 7형제에 삼촌들도 있었다. 시골 살림에서 어디 돈이 나올 구멍이 제대로 있었나? 고생하는 어머니만 보아도 알았다. 그래도 나는 말 한마디면 군대에 안 갈 수 있다는 것을 알았다.

"형님, 나도 군 입대에서 빼 주세요."

내가 동생을 어찌 뺄 수가 있느냐? 형으로부터 돌아오는 대답은 뻔할 것이었다. 권한으로 뺄 수는 있어도 안 빼 주는 것은 내가 형의 동생이기도 하지만, 경제적 이유가 더 크다는 것을.

작은아버지에게는 아들 둘이 있었다. 그들 중 한 명은 나와 나이가 동갑이고, 한 명은 두 살 아래였다. 어린 시절 나와 같이 자랐고 고등학교 시절에도 같이 다녔다. 사촌이지만 친구이기도 했다. 그들은 군대에 들어가지 않았다. 나는 누구보다 약하고 비실거렸는데 둘러보면 이리저리 핑계로 주변 친구들이 군대를 안 가거나 편한 곳으로 갔다는 것을 눈치로 알 수 있었다. 그러나 나는 무조건 안 된다는 것이었다.

형은 현재 시청 병무과에 근무를 하고 있었다. 억지로 할 수 있는 일이 아니었고 동생이기 때문에 더 그랬다. 사실 동생이니 당연 쉽게 할 수 있었지만 경제적인 이유가 더 컸다.

"동생, 3년만 지나면 집안 형편이 좀 나아질 거야. 그때 다시 공부하면 되잖아?"

나는 아무 말을 못 하고 고개를 끄덕였다. 그리고 부모님 앞에서 폼 나게 자원입대한다고 큰소리쳤다.

바로 군 입대를 위한 신체검사가 나왔다. 그런데 형에게 신체검사 요청시를 받고는 나는 큰 고민에 빠지고 말았다. 자원입대한다고 큰소리를 쳤는데……. 아뿔싸 신체검사라니? 고민 끝에 한 가지 방법을 생각해 냈다. 약국에 가서 붕대를 구입하여 왼팔에 감았다. 그리고 힐링힌 긴팔 상의를 입고 신체검사장에 갔다. 신체검사는 팬티만 입고 검사하는 전수 검사였다. 가는 곳마다 나에게 한마디씩 하였다.

"너, 왼팔 왜 그래?"

"운동하다가 좀 다쳐서……."

이런 식으로 넘어갔다. 모든 검사를 끝내고 마지막으로 군의관 앞에 섰다.

"왼팔 붕대는 뭐야?"

"화상으로 다쳤어요."

"팔 움직여 봐."

나는 상냥하게 웃으면서 자유롭게 팔을 움직여 보였다.

"됐어, 가 봐."

합격이었다. 나는 한숨을 놓고 집으로 돌아왔다. 몇 주 후 형에게 논산 훈련소 입소 명령서를 받았다. 나는 머리를 빡빡 밀고 기차역으로 갔다. 그곳에는 많은 입영자가 모여 있었다. 나만 머리를 빡빡 밀었지 대부분 긴 머리였다. 물어보니 논산 훈련소 입구에서 머리를 자른다고 했다. 미리 머리를 자른, 그것도 빡빡 민 내가 참으로 미련해 보였다.

논산 훈련소에 들어가니 정말로 이곳은 사람 잡는 곳이었다. 이리 돌리고 저리 돌리고……. 완전히 동물 취급을 하였다. 식반에 3찬밥이 나왔는데 대부분 동료는 먹지 못했다. 팔자 좋은 미친놈들이었다. 나는 먹었다. 그래도 먹을 수 있는 것이 어디야? 먹어야 견딜 수 있는 힘이 생기지……. 나는 개돼지처럼 억지로 먹었다.

며칠 지나자 훈련소에서 다시 신체검사가 있었다. 아뿔싸? 훈련소에 도착할 때는 긴팔 옷을 입었다. 훈련소에서 사제 옷을 벗고 갈아입은 훈련복도 역시 긴팔 군복이었다. 여태까지 아무도 내 팔을 볼 수 없었다. 그런데 훈련소에서 다시 신체검사를 하다니……. 여기서 그놈의 신체검사를 다시 하는 줄은 미처 몰랐다.

훈련소에서 하는 신체검사는 거의 반라로 하였다. 나는 왼팔을 몸으로 대충 가리고 근근이 여러 신체검사를 하였다. 그러나 마지막 군의관 관찰 검사를 빠져나갈 수 없었다.

"왼팔 내어 봐?"

모든 것을 포기하고는 순순히 나는 왼팔을 내밀었다. 속으로 '엿 먹어라, 이놈아.' 하고.

"저리로 가!"

나는 대부분의 훈련 입소자들이 나가는 출구로 못 나가고 작은 밀실 방향으로 가야 했다. 아직도 팬티 바람이었다. 바구니에 담긴 훈련복으로 다시 갈아입고 나는 작은 책상 앞에서 초조히 기다렸다. 모든 것을 포기하고, 마음도, 인생도.

간호사가 나왔고 내 앞에 설문지를 놓았다. 레이저 눈빛으로 치켜뜬 간호사가 볼펜을 주면서 말했다.

"작성해."

설문지는 두툼했다. 그래 그렇구나. 너희들이 나의 정신을 감정하는구나. 내가 너희들 같은 줄 아는 모양이지. 여기서 나는 정상이 될 수도 있고 역시 비정상도 될 수 있다는 것을 누구보다 잘 안다. 나는 입대를 해야 한다. 이대로 퇴소당하면 부끄럽다. 고향 사람들에게 너무 창피하다. 부모 뵐 낯이 없다.

전투에 임하는 병사 마음으로 나는 수백 개의 질문에 내가 확실히 정상이라고 판단되도록 의도적으로 다른 답을 선택했다.

"죽고 싶은 때가 있었나요?"

"전혀."

"어떤 색을 좋아하나요?"

"파란색."

"화가 나면 보통 어떤 행동을 하나요?"

"부모와 상의한다."

만약 내가 여기서 '죽고 싶은 적이 자주 있다.' 혹은, '화가 나면 가끔 자제가 안 되어 가구를 던진다.'라는 부정적인 항목에 주로 체크하였더라면 나는 아마도 군대에 못 갔을 것이다. 필기로 정신 감정을 받고 신병 훈련소 대기실에서 2주를 기다렸다. 동료들은 다 훈련소에 입소하여 훈련에 들어갔는데 나는 감옥 같은 대기소에서 풀 죽은 강아지처럼 낑낑거리면서 말이다.

 나는 다시 군의관에게 불려 갔다. 그리고 2차 정신 감정을 받았다. 처음보다 더 두툼한 설문지였다. 처음과 마찬가지로 내 감정과 생각이 아닌 의도적으로 가장 객관적인 입장에서 긍정적인 답을 하였다. 또 2주가 지나고 마지막으로 군의관 면접이 있었다. 가장 모범적으로 군대 생활을 할 수 있는 자세가 무엇인가를 곰곰이 생각하고 군의관 질문에 답했다. 결국 나는 신체검사를 통과했다.

 고등학교 2학년 시절, 어느 날 나는 미치고 말았다. 공부를 해야 하는데 주변 여건은 최악이었다. 방 천장에 고드름이 생기고, 쥐는 밤새도록 천장에서 들락거렸다. 형 댁에서 사니 매일 죽을 맛이었다. 공부로 몸과 마음은 수척해져 갔으나 성적은 최고를 유지했어야 했다. 참자. 참자. 그래 1년만 참으면 나는 서울 대학에 진학하여 서울로 갈 수 있다. 그런 결심으로 나는 전기인두로 成 획수 따라 내 팔을 지졌다.

 처음에는 견딜 만했는데 점점 상처 부위가 넓어지고 커졌다. 병원에 가 보지 못하여 상처 부위는 푹 파이고 고름이 고였다. 팔이 망가질 뻔했다. 큰 고통의 한 달이 지난 후에 그것은 멀리서도 쉽게 보이는 크고 볼록한 흔적을 나에게 남겼다. 그 흔적을 보면서 공부에 열중하였지만 자주 더 큰 혼란에 빠졌다.

 사실 군의관 입장에서 보면 나는 군대에 입대하지 말아야 할 사람이었다. 그냥 내 팔의 문신만 보아도 사고를 칠 사람으로 보였다. 이것을 본 군의관이 나를 군대에 보내겠는가? 설문지에 조금이라도 죽고 싶었다는 둥……. 이런 감성적인 부분이 있었다면 군의관이 과연 나를 군대에 보냈겠는가? 나는 절대 못 갔을 것이다.

그 시절에는 주로 가족이 많은 대학생만 선별하여 전방으로 보내졌다. 전방에서는 워낙 사고가 많았기 때문이다. 대학 정도 다니고 가족이 있으면 최소한 군대에서 문제를 일으키지 않으리라는 정부 판단이었다.

그러나 나는 가야 했다. 부모 뜻이었고 불합격되어 중간에 되돌아온다는 것은 정말로 부끄러운 일이었다. 부모 뵐 낯이 없었고 내 스스로에게도 정말 부끄러웠다. 군대에서 견디지 못한다면 군대에서 차라리 죽는 것이 낫다고 생각했다. 그때는 어떻게 하든 입대하는 것이 당연했다.

4주를 훈련 대기소에서 보내고 결국 내 의도대로 나는 논산 신병 훈련소에 입소됐다. 내 팔에 무엇이 있든 이제는 상관없었다. 훈련 때나 내무반에서 생활은 항상 긴팔 군복을 입고 있었기에 누구도 내 팔의 비밀을 알 수 없었다.

논산 신병 훈련 4주를 마치고 나는 군 병원 훈련소로 입소되었다. 그곳에서 4주 후반기 약제사병 교육을 마치고 전방에 투입되었다. 일반 의무병들이 대부분이었는데 자기들과 다른 특과병이라고 얼마나 나를 군기로 다스렸는지 죽는 줄 알았다. 내내 참았다. 고향에 가족이 있으니까.

전방 의무대에 근무할 때였다. 짬밥이 늘어 졸병 신세를 벗어날 무렵, 끼리끼리 통한다고 다행히 수술 의사 밑에서 의사 대신 수술을 도맡아 하는 선임자를 만났다. 그는 내 고민을 알게 되었고 나를 위하여 수술을 해 주겠다고 제의하였다. 우리는 의사가 퇴근하는 날 하루 날을 잡았다.

사실 그 당시 군의관은 형식적으로 출근하였고, 오후가 되면 맨날 술만 퍼마시고 다니던 시절이었다.

  나는 선임자의 집도로 수술대에 올랐다. 말이 수술대이지 그냥 침상에서 국부 마취를 하고 메스와 가위로만 하는 수술이었다. 내 살을 자르는 소리와 함께 통증이 왔지만 참아야 했다. 몰래 하는 수술이고 또 위험했지만 나에게는 선택의 여지가 없었다. 그때 그 문신은 지워졌다. 그러나 치밀하지 못한 수술로 흔적은 여전히 크게 남았다. 단지 눈여겨봐야 알 수 있는 정도이니 이마저 다행이었다.

  만기 제대를 하였다. 힘든 군대 생활이었으나 규칙적인 생활 덕분에 얼굴은 통통해졌다. 군대 복무 중에 자의 혹은 타의로 고향으로 돌아가지 못한 전우의 주검을 나는 여러 번 보았다. 나는 부끄럽지 않고 살아남았으니 다행이었다.

  훈련소 입영 때 고향 고등학교 동기 동창인 내 짝꿍이 생각났다. 제대 후 나는 그의 소문을 찾았다. 그는 고향으로 돌아오지 못했다.

  모든 훈련병들이 훈련을 마치고 연병장에 모였을 때였다. 교관이 잘 달리는 순서로 무리를 만들었다. 그는 그 무리에 포함되었고 알고 보니 공수 부대 차출이었다. 그는 5.18 때 헬리콥터에서 낙하 도중 사고로 죽었다고 했다.

7 동해안 멸치회의 진미

옛날부터 남동해안에서 매년 3월에서 6월 사이 멸치가 풍어였다. 멸치 떼들이 일 년 내내 조금씩 자주 남동해안으로 몰려오면 좋겠지만, 봄과 이른 여름 사이 한 철에만 몰려오니 생산량도 그때에 몰린다. 힘들지만 큰 장비 없이 배만 있으면 노동력으로 멸치를 잡을 수 있었다. 그래서 그때는 멸치잡이가 어촌의 큰 수입원이 되었다. 한창때는 부두 판장에는 아무 데나 멸치가 쌓여 있었고, 걷다 보면 발에 치이는 것이 또한 멸치였다.

멸치는 굵기가 어른 엄지 정도이다. 그 살은 연하고 기름이 풍부하며 그래서 쉽게 무르고 상하기 쉽다. 요즘같이 교통이 발전되었으면 모를까? 그 당시에는 어촌에서 도시로 운반하는 것은 쉽지 않았다. 멸치는 말리거나 일정 기간 보관할 수 있는 어종도 아니고, 또한 우리 입맛을 사로잡는 고급 어종은 더더욱 아니었다. 이러한 특성 때문에 일정 기간 한꺼번에 많은 멸치가 잡혀 부두로 들어오면 처치가 곤란해진다. 그래서 어촌에서는 멸치젓을 담갔다. 이는 멸치젓이 동해안에서 유명해진 이유이기도 하다. 그래도 더 많이 잡히면 백사장에 가마솥을 걸어 놓고 멸치를 즉석에서 데쳐서 백사장에서 말린다. 아마도 사료로 사용하고

자 그랬던 것 같았다.

 군대에 갔다 오고 나서 많은 시간이 남았을 때였다. 고향에서 빈둥빈둥 놀면서 어디서 한잔할지 궁리하던 시절이었다. 친구들과 부두에서 어슬렁거리다가 많은 배들이 부두에서 멸치를 터는 것을 보던 친구 한 놈이 마침 출출한 차에 멸치회 타령을 했다. 그것은 핑계로 한잔하고 싶다는 술타령이었다.

 "야, 멸치회나 먹지 뭐, 내가 어디 가서 막걸리 꿍쳐 올 테니까, 너는 그것 책임져!"

 나도 출출하고 심심했다. 배도 채우고 술도 마실 참으로 멸치를 터는 부둣가로 나갔다. 부두에서는 많은 배들이 길게 일렬로 줄지어 멸치를 털고 있었다. 어부들이 터는 동작에 따라 멸치들이 공중으로 흩어지면서 오후의 햇살에 은빛으로 반짝였다.

 나는 바구니 하나를 구해 들고 어부들이 터는 곳에서 멀찍감치 떨어져 서성거리면서 어부 뒤편으로 튕겨 나와 바닥에 떨어지는 멸치들을 바구니에 주워 넣었다.

 어부들이 부둣가에 일렬로 줄지어 서서 멸치를 털어 낼 때 대부분 멸치들은 바닷속에 쳐 놓은 그물망으로 다이빙하듯 어부 앞으로 떨어지지만, 간혹 재수 좋은 놈은 어부 뒤나 옆에 떨어지곤 한다. 나는 그때 그놈들을 주워 넣는다. 한 30분 주워 넣으니 몇 사람이 배불리 먹을 수 있는 충분한 양이 되었다.

 사실 둘러보면 사방 천지가 멸치가 아니던가. 공판장 중개인이나 어부에게 아는 척하고 멸치 무더기에 가서 한 바가지 퍼서 오면 무어 큰 대수인가? 몇 바가지인들 어떤가? 하지만 친구들의 입이 보통 고급이 아니어서 그런 것은 쳐다보지도 않는다.

왜냐하면 멸치 그물을 건져서 부두로 오는 시간과 터는 데까지 시간은 길고, 그러다 보면 멸치 살이 봄 햇살에 물러질 수가 있다. 그뿐만 아니라 그물을 먼바다에서 건져 올려 갑판 위에 산같이 쌓아 올릴 때 멸치들이 그 사이에 첩첩으로 중첩되면서 대부분 짓눌리게 된다. 또한 멸치 털기 과정에서 멸치들이 다시 바닷속으로 다이빙하여 들어가게 되고, 상처받은 멸치 살이 다시 바닷물을 먹으면 또 한 번 더 신선도가 떨어진다. 종종 부두에서 아재벌이나 형들이 속이 출출한 저녁이 되면 바가지 하나 건네주면서 "야야, 멸치 좀 주워 오너라." 하고 시키는 이유이고, 그것을 보고 도시에서 온 친척이 '그것을 왜 주워서 먹느냐?' 하고 깜짝 놀라는 이유기도 하다.

  아무래도 그런 멸치를 회로 만들어서 먹기에는 신선도가 좋지 않다. 그렇다고 그물을 건져 올린 배가 부두에 도착할 때 바로 배 갑판 위로 올라가서 그물 사이에 끼어 있는 싱싱한 멸치를 골라 손으로 일일이 집어 낼 수는 없었다. 무슨 통 배짱이라고 밤에 큰맘 먹고 몰래 하지 않는 한, 들킨다면 줄초상이 날 게 뻔하다. 그것은 밥상도 차리기 전에 남의 음식에 먼저 손대는 것과 같다.

  어쨌든 먹을 만큼 주워 왔다. 그리고 가까운 부둣가의 잘 아는 형님 상가 뒤편 수돗가에서 회 만들기 작업에 들어갔다. 먼저 멸치의 중앙 뼈를 발라내어 몸통 양면 살을 추려 내고 손가락과 손톱으로 머리와 꽁지 지느러미를 제거하였다. 드디어 멸치 몸통 살만 남게 되었다.

  그것들을 차가운 얼음물에 넣고 기름기와 더러움을 살짝 씻어 냈다. 다시 막걸리에 담그고 헹구어 내어 물기를 제거하면 멸치회 재료는 완성되는 것이다. 막걸리에 담그는 것은 멸치 살이 적당한 막걸리 도수로

소독이 되면서 흐느적거리는 멸치 살이 다소 졸깃해지고 비린내가 없어지기 때문이다.

하얀 쟁반에 멸치회를 얹고 총총 썬 상추, 미나리, 혹은 쑥갓과 함께 초장을 뿌려 비빈다. 그리고 담뿍 젓가락으로 집어서 입안에 넣고는 우물우물하면 약간의 비린내와 초장 맛 그리고 흐물거리는 연한 살이 목구멍을 타고 내려간다. 이때는 막걸리를 먼저 마시고 안주 삼아 멸치회를 먹기보다 멸치회를 밥 먹듯이 먹으면서 국 대신 막걸리를 마신다. 왜냐하면 오늘은 이것이 저녁이기 때문이다.

여기서는 멸치회에 많은 야채가 들어가면 멸치 살의 씹는 맛이 사라진다. 그래서 멸치회의 진짜 진미를 맛보기 위해서는 무칠 때 멸치 살과 초장 그리고 약간의 야채만으로 충분하다. 젓가락으로 한두 멸치 살을 초장이나 간장에 조금 찍어서 먹으면 멸치 살의 본래의 맛을 알 수 있다. 쌈으로 먹으면 또 다른 별미를 느낄 수도 있다. 하나 더 욕심을 낸다면 총총 썬 마늘 혹은 청양고추와 김 나는 밥 한 공기를 추가하면 더 바랄 것이 없다.

8 반 공기 밥을 태우는 인생

따사로운 봄날이었다. 눈을 떠 보니 원광 대학 병원(익산 소재, 이리는 익산의 옛 지명) 건물의 그림자가 나를 덮고 있었다. 해가 지면서 건물 사이로 가는 빛줄기가 새어 나왔다. 나는 잔디밭에 주저앉아 두리번거리며 어쩔 줄 몰라 했다. 여기가 병원 잔디밭이 아닌가? 병원 문을 나서자마자 어지럽더니 바로 잔디밭에 앉자마자 쓰러졌다는 게 생각이 났다. 그렇지……. 일어나야지……. 창피하잖아? 그럼, 이젠 무얼 하지?

잔디밭에서 두세 시간의 깊은 잠은 내게 작은 원기를 보태었다. 방금 전 병원 진료실에서 의사가 한 말이 생각났다.

"지금까지 검사한 것을 종합하여 보면 위암입니다. 당장 수술에 들어가지 않으면 위험합니다. 보호자는 어디 계세요?"

올 일이 왔다는 생각이 들었다. 이제까지 고통으로 견디어 온 반년을 생각해 보면 의사의 말처럼 큰 병일 것이다. 그러나 막상 의사의 그 말에 화만 났다. 나는 아무 말을 못 하고 의사 앞에 그냥 멍하게 서 있었다.

"당장 입원하여 조치하여야 합니다."

그 말을 듣자마자 나는 무표정으로 아무 말 없이 진료실 출입문을 향했다. 그리고 신경질적으로 외쳤다. '네가 무슨 상관이야.' 하듯이…….

"그것은 내가 알아서 할 일입니다."

의사는 놀라는 표정을 지으면서 다시 말을 건넸다.

"가시더라도 전화번호만이라도 주시지요."

나는 뒤도 돌아보지 않고 혼잣말로 '의사면 의사지, 지가 뭔데……. 미친놈…….' 하고 중얼중얼하면서 진료실 문을 나왔다. 본관 문을 지나니 건물 앞에 푸른 잔디가 눈에 보였다. 눈이 부셨다. 갑자기 허공에 뜨는 기분이었다. 그리고 졸렸다. 잔디에 주저앉고 누웠다. 갑자기 편안함을 느꼈다.

두세 시간이 흘렀나? 잠에서 깨어났나? 눈을 떴다. 여기가 잔디밭이지? 나는 엉거주춤 일어섰다. 기운이 도는 것 같았다. 잔디밭에 계속 앉아 있을 수 없었다. 어디론가 가야겠다는 생각이 들었다. 걸음이 가는 대로 시내로 걸었다. 마음을 비운 탓일까? 배가 고팠으나 편했다. 이 도시에 내가 아는 곳은 어디에도 없다. 단지 내 근무지인 아파트 건설 현장뿐. 문득 현장 직원들과 자주 갔던 그 양주 집이 생각났다. 한잔 술로 모두 잊고 싶었다. 이것으로 마지막이 되고 싶었다.

택시를 타고 그 가게로 갔다. 기와집으로 된 안방술집이다. 매일 여기서 저녁을 먹고 술판을 벌였나? 새벽부터 하루 종일 현장에서 녹초가 된 뒤, 여기로 개 끌려가듯 와서 매일 밤늦게 또 술판으로 일을 해야 했지. 그래, 이제 여기서 내 스스로 술판을 한번 깔아 봐?

이른 오후 시간이라 조용했다. 아가씨들이 나를 알아보고는 하얀 사기 그릇에 죽을 담아 왔다. 죽 한 그릇을 먹으니 좀 살 것 같았다. 갑자기 일을 벌여야만 할 것 같았다. 급했다.

"미스 김, 빨리 술 가져와."

그녀는 위스키 한 병을 가져와 내 옆에 앉고 한 잔을 따랐다. 한 잔,

그리고 한 잔 마셨다. 마음이 축 늘어지고 편해졌다. 자주 오는 곳이었다. 그리 어색하지 않았다. 아무 말도 없이 고개를 푹 숙이고 그냥 술만 마시는 평소답지 않는 나를 보고는 아가씨들이 농담을 하면서도 경계하였다.

밤이 깊었다. 술 한 병이 다 말랐다. 그리고 술 한 병을 더 달라고 아우성치는 소리와 함께 기억이 가물가물했다. 다음 날 아침 눈을 떠 보니 호텔방에 혼자 누워 있었다. 몸은 시체와 같았으나 정신은 또렷했다.

내가 병이 들어 병원 신세를 지면 나는 직장을 잃고 누군가에게 의지해야 한다. 내가 어떻게 대학교를 졸업했는데 이제 시체가 되어 고향으로 실려 갈 수 없었다. 어릴 때부터 형 댁에서 힘들게 산 지가 몇 년인데, 졸업할 때까지 어머니와 형의 바람이 무엇인지 아는 내가 이대로 쓰러질 수 없었다. 설령 죽을병에 걸렸다 하더라도 차라리 죽는 것이 나았다. 이제 와서 어머니와 형에게 누가 될 수 없었다. 현장에서 당장 쓰러지더라도 내가 지금 할 수 있는 것은 현장에 복귀하여 평소대로 근무하는 것이다.

어느덧 아침 10시가 되었다. 아침밥도 없이 술도 덜 깬 몸을 이끌고 택시를 탔다. 15~20층 20개 동이 넘는 거대한 아파트 건설 현장이 보였다. 콘크리트 골조가 하늘로 향해 삐죽삐죽 솟아올라 있었다. 여기저기 한참 콘크리트 골조 공사 중이었다. 파이프 비계공이 높은 곳에 아슬아슬하게 매달려 비계 공사를 하고 있었다.

이곳 거대한 아파트 신축 공사 현장을 이끌어 가는 본사 직원은 건축기사인 나를 포함하여 건축소장, 건축부장, 건축과장, 경리과장, 이렇게 5명이다. 내가 없으면 누군가 금방 찾는 현장이었다.

현장 정문에서 택시에서 내려 현장 사무실 앞 오르막을 올랐다. 하루 종일 현장을 비웠으니 나를 보자마자 상급자가 난리를 피울 것이다. 그런데 현장 사무실 입구에서 나를 맞이하는 사람은 현장 사무실 직원이 아니라 바로 형과 삼촌이었다. 내가 깜짝 놀라 엉거주춤하는 사이 형과 삼촌은 내 양팔을 잡았다.

"이놈아, 다 알고 왔다. 우리하고 집으로 가자꾸나."

경상도 경주와 전라도 이리는 먼 거리이다. 어떻게 알고 하룻밤 사이에 나를 잡으러 여기로 왔을까? 경주로 향하는 고속버스 안에서 형과 삼촌이 하는 말을 미루어 알았다. 의사가 수소문하여 그날 저녁 늦게 형께 전화를 하였고, 그 의사는 이리에 있는 동생이 죽어 간다고 했다. 깜짝 놀란 형이 삼촌과 함께 나를 잡으러 밤새 달려온 것이다.

곧바로 나는 대구 경북 대학 병원에 갇히는 신세가 되었다. 이제 내 인생을 내가 어찌할 수 없었다. 모든 것을 포기하는 순간이었다. 형은 나를 며칠 병원 검사와 수속을 위하여 경주 형 집에 머물게 한 후 바로 경북 대학 병원에 입원을 시켰다.

똑같은 의사 소견이었다. 위장을 전부 다 잘라 내어야 한다. 그래야만 살 수 있다고 하였다. 난 믿을 수 없었다. 수술을 하여도 죽을 수 있다. 위장이 없으면 영양실조로 비실비실하다 죽기는 매한가지일 것이다. 암이라 하여도 수술하지 않고 민간요법으로 잘하면 극복도 할 수 있을 것 같았다. 잘 알아보면 안 잘라도 되는 방법도 있을 것이다. 이래 죽으나 저래 죽으나 마찬가지다. 어쩌면 안 잘라 내고 죽는 편이 낫다는 생각이 들었다. 이래 사나 저래 사나 마찬가지다. 지금 별 탈 없이 작은 양이라 하더라도 잘 먹고 있지 않는가? 이는 단지 허공에 외치는 내 생각일 뿐 내 의지는 이미 없었다.

수술은 일사불란하게 이루어졌고, 입원하고 일주일 후 나는 위장이 없는 비정상으로 다시 태어났다. 퇴원 후 나는 어머니가 살고 계시는 고향으로 보내졌다. 그때는 위암 수술이 발전되지 않았던 시절이라 무조건 다 자르는 시절이었다. 살아남아서 5년 지나면 안전하다고 하면서.

그때부터 보기에는 정상인이었지만 눈으로 보이는 장애보다 더 고통스러운 미래가 펼쳐지기 시작했다. 서울에서 공부하여 좋은 직장에 근무하던 아들이 멀쩡한데 고향에서 놀면서 밥도 제대로 못 먹고 비실비실거리고 있었으니 말이다. 그렇다고 "나 위장 없소." 하고 말할 수는 없었다.

시골에서 홀로 계시는 어머니의 보살핌을 받아야 하는 것이 더 큰 심리적 고통이었다. 집안의 모든 돈을 들여 상경시켜 대학교에 보냈다. 그런데 이런 꼴의 막내아들을 보는 어머니 심정은 나보다 더 죽고 싶었으리라.

밥도 제대로 못 먹으면서 5년 후를 기약해야 하고 5년 후 그때 되어 봐야 또 알 수 있다. 밥도 제대로 못 먹는데 5년을 기다려 봐야 한다면 인생 망하는 것이지 뭐.

이때는 밤낮 일만 하는 시절이다. 속으로 멀쩡하지 않은 놈이 멀쩡하게 산업 역군으로 열심히 살아가야 한다. 이는 지옥과 같았다. 그때부터 나는 내 인생을 비웠다. 될 대로 돼라.

어머니의 극진한 보살핌은 왠지 모르게 그것이 반항심이 되어 어머니와 격한 신경전이 되고 말았다. 밥상을 던져 버리고, 이유 없는 아우성을 지르고, 자주 울기도 하였다. 그때마다 어머니는 말없이 부엌 한편에서 눈물을 흘렸다. 시간이 지나면서 어머니와 아들이 서로서로 의지하는 생활이 되기도 하였다. 다 큰 아들을 보살피면서 아들이 별 탈 없이 지내는 것으로 만족하는 어머니, 그것에 안도하면서 의지하고 마음을 비우는 아들이었다.

　11세부터 공부하기 위해 혼자 도시로 보내졌다. 끼니를 건너뛰고 혹은 눈칫밥을 먹으면서 오직 공부에 매진했다. 그런데 살면서 하루 세 끼 먹고 미래 생각 없이 그냥 이렇게 오순도순 살아 본 적은 처음이었다. 내 생전 이렇게 행복한 적은 없었다. 치열하게 해야 할 일도 없었고 따져 보아야 할 일도 없었다. 잘 때 자고 먹을 때 먹었다. 단지 적은 양으로 끼니를 때우지만, 그것이 먹고자 하는 욕망의 문제이지 사는 데는 아무 지장이 없었다. 오히려 배는 더 편했다. 마음도 더 편했다.

　마음을 비우고 살다 보니 나는 하나의 생물체, 무심의 인간 생물체가 되는 것을 자주 느꼈다. 자주 동해안에 가서 파도를 보았다. 산에 가서 숲에 파묻혔다. 들에서 농부를 보았고 해안가의 어부를 바라보았다. 동네 아가씨를 만나 사귀었다. 아무 생각과 욕심이 없으니 갑자기 세상이 아름다워 보였다. 살다가 부르면 그냥 하늘로 가지, 뭐. 이렇게 단순하게 생각했다. 워크맨으로 팝송을 들으면 이렇게 좋은 멜로디가 세상에 있었는가 하고 새삼 놀라기도 했다.

　시골에서 오랫동안 요양을 하면서 틈틈이 공부하였다. 그동안 공부한 실력으로 공무원 공개채용시험에 합격했다. 그리고 다시 서울에 입성했다. 사무직으로 서울 생활을 하니 시간적으로나 경제적으로 여유가 생겼다. 다시 자신이 생겼다. 나도 보통 사람들과 같이 가정을 가지고 싶었다. 그래서 사랑하는 사람과 결혼했다. 애들도 생겼다.

　직장 생활을 하자 반만 먹는 데도 불구하고 항상 내 속은 쓰리고 아팠다. 차라리 안 먹는 것이 편했다. 이것은 내 평생 일상이 되었다. 그러려니 하였다.

몸은 그랬지만 나는 여기서 멈추지 않았다. 직장을 다니면서 악착같이 공부를 하였다. 세 번 도전하여 건축사 면허를 취득하였다. 그리고 설계 사무소를 열었다. 몇 년 후 IMF 경제 위기로 사무소 경영이 어려워지자 설계 사무소를 정리하고 가족을 데리고 캐나다로 이민을 하였다.

아무리 힘이 들어도 직장에서는 남이 하는 식으로 사회생활을 했어야 했다. 아무리 허약하더라도 남이 하는 식으로 가정생활을 했어야 했다. 그러나 나는 내 처지를 무시하고 좀 더 잘살기 위해서 욕심만을 부렸다. 남에게 의지를 안 하고, 남에게 피해를 안 주고, 최선을 다하면 되는 줄 알았다. 그것은 순전한 내 욕심이었다. 나의 형편이 어떻든 상대에 대한 배려가 더 중요했는데 말이다.

가족은 얼마나 힘들었을까? 어머니는 얼마나 힘들게 살았을까? 나를 지키는 것도 무척이나 허덕거렸는데 남은 나를 어떻게 보았을까? 반 정도만 먹고도 남 이상으로 일하는데 나는 왜 남의 눈치를 많이 볼까? 먹는 것은 무엇일까? 사는 것이 왜 이렇게 힘들까? 나는 얼마나 살까? 이런 허망한 주제로 고민하는 삶의 연속이기도 했다.

살다 보니 많이 먹는다고 더 큰 힘을 내는 것이 아님을, 많이 먹는다고 일을 많이 하는 것이 아님을, 그리고 많이 먹는다고 건강한 것이 아님을 알았다. 적게 먹고 얼마나 내 몸을 훈련시키느냐가 중요했다. 못 먹어서 탈이 나는 것이 아니라 많이 먹어서 탈이 나는 세상임을 깨달았다. 그리고 마음이 몸을 이끌어 가야 함을 느꼈다.

나이 들어 보니 절제하기가 가장 어려운 것이 식욕이었다. 다스리기 어려운 것이 마음이었다. 그래서 먹는 욕심을 버리니 탐욕도 그만큼 내려놓기 쉬웠다. 적게 먹으니 그 맛은 특별했다. 먹을 수 있음에 감사했다. 이제는 반만 먹고도 주변을 돌아보면서 남보다 더 일을 하고 더 건강하게 살아가고 있다. 단순하고 소박하게 말이다. 외롭지만 마음은 편해졌고, 가볍지만 몸은 더 튼튼해졌다.

9 어머니와 함께 살다

초등학교 4학년, 내가 11살이었을 때 나는 도시로 나갔다. 그때부터 부모와 떨어져 살았다. 삼촌 댁에서 살고, 누나와 함께 자취하면서 지내고, 형 댁에서 살며 학창 시절을 보냈다.

나는 몸이 약하고 내성적이었다. 부모 품이 아닌 그곳은 외로웠고 부모 집이 아닌 그곳은 춥고 쓸쓸했다. 그리고 엄마가 해 주는 밥을 항상 그리워했다. 자연히 어린 나는 풀이 죽었고 쥐구멍만 있으면 숨었다. 춥고 배고프고 쓸쓸한 그 구멍에서 낑낑대면서 할 수 있는 것이란 오직 공부밖에 없었고, 이 구멍에서 나가는 방법도 오직 공부밖에 없었다. 이 점을 잘 알았기에 열심히 공부했다. 그래도 삐뚤어져 가는 내 마음은 나도 어쩔 수 없었다. 마침 그때 학창 시절 사춘기도 한몫을 했다.

대학교에 진학하니 서울이라는 세상은 나에게 더 큰 벽으로 다가왔다. 높은 빌딩, 수많은 자동차, 번쩍거리는 도시와 사람들, 모두들 잘 살고 있었다. 그들은 모든 것을 할 수 있는데 내가 할 수 있는 것은 아무 것도 없었다. 겨우 자고, 겨우 먹고, 겨우 걸어 다니고……. 역시 여기서 내가 할 수 있는 것은 공부밖에 없었다. 그러나 나는 공부를 하지 않고 허무주의에 빠져 술만 퍼마시고 다녔다. 더 이상 학업을 이어 갈 수 없어 군대에 입대했다.

　무사히 제대를 하고 대학교에 복학했다. 이제 정신을 차리고 공부에만 집중했다. 졸업 후 직장을 잡아야 한다는 생각 때문이었다. 다행히 대기업체에 공채로 들어갔다. 그리고 몇 개월 후 나는 아파트 신축 공사 현장 기사로 투입되었다. 휴식 없이 밤낮으로 현장은 돌아갔고 불규칙한 식사와 현장 스트레스는 내 몸을 지치게 하고 망가지게 했다. 하기 싫으면 하지 말아야 했지만, 직장을 그만둔다는 것을 생각해 본 적이 없었다. 버티고 버티었다.

　이때 큰 불행이 나를 기다리고 있었다. 아픈 배를 움켜쥐고 몇 개월을 버티니 결국 사달이 났다. 위장의 작은 상처가 큰 상처가 되었고 결국 위암으로 발전되었다. 최종 위암으로 판정되어 위를 들어내는 수술을 했다. 수술 후 몸 관리를 잘하면 살 수 있다고 하였지만 나는 이미 건강을 잃고 직장도 잃었다. 무엇보다 나는 갈 곳이 없었다. 별수 없이 나는 야윈 몸을 이끌고 시골 고향에서 홀로 살고 계시는 어머니에게 갔다.

　내가 군대에 있을 때 아버지께서 갑자기 고혈압으로 돌아가셨다. 그때부터 가정이 기울기 시작하였다. 대신 어머니가 가정의 경제를 이끌어 가셨다. 내가 대학교를 졸업하고 직장 생활을 할 때까지 어머니는 큰형에게 의존하지 않고 꿋꿋이 혼자 시골에서 살아가셨다. 내가 11살에 어머니 품에서 떠난 후 15년이 지났다. 부모가 준 몸을 망가트리고 볼품없이 어머니 품으로 돌아왔던 때가 이때쯤이었다.

　그 후로 '내가 왜?' 하고 세상을 원망하면서 나는 어머니를 힘들게 하였다. 병든 막내아들이 몸부림치는 것을 보는 어머니도 매우 괴로워했다. 그렇게 1년이 지나자 조금씩 나에게 마음의 안정이 왔다. 그리고 어머니의 삶이 내 눈에 들어오기 시작했다.

　어머니와 함께 시장에 자주 갔다. 시골은 보통 난전이다. 농부들이 작은 농산물 수산물을 난전에 두고 판다. 어머니께서 자식들이 한창 학업 중일 때는 손수 콩나물, 콩잎, 깻잎 등을 집에서 재배하거나 만들어서 시장 난전에서 팔고 했다. 이제 어머니는 나이가 들어 시장에서 조금씩 사다 먹는다.
　그 당시에는 한 접시를 사면 추가로 조금 더 덤을 주었다. 그런데 대부분의 사람은 돈을 깎고 난 후에 억지로 더 많이 달라고 주인과 실랑이를 벌이고는 했다. 어떤 이는 돈을 주고 강제로 한 접시를 더 얹어 빼앗듯 가져가 버린다. 이런 '갑질'이 심한 아주머니들이 많이 있음을 보게 된다. 살기 어려운 그 시절에 난전에서도 이런 갑질이 매우 심했다.
　시장에 자주 가면 난전 상인이 눈에 익는다. 난전 상인들이 싼 가격으로 줄 테니 사 가시라고 호객하기도 한다. 어머니는 우선 여러 곳에 가격과 품질을 살펴본다. 깎지 않고 그중 마음에 드는 싸고 좋은 것 하나를 골라 산다. 어머니께서 하는 방식이었다. 매번 그랬다. 어머니는 좀 차려입은 사람이 난전 사람에 빼앗듯 흥정을 하면서 물건을 사는 것은 너무 무례하다고 했다.
　다 커서 어머니께서 해 주신 음식을 여러 해 동안 먹었다. 하얀 쟁반에 반찬을 소량으로 놓았으며, 그것은 깔끔하고 정갈했다. 국과 찌개는 그릇에 7부 정도로 담았으며 뚜껑 있는 작은 그릇에 밥을 담아 미리 아랫목에 두고 식사 때 꺼내어 주셨다.
　어머니께서는 위생과 절약을 위하여 적당한 양으로 필요하면 더 가져다 먹는 방법을 취했다. 얼마나 깨끗했던지, 그릇이나 용기 윗부분에 음식물이 묻은 흔적이 전혀 없을 정도였다. 어머니께서는 그때 나오는 채소와 어물을 이용하여 음식을 만들었다. 가격이 싸고, 맛 좋고, 구하기도 좋았기 때문이다.

아침에 일어나시면 어머니는 제일 먼저 머리를 손질하고 옷을 단정히 하였다. 그리고 손님이 오시면 항상 작은 술상을 차려 왔다. 문중 맏며느리였기 때문에 과거에 아버지 손님들이 방문을 많이 하셨다. 그때마다 어머니는 술상을 차렸다.

여전히 누군가 오면 지금도 그렇게 한다. 내가 어른이 되어 고향의 어머니를 찾아오면 어머니는 나에게도 소박한 상을 차려 준다. 어떤 때는 어머니께서 직접 한잔을 하시고 춤도 추기도 했다.

어머니는 손님이 오시면 다방에서 커피를 시켜 주시기도 하고 식사 때 되면 건너편 중국집에서 음식을 시켜 주시기도 하였다. 가끔 나에게도 다방에 커피 한 잔을 시켜 주었다. 그리고 앞집 짬뽕 맛이 좋은데 한 그릇 시켜 줄까? 하셨다. 어머니가 손수 차리지 않고 누군가에게 서빙을 시키면, 나는 어머니와 단둘이 조용한 시간을 가질 수 있었다. 또한 느긋하고 편안하게 어머니와 대화를 할 수 있었다. 오롯이 이렇게 아들과 시간을 보내면 어머니는 기분이 좋으신 모양이었다.

평생 몸이 편찮으셨지만 자식에게 기대지는 않았다. 아버지께서 돌아가신 후부터는 남은 재산과 돈도 없었고 마땅한 수입이 없었지만, 그때부터 손수 돈을 벌어 자식 공부를 시켰다. 노년에는 홀로 시골에서 손수 밥해 드셨다. 시골 생활과 검소한 생활 덕분에 살아가시는 데에 그리 큰돈은 안 들었다.

서울에서 직장 생활을 할 때였다. 어머니를 뵙고 돌아갈 때 용돈을 드리면 결코 받지 않았다. 받을 때는 그다음에 그 돈이 나에게 되돌아왔다. 그 당시 25년 전이다. 한 달 30만 원 생활비로 쓴다고 하셨다. 생활에는 짠순이 할머니였다.

혼자 사시니 매우 외로우셨을 것이다. 노년에 어머니 집에서는 하루 종일 TV가 켜져 있었다. 이것이 없으면 내가 사람 소리를 어디서 들을까 하셨다. 아마도 TV에서 나는 사람 소리로 내가 사람들 속에 있다고 착각하면서 살고 있는 것으로 보였다. 막내인 나에게는 몸이 아프다는 말씀도 자주 하셨다. 아무리 아파도 큰아들이나 며느리에게는 할 수 없는 말을 나에게는 하셨다.

시골 겨울은 매우 춥다. 땔감도 부족하다. 방에 불을 넣기도 힘든 나이다. 석유 난방이 어머니가 살고 계시는 방을 데우는 유일한 방법이다. 밤낮으로 데우기에는 난방비가 겁이 났다. 그러니 자연 방은 냉골이다. 다친 허리는 상시 아프고, 사지는 노곤노곤한데도 어쩔 수 없었다.

그때 전기 돌 보료가 유행했다. 나는 대전 돌침대 공장을 직접 방문하여 공장도 가격으로 구입하여 내 자동차에 실어 고향으로 달려가서 어머니 방 아랫목에 설치해 드렸다. 그랬더니 뵐 때마다 칭찬이었다. '아이고 얘야, 내가 이 보료 때문에 산다.' 하고. 그 이후로 어머니는 돌아가실 때까지 이 보료 위에서 따뜻하게 지냈다.

늙으면 항상 아프다. 당연하다. 어머니는 중년 때 허리를 다쳐 더 편찮으셨다. 아버지께서 돌아가시고 난 후부터 본격적으로 몸으로 경제 활동을 하였기에 몸은 더 망가졌다. 뵐 때마다 편찮으셨다. 그리고 대가족의 복잡하고 어렵고 힘든 가정사 때문이기도 하였다.

'나는 자다가 그냥 죽었으면.' 하고 자주 말씀하셨다. 결국에는 혼자 밥해 드시다 어느 날 혼자 주무시다 돌아가셨다. 원하니 그렇게 되는 모양이었다. 혼자 밥해 드시니 당당하고 건강하셨다. 갑자기 삶의 끈을 놓으셨나? 내가 캐나다로 이민을 하고 그다음 해에 돌아가셨다. 아마도 막내를 볼 수 없다는 절망에 삶의 끈을 놓았으리라.

내가 은퇴하여 시골에 혼자 살아 보니 내 생활과 생각이 꼭 어머니와 흡사하다. 나도 혼자 밥해 먹고, 작은 돈으로 생활하다, 그러다 삶의 끈이 떨어질 때 소리 없이 가리라 하고 생각하고 있으니 말이다. 음식을 만들고 차리고 하는 방식도 어머니와 비슷하다. 생활 방식이 유전으로 전해지겠지만 내가 어른이 되어 어머니와 함께 생활한 긴 세월이 크게 작용했으리라.

나도 왠지 모르게 어머니 인생을 따르게 된다. 가만히 생각해 보면, 크게 시절이 변해도 어머니 삶의 방식이 지금도 옳은 것 같다. 나도 그런 생활이 편하다. 그래서 그럴까? 어머니 말씀이 자주 떠오른다.

"마음을 비우고 내 힘으로 소박하게 부지런히 살아라."

2부 캐나다 생활

1 이민, 정착, 그리고 사업

　이민 가방 8개를 들고 네 명의 우리 가족은 태평양을 건너 밴쿠버에 도착했다. 나는 긴장하였고 12살, 15살 두 아들과 아내는 긴장하다 못해 심통했다. 나는 독단적으로 가족 모르게 이민을 진행하였고, 2년 후 영주권이 나오자마자 뜬금없이 캐나다로 이민을 가자고 하였다. 그리고 나는 내 설계 사무소와 우리의 삶 터전을 모두 정리하고 떠났다.

　사실 영주권을 신청한 후 아내에게 여러 번 상의했으나, 아내는 '잘 살고 있는데, 꼭 가야 할 별 이유도 없어요. 웬 이민인가요?' 하면서 처음부터 부정적이었다. 막상 떠나니 아내와 애들은 좋아했지만 막연히 두려웠으리라. 불확실한 미래, 미지의 나라, 낯설고 잘 모르는 나라였다. 나는 여행 내내 긴장했고, 가족은 어정쩡하며 불안해했다.

　아이들과 아내의 눈치, 그리고 '이제 가면 언제 올까?', '이민을 해서 제대로 살 수 있을까?' 하는 가슴속 저 밑바닥에서 올라오는 무엇인지 알 수 없는 막연한 두려움과 긴장으로 나는 많이 위축되어 있었다. 그러나 막상 비행기를 탈 때는 그나마 모두들 다소 쾌활하였다. 공항에서 내리면서 처음으로 보는 사람과 광경에 신기해했다. 그러나 출국 심사대에 줄을 서고부터는 모두들 금세 또 의기소침하였다. 처음 보는 이국인 데다가 나를 포함하여 모두들 듣지도 말하지도 못하고 눈만 껌벅이고 있었기 때문이다.

밴쿠버에서 입국 수속을 근근이 마치고 우리는 다시 토론토를 향해 날아갔다. 이미 밴쿠버에서 수속을 다 밟았으니 이때부터는 순조로웠다. 토론토에서 다시 50인승 경비행기를 타고 우리가 살 도시로 향했다. 2시간 후 작은 공항의 활주로 바닥에 직접 발을 딛고 보니, 그야말로 마음은 날아갈 것 같았다. 이때부터는 모두들 소침했던 여행 기간의 긴장과 두려움이라는 것은 없었다. 그때가 6월의 시작이었다.

소형 비행기에서 작은 사다리를 타고 내려가 활주로에 발을 딛는 그날은 다행히 어찌나 날씨가 청명하고 따뜻하였는지, 크지 않은 조그마한 도시가 얼마나 아늑했는지, 그동안 우리를 짓누른 긴장감과 두려움을 확 벗어 버리기엔 충분했었다. 아이들은 그때서야 웃기도 하고 떠들기도 하였다.

대합실로 나오자 약속된 이주 서비스를 해 주는 한인이 기다리고 있었다. 최근 이 지역 주변 도시는 캐나다 주의 적극적인 이민 정책으로 각국으로부터 서서히 이민이 시작되고 있었고, 내가 도착한 이 작은 도시에서도 한인 이민이 막 시작되고 있었다.

나는 영어를 잘할 수 없었다. 그래서 당연히 돈을 들인 도움이 필요했다. 덕분에 편안하게 아파트를 빌리고, 자동차를 사고, 애들을 학교에 보냈다.

그다음으로 생계 문제를 해결하기 위하여 돌아다녔다. 직업을 구하는 것도 어려웠다. 특히 우리 가족이 살고자 정착한 도시는 작은 도시였다. 직업이 다양하지 않았고 아무나 할 수 있는 허드렛일 정도였으며 그것마저 구하기 어려웠다. 그래서 한국에서 비슷한 경험이 있었던 것은 아니지만, 직업 대신 먹고사는 방법으로는 직원이 필요 없는 작은 스토어를 구입하고자 했다. 그러다 보면 영어는 되겠지 하고 판단했었다. 그것을 위해 나는 이주 공사에 컨설팅 비용으로 만 불의 돈을 지불했다. 이렇게 나는 단순하게 접근했다.

이 사람 저 사람, 이 말 저 말, 그리고 컨설팅 회사의 권유에 나는 흔들리기 시작했다. 결국 나는 작은 스토어 구입이라는 초심을 저 멀리 내팽개치고 몇 개월 후 큰 복합 상가형 Gas Stop을 리스로 인수했다. 미리 설정한 작은 스토어 구입 계획은 강하게 몰아 대는 조언자와 한인들의 입김에 나도 모르게 흔들리게 되었던 것이다.

초심을 고집하기에 나는 너무 몰랐고 여기 현지 실정과 한인 이민 사회의 속성에도 무지하였다. 내가 영어를 잘 못하다 보니 전적으로 한인에게 의지하였기에 그들이 전해 주는 말이 나에게는 전부였다. 그것보다는 여기 한인 사회의 성격이 고국의 그것과 확연히 다르다는 것을 그때는 몰랐다. 한국이나 여기나 한국 사람은 다 같겠지 했던 것이다.

사업체를 인수하여 장사를 해 보니 모두 처음 해 보는 것이었고 더구나 철저히 혼자 알아서 처리해야 했다. 경험이 전혀 없었던 터라 몸과 마음만 바빴고 일은 뒤죽박죽이었다. 물어보고 하나를 해결하면 또 문제가 생겼다. 주유소 매점 카운터와 주점 바 카운터에 각각 직원 1명씩 근무했는데 직원은 수시로 자리를 비웠다. 그때마다 내가 카운터에서 일을 해야 했다.

그런 와중에 손님은 꾸준히 가게를 찾았다. 그럴수록 나는 더 우왕좌왕했다. 장사해서 돈이 제대로 들어오는지 모를 정도로 가게는 더 엉망이 되기 시작했다. 컨설팅을 맡은 토론토 회계사 사장에게 도움을 요청하였으나 모른 체했다. 나는 그에게 컨설팅 비용으로 만 불이나 지급했는데 말이다.

나는 영어를 잘 못하고 여기 실정마저 전혀 몰랐다. 그것을 이용하여 직원들은 심심하면 파업하거나 속였다. 그들은 나 몰래 현금도 가져갔다. 직원은 속이고, 나는 혼란에 빠지고, 도움을 요청을 할 곳은 그 어디에도 없었다. 수면 부족에 밤낮으로 먹지도 못하는 상황에서 사업체 인수로 돈마저 바닥이었다. 이런 상황에서 돈이 부족하면 큰일 난다는 생각에 돈을 추가로 마련하기 위해 아내를 한국에 보냈다. 그리고 나는 두 애를 보살피고 밥을 해 먹이면서 사업체를 정신없이 운영해 갔다.

하루 5시간도 못 미치는 수면 시간이 지속되면서 몇 달이 흐르자 몸과 마음은 지쳐 가고, 사업체는 파업과 속임수로 더 망가져 갔다. 모두들 내가 무너지는 것을 바라는 것만 같았다. 사업체는 망할 것 같았고 그것보다도 내 자신이 죽을 것만 같았다.

결국 나는 어느 누구도 믿을 수가 없게 되었다. 이제는 온전히 살아 숨 쉬는 것만 바랐다. 여기서 쓰러지면 아이들은 낙동강 오리알 신세가 될 텐데. 결국 죽지 않기 위해서, 아니 살아남기 위해서 나는 급히 사업체를 헐값에 팔기로 결정하였다.

매매는 그럭저럭 이루어졌다. 매매가 되면 모든 것이 다 끝나는 것으로 알았는데, 이것은 또 무엇이야, 한인 매수자는 변호사를 통하여 책처럼 두꺼운 계약 부칙의 한 곳에 매매 후 6개월을 봉사해야 한다는 영문 문구를 나도 모르게 슬쩍 집어넣었다. 그리고 매매 후에도 나를 개같이 부려 먹었다.

좋은 사업체를 어쩔 수 없이 헐값에 넘기는 것도 나에게 커다란 상처가 되었는데, 그곳에서 6개월 동안 일을 해 주면서 지켜보는 것은 더 큰 상처가 되었다. 아예 상처가 곪아 터질 일이었다. 그래도 나는 약속을 지켰다. 못 본 것도 나의 실책이지만 이런 실패로 인하여 스스로 나에게 벌을 주기 위해서였다. 6개월 동안 적과의 동침으로 인생 밑바닥의 고통을 맛보면서 동시에 나 자신과 한인 매수자를 동시에 미워하면서 세상을 배워 갔다.

한국에 돈을 마련하겠다고 귀국한 아내는 사업체를 처분했다는 소식을 듣고 깜짝 놀랐다. 그리고 몇 개월 후 돌아왔다. 어느 날 내가 가족에게 '이러지 말고 한국으로 되돌아가자, 그냥 1년 캐나다 여행했다고 생각하지, 뭐.' 하였더니 그때 애들과 아내는 극구 반대했다. 그렇다고 어른 둘 다 캐나다에서 일 없이 지낼 수 없었다. 내가 애들을 돌보는 것으로 하고 아내를 귀국시켰다.

이제 나는 슬슬 술을 입에 대기 시작하였다. 이민 생활이 힘이 들어서 술을 마시고, 사업 실패의 기억을 지우기 위해 술 마시고, 그곳에서 개같이 일을 한 것에 분해서 술을 마시고, 나 홀로 남아 있다는 생각에 마셨다.

두 아들은 캐나다 적응을 위해 가야 할 곳이 많았다. 애들을 밥해 먹이면서 학교, 모임, 그리고 운동 클럽에 데리고 다녔다. 그러나 처음 해 보는 가정일이었기에 매우 어설펐다. 그런 데다 나는 자주 술에 취해 있었다. 밖에는 캐나다 겨울의 눈 폭풍은 이리도 몰아치고 있는데, 여전히 나는 과거를 씹으며 술에 젖어 내 눈은 초점을 잃은 채 껌벅거리고만 있었다.

2 스스로 죽게 하는 것들

칠흑 같은 새벽이었다. 선임병이 나를 급히 깨웠다.
"야, 일어나. 빨리, 빨리."
나는 순간 무슨 일이 일어났음을 직감적으로 알아차렸다. 눈을 비비면서 얼른 옷을 입고 군화를 신었다. 그리고 선임병을 따라나섰다. 밖에는 이미 야전 앰뷸런스가 시동을 걸고 우리를 기다리고 있었다. 자동차 엔진 소리와 함께 두 줄의 헤드라이트가 안개에 둘러싸인 어두운 밤을 뚫고 흐느적흐느적 미친 듯 춤을 췄다.
"야, 무엇 해, 들것을 실어야지. 그리고 빨리 타."
모두가 고요히 잠든 한밤중이었다. 신임병과 나를 실은 앰뷸런스는 꼬불꼬불한 길을 따라 어디론가 산속 깊숙이 가고 있었다. 지프차만 한 작은 앰뷸런스 안에는 군의관이 앞에 타고 선임병과 나는 뒤에 타고 있었다. 아무도 입을 열지 않았다. 최전방 휴전선에서 가끔 있는 일이다. 아직 잠에서 덜 깼지만 대충 짐작은 갔던 것이다.
운전기사는 천천히 달렸다. 칠흑 같은 어둠 속을 헤치고 산속 좁은 비포장도로를 달려가는 것은 쉬운 일이 아니었다. 자동차는 덜컹거렸고, 뒤에 실린 우리 몸은 춤을 추듯 요동쳤다. 선임병이 담배를 물자, 나도 담배를 물었다. 불을 주면서 물었다.

"무슨 일입니까?"

그는 눈을 껌벅거리면서 나직이 말했다.

"글쎄 가 보면 알겠지. 사고가 났겠지."

선임병은 상병이고, 나는 일병이었다. 선임은 일반 위생병이었고, 나는 약제병이었다. 보통 문제가 생기면 우리 둘만 움직였다. 부대에서는 많은 위생병들이 있었지만 그들은 전시를 대비하여 일반적인 군사 훈련을 받았다. 혹여 시간이 남으면 군기 세우는 시간이었다. 즉 위생병 대부분은 전쟁 때 필요한 인원이었다. 평소에 환자가 생기면 두세 명의 소수 인원만 필요했다. 부대에서 한 명뿐인 약을 담당하는 나와 많은 위생병 중에서 능력이 탁월했던 그 선임병만 간혹 생기는 환자를 돌보았다.

그는 입대 전 큰 병원에서 의사 보조로 많은 수술을 해 왔던 경력자였다. 그래서 웬만한 환자는 그가 치료했다. 그때는 시절이 시절인 만큼 아무리 전방이라 하더라도 군의관은 술이나 먹고 돌아다니는 때였다.

철책이 가까워졌다. 컴컴한 하늘에 반달이 떠 있었다. 마치 내가 우주 속을 달리고 있는 것 같았다. 낮은 산이 겹치는 곳에서는 달빛과 별빛이 안개와 어우러져 철책을 감싸고 숨었다 나타났다 반복했다. 높은 언덕에서는 꼬불꼬불하게 이어져 가는 철책이 어둠 속에서 안개를 머금고 있었다. 저 멀리 참호에서는 총을 든 병사가 안개 속에서 어둠을 겨누고 서 있었다. 구릉 너머 작은 구릉이 반복되고 그 아래에는 검은 안개가 내려앉아 달빛과 별빛을 받아 조금씩 회색빛을 발하고 있었다.

철책 입구에 도착하니 병사 한 명이 우리를 안내했다. 급히 자동차에서 내려 병사를 따라나섰다. 얼마 후 주검 하나가 들것에 얹혀 앰뷸런스에 실렸다. 군의관은 다른 차를 타고 가고, 선임병과 나는 들것을 싣고 철책을 빠져나와 후방 쪽을 향해 나갔다.

철책이 멀어지면서 능선 따라 꼬불꼬불하게 이어지는 철책이 안개에 숨었다 다시 나타났다. 구릉 너머로 저 멀리 큰 산들이 아래로 검은 구름을 안고 위로는 산봉우리만 내보이고 있었다. 그 위에 반달이 우리를 향해 웃고 있었다. 우리는 아무 말이 없었다. 멀리 달빛만 달리는 자동차를 어스름히 비추었다.

몇 시간을 달려 후방 안치소에 도착했다. 우리는 들것을 들고 작은 방에 들어갔다. 선임병은 노련한 솜씨로 들것에 실린 주검을 바닥에 가지런하게 눕히고는 찢어진 모든 옷을 벗겼다. 머리 정수리 쪽으로 큰 구멍이 있었고, 안에는 아무것도 없었다. 머릿속에는 아무것도 남아 있지 않은 것을 보면, 총의 안전 스위치를 자동으로 돌리고 총구멍을 턱밑에 댄 채 방아쇠를 당긴 게 틀림없어 보였다. 방아쇠를 당기는 동시에 두세 발이 연달아 나가고, 그리고 머릿속 내용물은 바닥으로 한꺼번에 쏟아져 내렸으리라.

그는 내용물이 없는 부서진 얼굴과 머리를 바느질하듯 하나하나 기워 나갔다. 그리고 얼굴을 시작으로 온몸을 쓸고 닦았다. 그다음 새 군복으로 말끔히 입혔다. 그러고 보니 주검은 얼굴만 약간 창백했을 뿐 마치 한 벌 차려입고 휴가 가는 모습과 같았다.

모든 작업을 마치고 나니 배가 고팠다. 오후였다. 그동안 먹은 것이 아무것도 없었다. 나는 취사병에게 부탁하여 짬밥 두 그릇을 얻어 왔다. 그리고 PX에 가서 양초 한 박스를 사 왔다. 그는 주검 앞에 양초에 불을 댕기고는 바닥에 주저앉아 밥을 먹기 시작했다. 나는 선임병에게 촛불도 있고 이 정도면 충분하니 나가서 먹자고 했다. 그는 주검을 홀로 두면 안 된다고 하였다. 정 그렇다면 자네나 나가서 먹으라고 하였다. 할 수 없이 나도 그곳에 주저앉아 주검을 바라보며 허기를 채웠다.

　허기를 채우고 나서 담배를 피우고 몇 시간이 지났다. 그때까지도 주검을 인계하는 절차가 시작되지 않았다. 계속 기다리는 수밖에 없었다. 군대가 다 그렇지 않은가. 밤이 깊어 가자 그때 행정병이 왔다. 건너편 건물 안에 들어가면 주검을 안치하는 곳이 있으니 그곳에 두고 가라고 하였다. 행정병은 가족들이 확인하고 인수하는 것을 거부하였다고 투덜댔다. 이렇게 주검은 외로운 영혼이 되어 버렸다.

　우리는 앰뷸런스를 다시 타고 부대로 출발했다. 하루가 지난 캄캄한 밤이었다. 나는 되돌아오는 차 안에서 선임병에게 가족이 자식의 주검을 거부하면 어떻게 되는지를 물어보았다. 그가 말했다.

　"글쎄, 군에서 자체적으로 간단하게 처리하겠지. 사고사도 개죽음이 되는데 자살 사건은 오죽할까? 가족들은 슬프고 무안하면서 난감했겠지."

　다시 평소 근무로 돌아갔다. 며칠 후 나는 사건이 발생한 그곳으로 다시 가 볼 기회가 생겼다. 한밤중이었다. 안개가 내려앉은 첩첩산중에 철책이 꼬불꼬불 숨었다 나타났다. 그 위에 밝고 큰 달이 검은 하늘에 걸려 있었다.

　내 마음은 갑자기 가라앉기 시작했다. 그리고 엄숙해졌다. 내 마음 깊은 곳에서 무엇인가 요동치기 시작했다. 그렇게 힘든 훈련도 참아 냈다. 매일매일 일어나는 구타와 폭언도 참아 냈다. 짬밥도 먹고 견뎠다.

　그렇게 할 수가 있었던 것은 국민의 당연한 임무이고 본래 군대라는 것은 그런 것으로 여겼고, 그래도 조금만 참으면 사회로 나가 다시 꿈을 펼칠 수가 있다고 생각하였기 때문이다. 그것보다는 사랑스러운 가족이 기다리고 있기 때문인지도 몰랐다. 그래서 모든 것을 다 참았다.

그러나 달빛을 받으며 저 멀리 안개 낀 산 너머 산을 보니 나도 모르게 숙연해졌다. 모든 것을 잊고 말았다. 오늘따라 왜 이렇게 아늑하고 조용할까. 저 너머 세상이 너무나 좋아 보였다. 낭만을 생각했다. 꿈속으로 들어갔다. 사랑하는 그녀가 저 멀리서 나를 보고 오라고 불렀다. 총이 있지. 그래, 총이 있는데 한번 당겨 볼까.

"그래."

나는 쥐고 있는 소총 개머리판으로 내 발등을 찍었다. 눈이 번쩍거렸다. 눈물이 찔끔 나왔다. 자살, 아직까지 그 말은 나에게 생소했다. 20여 년 이상을 살아왔지만 그동안 한 번도 들어 본 적이 없었다. 아무리 힘든 세상이라고 하지만 견디고 앞으로 나아가는 세상이었다. 정말 그것만은 나에게 없었다.

폐쇄된 전방 지역 군에서 자살은 가끔 생겼다. 그때는 그런 사실이 외부로 알려지지 않았다. 그때와 같이 오직 선임병과 나만 눈치로 알 수 있었다. 극히 폐쇄적이고 반인륜적이었지만 오히려 다행한 일이었다.

그것은 한번 퍼지면 전염병처럼 무섭게 시공을 넘나들며 우리 세상에 침투하고 퍼진다. 남녀노소 귀천을 가리지 않고 삼킨다. 그 폭발력 또한 어마어마하다. 오늘 나처럼. 특히 비무장 지대 철책에서 근무하는 모든 병사들에게 말이다. 벌써 나에게 자살이라는 바이러스가 전염되고 있는 것을 보면 그것은 정말 무서운 놈이었다. 그 현장을 경험하지 않았더라면 젊은 나이에 나도 그 단어를 몰랐으리라.

눈물을 떨치고는 고개를 쳐들고 달빛을 머금은 저 너머 고지를 바라보았다. 조금 정신이 들었다. 창피했다. 나는 변명거리가 필요했다. 자존심은 매우 강했던 모양이었다. 눈앞에 펼쳐진 저 능선과 달빛, 그 사이로 구불구불 굽이치는 철책이 보였다. 한 폭의 그림이었다. 예술이었다.
 갑자기, 나도 모르게 소리쳤다. 그래! 저놈이야. 환상적인 저 달빛이야. 바로 이놈들이 젊은 그들을 죽인 거야, 이놈들이.

 제대 후 복학하였다. 그리고 졸업 후 직장도 마련했다. 군대 생활 이전과 비교하여 산업화는 급속히 이루어졌다. 유신 시절은 끝났고 민주화로 세상은 많이 변해 갔다. 다들 열심히 일했다. 민주화니 군부니 산업화니 하면서 흑백 논리는 심해져 갔지만 이미 세상살이에 접어든 나에게는 관심 밖의 일이었다. 생업의 한가운데 서 있었기 때문이다.
 어느 날이었다. IMF 경제 환란이 발생하여 잘나가던 우리의 경제는 갑자기 곤두박질쳤다. 주식과 부동산 가격이 폭락하고 금리는 천정부지로 올랐다. 부실한 회사뿐만 아니라 잘나가던 크고 작은 많은 회사들도 문을 닫았다. 많은 실업자들이 거리로 내몰렸다.
 나도 그중에 한 사람이었다. 그럭저럭 힘들었지만 '어떻게 되겠지.' 하는 생각으로 몇 년이 지났다. 점점 먹고살기가 더 힘들어졌다. 그때 많은 사람들이 해외로 눈을 돌렸다. 나도 그 행렬에 줄을 섰다.
 서양 세계를 잘 알고 영어를 잘해서라기보다 이민은 하나의 대안이었다. 여기보다는 좀 낫겠지 하는 막연한 희망이 작용했던 것이다. 여기서 고생하는 만큼 하면 충분히 승산이 있다고 보았다. 안목도 넓히는 계기도 되고 자식 장래를 생각해 보면 또 하나의 기회라고 생각되었다. 맞았다. 그것은 맞는 말이었다.
 그러나 그곳에도 형편 따라 다 달랐다. 특히 나의 경우에는 언어가 자유롭지 않은 상태에서 현지 정보와 경험마저 없다 보니 마치 구름 위에 떠 있듯 내 세상은 항상 아슬아슬했다. 또한 먹고사는 문제는 고국과 많이 달랐다.

　한국에서는 나름대로 그럴듯한 직장에서 근무했으나 여기서는 그러한 직장은 꿈같은 일이었다. 단순노동 직장뿐이었다. 그것도 파트 타임 위주였다. 마땅한 직업을 가질 수가 없다 보니 최고 학벌 출신 이민자들조차 여기서 소매점을 구입하여 운영하였다. 혹 그중 경제적 여력이나 경험 혹은 영어가 자유로운 이민자들은 주유소 혹은 모텔 같은 큰 사업체를 매입하여 운영하였다.

　뱁새가 황새를 따라가듯 나도 그런 흐름에 동참했다. 전 재산을 투입하여 사업체를 구입하였던 것이다. 사업체는 생각한 대로 굴러가지 않았다. 바로 삐거덕거리기 시작했다. 그래도 한국 사람에게 한국어로 도움받고 그 정보에 의지할 수밖에 없었다.

　그것들은 비포장도로에서 굴러다니는 정보 같은 것들이었다. 무엇이 진정한 지혜고 무엇이 사악한 것인지조차 혼돈되었다. 결국 내가 자갈밭에 굴러가는 신세가 되었다.

　먹는 것 없이 밤늦게 일하고 새벽에 다시 가게로 나가는 날이 매일 반복되었다. 이렇게 내 몸이 굴러가는 것이 신기할 정도였다. 여기에 나를 도와줄 사람은 아무도 없있다.

　여기 내가 보살펴야 하는 어린 아들 둘이 있다. 내가 이국에서 쓰러지면 가족 전체가 무너진다는 두려움이 엄습했다. 결국 나는 나 자신과 타협하고 사업체를 헐값으로 넘겼다. 이제 이국땅에서 맨몸으로 다시 서게 되었다.

　이 무렵 노무현 대통령이 스스로 떨어져 죽었다고 하였다. 그것도 나에게 귀신같이 전해졌다. 그래도 의식적으로 그러한 단어는 세상에 없다고 단호히 외쳤다. 경제적 어려움과 육체적 고단함을 무릅쓰고 부단히 살아가야 했던 것이다.

　그러나 시간이 지날수록 외로움이 조금씩 스며들기 시작했다. 자연히 고국의 소식을 접하는 기회가 잦아졌다. 이때부터 고국의 드라마를 보기 시작했고 뉴스도 보기 시작했다. 이때 고국에서 큰 별을 따라 또 다른 수많은 크고 작은 별들이 스스로 계속 떨어지고 있다는 것을 매스컴을 통하여 알게 되었다.

　세계에서 가장 빠른 경제 성장으로 잘 살게 되었지만 그것을 받쳐 줄 마음의 구심점이 없었다. 경쟁은 격화되고 빈부의 격차는 심화됐다. 다들 살기가 어려워졌다고 하였다. 전보다 잘 먹고 잘 입었지만 마음과 정신은 더 허물어졌다.

　그러자 유행처럼 '힘들면 죽어 버리지 뭐.' 하는 자기중심적인 간단논리가 펴졌다. 알 만한 큰 별들이 그 기폭제 역할을 했다. 옛날의 그 무서운 시절과 다르게 이제는 개방과 민주화 덕분인가? 불난 집에 기름을 끼얹듯, 오히려 매스컴은 그러한 자살이라는 단어를 마구 떠들어 댔다.

　가장 쉽게 할 수가 있고, 가장 순간적이면서 가장 고통 없이 할 수 있는, 가장 자기중심적인 행동, 자살은 그러한 특성 때문에 반인륜적인 행위인데도 불구하고 페스트 같은 전염병보다 더 강하고 넓고 빠르게 한반도를 덮쳤다. 그 와중에 우리는 서슴없이 그러한 행동에 대하여 대놓고 입방아를 찧었다.

　그러자 그 전염성은 놀라웠다. 하나가 다시 많은 사람들을 전염시켰다. 그 폭발력은 대단했다. 핵폭탄이 터지는 순간의 연쇄 반응이었다. 남녀노소를 가리지를 않고 많은 사람이 스스로 몸을 던지는 기괴한 결과가 초래됐다. 드디어 우리는 자살률로 세계 1위에 올라섰다.

여기서 내가 일하고 돌아올 때 한강 다리보다 더 높은 다리를 지나간다. 어머니의 죽음, 사업의 실패, 두 어린 아들의 적응, 외로움, 이때쯤 나는 자주 이민 생활이 외롭고 힘들다고 느꼈다. 이제는 나도 듣고 또 듣고 하다 보면, 그놈의 자살이라는 말이 나에게 의미심장한 단어로 다가왔다. '정말 힘들면 그럴 수가 있지, 뭐.'라는 말이 내 입에서 자연스럽게 나왔다. 그뿐만 아니었다. 군대에서 자살 사건을 처리하면서 겪었던 과거의 기억들이 새삼스럽게 다시 다가왔다. 보지도 듣지도 말아야 하는 저주스러운 단어 하나가 이제는 가끔 내 가슴을 젖히곤 하는 것이었다.

나는 태어날 때부터 약골이었다. 그것은 어려운 시절에는 무서운 약점이었다. 남과 비슷하게 달려도 남보다 배로 더 고통스러웠다. 제대로 할 수 있는 것이라고는 골방에 처박혀 책을 읽는 것 정도였다. 그 덕분에 도시 중학교와 고등학교로 진학할 수가 있었다. 부모 형제의 도움으로 가까스로 상경하여 대학교에도 갈 수가 있었다. 경제적 여건으로 학업을 계속할 수 없어 약골인데도 군대를 지원했다. 제대 후 학업을 마치고 직장도 마련했다.

약골이 남이 하는 것을 다 하였으면 좀 봐줄 것이지, 하늘도 무심하였다. 나는 암으로 쓰러지고 말았다. 의사는 수술하면 살 확률은 꽤 높다고 하며 내 위장 전부를 싹뚝 잘라 냈다. 음식을 소화시키는 장기가 없으니 당연 더 허약해졌다. 그리고 몸은 마음을 누르고, 마음은 내 자신을 때렸다.

그래도 할 것은 다 했다. 가족을 갖고, 직장 생활을 다시 하고, 건축사 면허를 땄고, 그리고 건축사 사무소를 열었다. 사업도 잘되었다. 이때 무엇인가 될 것 같았다. 갑자기 IMF가 나를 말아먹어 버렸다.

그러나 나는 여기서 멈출 수는 없었다. 나는 세계로 눈을 돌렸다. 그리고 이민을 왔다. 이민 와서 먹고살기 위해서 사업체를 매입하였고, 그리고 실패했다. 이제 단순노동자로 연명하면서 그래도 열심히 달리고 있었다. 이 좋은 나라에서 그냥 먹고살면 되지 않는가? 그래 맞다.

지금까지 착하게 성실하게 열심히 살았다. 죄라면 매일 배우고 공부하고 열심히 일한 죄밖에 없다. 의식적으로 달리는 것을 일 분 일 초를 멈추어 본 적이 없었다. 약골과 병마를 생각하면 그것은 고통의 연속이었다.

그런데 왜 평생 나만 힘이 들까? 왜 나에게는 너무 괴로운 일이 많을까? 모두들 튼튼한데 왜 나는 몸이 나약할까? 왜 나는 옳고 그름을 따지는 흑백 논리에 단순할까? 왜 나와 내 몸은 그렇게 서로 다투어 가면서 견디어 낼까? 그래 이런 나 같은 놈은 옛날에는 벌써 얼어 죽거나 굶어 죽어야 했다. 그래 이런 불청객은 애초에 없어야 했어. 맞다, 이제 그만 가자.

오늘따라 저 다리 밑에 흐르는 검푸른 강물이 참으로 좋아 보였다. 지금 뛰어내리면 나는 기분은 째질 거야. 다리는 너무나 높고 물살은 꽤 빨라서 나는 강물에 사뿐히 날아 스칠 거야. 그리고 고통 없이……. 그 찰나에……. 그러자 바람은 나를 부르는 노래가 되었고, 강물은 내 눈을 감싸는 화폭이 되었다.

순간 무엇이 나를 당겼다. 머리를 난간에 찍었다. 손바닥으로 얼굴을 감싸고 끙끙거렸다. 핏물이 손바닥으로 흘러내렸다. 정신이 번쩍 들었다.

"병신 새끼, 죽고 싶으면 죽어라, 이놈아."

갑자기 창피해졌다. 내가 나를 욕했다. 그 자리에서 주저앉아 울었다. 마구 울었다. 큰 병원에서 수많은 사람들이 죽어 가는 것이 보였다.

그들은 좀 살려 달라고 아우성쳤다. 응급실에서 팔다리가 없는 사람들의 뒹구는 모습이 어른거렸다. 세상이 외면하는 자살 병사의 주검 앞에서 짬밥을 먹는, 그를 보내는 단 한 사람, 그 옛적의 선임병이 보였다.

내가 그때 함께 그곳에 있었지. 갑자기 눈물이 멈추었다. 저 깊은 눈 속에서 어린 두 아들이 보였다. 그래 가족이 나를 기다린다. 어린 두 아들이…….

얼굴을 들고서 나를 유혹한 강물을 보았다. 출렁이는 강물이 어른거리며 물방울을 만들어 냈다. 수면으로 먼저 간 외로운 영혼들이 꿈틀대며 올라왔다. 그리고 작은 물방울들이 모였다 흩어지기를 반복하면서 무엇인가 말하려고 하듯 반짝거리며 빛을 발했다. 많은 빛들은 점점 선명해지더니 한곳으로 모였다. 그것은 네온사인처럼 검푸른 수면에 번쩍거렸다.

"너는 잘했어, 다행이야. 그런데 말이야, 우리는 욱하면서 그놈의 큰 별을 순간적으로 따라 하다가 이렇게 외로운 빛이 되었어."

3 커피 첫 잔의 맛과 향기

매일 아침 나는 Tim Hortons에서 커피를 사 마신다. 이제는 그 커피와 빵 한 조각으로 아침을 보낸다. 커피 맛과 향기와 빵의 부드러움이 입으로 전해지면 나는 황홀해진다.

전에는 업타운(Uptown)에 있는 Coffee Mill을 자주 이용하였지만, 지금은 Tim Hortons이 내 집 근처에 있어 매일 이용한다. 오랫동안 그 맛에 길들여져서 그런지 이제는 이곳 커피 맛이 아주 좋다.

커피를 주문할 때 나는 가능한 한 신선한 것이 선택되기를 마음속으로 빈다. 주방에서 커피를 준비할 때는 여유분을 둔다. 보통 2병, 혹은 3병을 미리 만들어 놓는다. 그것들이 회전되면서 고객에게 한 잔씩 전달된다. 그래서 상황에 따라 내가 주문한 커피가 운 좋으면 첫 잔이 될 수 있고, 어떤 때는 본의 아니게 마지막 잔이 될 수도 있다.

가장 좋은 것은 바로 만든 첫 잔이다. 가게에서는 너무너무 바빠서 여유분이 소진되어 만들자마자 고객에게 내밀어야 할 때가 가끔 있다. 마침 횡재하여 그러한 커피를 받노라면 그 향기와 커피 맛이 나를 미치게 만든다. 왜냐하면 커피 하면 가장 중요한 것이 바로 향기기 때문이다.

커피를 우려내면 커피 향기는 휘발성이 강해 금방 날아가고 시간이 지나면서 잡내만 남는다. 원두 가루에 따뜻한 물을 부으면 처음과 마지막의 작은 시간차로 커피 향과 그 성분이 많이 달라진다. 또한 우려낸 커피 항아리는 주인을 맞을 때까지 온도를 유지하기 위하여 렌지 위에 머문다. 그동안 향기와 맛이 변한다. 유추해 보면, 한 타임에 우려낸 커피 항아리에서 두세 번째로 따라지는 커피가 가장 맛있다.

그래서 나는 그러한 영광을 얻으려 가능한 한 줄을 길게 서 있는 Drive Through를 이용한다. 물론 많이 기다려야 할 것이고 시동 중인 자동차 기름도 더 든다. 하지만 그런 곳이 가장 커피 항아리 회전이 매우 빠르고, 그래서 신선하고 향도 더 좋다는 것을 알고 있다. 그러고 보면 출근 시간대가 가장 좋고 저녁 이후는 커피 맛이 영 아니다.

요즘은 나는 매일 Tim Hortons에 가서 large size coffee with one sugar 커피를 주문한다. 그래서인지 대충 엉성한 발음으로 주문하여도 어김없이 원하는 대로 나온다.

어제 아침에는 다른 Tim Hortons 커피를 이용하였다. 그리고 오후에는 매일 아침마다 가는 Tim Hortons에 가서 커피를 주문했다.

"Small size coffee with one milk, please."

라고 주문하고는 자동차를 창문 구멍에 갖다 대었다. 여직원이 커피를 나에게 건네면서 사냥하게 말을 건넸다.

"No large one sugar today?"

'아침에는 안 오시고, 지금은 다른 것을 주문하군요!' 그것은 이 뜻이었다. 나는 웃음으로 대답하였다. 문득 나는 그들이 나를 알고 있다는 것을 깨닫게 되었을 때 기쁘기도 하면서 한편 조금 조심스러워지는 마음도 들었다.

캐나다 생활 73

그 이후로는 커피를 주문할 때 거스름돈을 안 받는 캐나다인을 종종 볼 때면, 그래서 그런가 하고 생각하면서 나도 $1.90 Large Coffee를 주문하면서 잔돈을 안 받고 그냥 지나친다.

아침마다 커피를 즐길 때면 젊은 시절이 자주 생각난다. 정말 한창 젊었을 때 시골 다방에서 일한 적이 있었다. 내가 남정네이니 내가 할 일은 당연 주방 일이었다. 주로 커피를 뽑는 일이니 주방장도 아니고, 더구나 요즘 말로 오빠는 더더욱 아니었다. 보통 사람들이 나를 그냥 아지아(아재)라고 불렀다.

이른 아침 나는 눈을 비비면서 우선 물 주전자를 가스레인지에 올려놓은 다음, 여과지에 원두 가루를 큰 컵으로 한 컵 한 컵 천천히 놓는다. 물이 끓으면 주전자 뚜껑을 열고 입으로 훅하고 한번 분다. 그리고 주전자를 들고 여과지 주변부터 안쪽으로 원을 그리면서 물을 조금씩 붓기 시작한다.

이 일이 끝나면 아래에 있는 유리 항아리에서는 짙은 갈색의 커피가 찬다. 윗물을 살짝 걷어 내고 중탕으로 데워진 세 개의 잔에 살며시 따른다. 한 잔은 단골인 우리 고객 몫이고, 다른 하나는 아가씨 몫이며, 나머지 하나는 내 것이다. 그것을 들고 나는 한 고객과 아가씨가 앉아 있는 원형 탁자에 간다.

아침의 동이 틀 무렵, 하루의 첫 빛을 어렴풋이 받으면서 탁자에 모여 앉아 첫 잔의 커피를 마시고 있노라면, 우리의 이야기는 저절로 재미있고 짙은 커피 향은 우리의 가슴과 머리를 은근히 마구 때린다.

창문과 천장이 맞닿는 부분에는 이른 아침 칼날같이 스치는 햇살과 공기 속으로 퍼져 나가는 커피 향과 공중으로 퍼져 올라가는 수증기가 합쳐지면서 형형색색의 실루엣이 생긴다. 그것들이 허공으로 춤추며 흔들거리면서 우리의 눈을 간질거린다.

　첫 잔의 그 커피 향이 얼마나 거창했던지. 방 전체를 채우고도 모자라 다방 멀리까지 퍼지고는, 그때부터 사람들은 다방으로 몰려든다. 참 그때 커피 향은 멀리까지도 날아갔다.

4 커피는 함께할 때 그 향기가 멀리 퍼진다

우리 집은 작은 도시 Fredericton의 다운타운 중심에 있다. 도시의 여러 편의 시설이 집 가까이 있어 무척 편하다. 무엇보다도 Tim Hortons(커피 가게)가 가까이에 있어 좋다. 그래서 아침마다 커피를 사 와서 집에서 마신다.

처음 한 달 정도는 커피 메이커로 커피를 직접 만들어 마셨다. 시간이 지나자 아침마다 한두 잔 만드는 것이 귀찮았고, 혹시 남으면 결국 버리게 되었다. 또한 조금씩 만들다 보니 깊은 향기가 다소 모자라다는 느낌도 들었다. "에이, 귀찮아." 하고는 가까운 Tim Hortons을 이용하였다.

그것은 편리하였고 향기나 신선도 면에서도 너무 좋았다. 그래서 계속 아침마다 그곳을 찾았다. 내 것 하나와 아내 것 하나를 들고 와서 식탁에 앉아 아침 식사를 할 겸 아내와 이것저것 이야기하면서 빵을 먹으며 커피를 마신다.

아침 커피는 보통 Medium(12oz/340㎖)이나 Large Size(18oz/510㎖)를 마시는데 마시다 보면 어떤 날은 다 마시고, 어떤 날은 남기도 한다. 일단 다 마시고 나면 종이컵을 버리는데 이때 멀쩡한 새 종이컵도 버려질 때가 있다.

왜냐하면 커피를 Takeout 하면 마실 때까지 조금 식기 때문에 가게에서 커피를 다소 뜨겁게 만들어서 종이컵에 담는데, 그때 손님이 손으로 종이컵을 안전하게 잡을 수 있도록 종이컵을 겹쳐서(double cups) 커피를 담기 때문이다.

어느 날 아침 아내가 무슨 생각을 하였는지 Large Size 하나만 사 오라고 하였다. 그래서 오늘은 커피 생각이 없는 모양이구나 하고 하나만 사 왔다. 그리고 식탁에 앉아 마시려고 하는데 아내가 덥석 커피 컵을 낚아채어 갔다.

아내는 "돈도 아끼고, 나누어 먹으면 정도 생긴다고 하는데 하나를 가지고 둘이서 나누어 먹어요." 하면서 겹쳐진 종이컵을 분리하였다. 뚜껑이 없는 종이컵이 하나 더 생긴 셈이 되었다. 아내는 그 종이컵에 커피를 따라서 나에게 주었다.

내가 퉁명스럽게 "내 것은 뚜껑도 없어." 하였더니 아내가 말하길.

"남자와 여자 다른데, 마시는 컵도 다르면 어때! 그리고, 컵 하나는 열려 있고…… 다른 하나는 뚜껑으로 닫혀 있고……. 좋네, 뭐!"

그러고 보니 큰 Large Cup에 반 정도 커피를 담아서 뚜껑 없이 마시니 코로 커피 향기를 맡고 입으로 커피 맛을 음미할 수가 있었다. 또한 열린 커피 컵에서 커피 향기가 마구 풍겨 집 전체로 퍼져 나갔다.

커피 한 모금을 마시면서 나는 맞장구를 쳤다.

"그래 좋지, 하나는 향기를 발산시키고……. 다른 하나는 향기를 품고……."

아내가 장단을 쳤다.

"하나는 이야기하고…… 다른 하나는 듣고……."

내가 다시 바통을 이었다.

"하나는 웃고…… 다른 하나는 그것을 쳐다보고……."

그렇다. 커피라는 향기는 홀로 그 향기가 멀리 가지를 않는다. 여러 커피가 모여서 서로 이야기와 사랑을 나누어야만 그 향기가 풍부해지고 멀리 날아간다고 했다. 그러고 보니 유난히 오늘 커피가 남다르고 향기가 진한 것 같았다. '아마 그것 때문일 거야.' 막 떠오르는 기억을 아내에게 들려주면서 나는 또 하루를 열었다.

내가 시골 다방에서 잠깐 일할 때 30대 후반 마담이 있었다. 자칭 경력 20년이라고 했지만 시골 다방에서 일하는 것을 보면 어디서 굴러먹다가 온 것일 터였다. 그나마 마담의 미모가 좋다 보니 많은 손님이 마담을 보러 다방에 왔다.

이 마담은 손님이 커피를 시키면 자기 것을 포함하여 다른 아가씨, 심지어 내 것까지도 추가로 주문하고는 3~5잔 값을 받곤 했다.

부두에서 힘든 일을 하는 어부에게는 잠깐이나마 다방에 앉아 다방 아가씨와 함께 이야기하면서 시간 보내는 것이 살아가는 커다란 즐거움 중 하나였다. 그래서 별일 없이 매일매일 그런 일이 벌어지곤 하였다. 아니 오히려 그것 때문에 그들에게 다방 아가씨와 특별한 사랑이 생겼는지도 모른다.

어느 날, 한 손님이 어디서 소박을 당했는지 마담에게 한마디 쏘아붙였다.

"마담, 이것 너무 심한 것 아니야!"

손님이 큰소리를 치자, 마담은 그 손님과 다른 손님들을 함께 큰 테이블에 앉게 하고는 "오늘 커피는 내가 산다." 하면서 커피를 모든 사람들에게 돌렸다. 그리고 조용해지자 커피를 한 모금 마시고 입으로 커피 향기를 훅하고 뿜어내고는 한 말씀 하였다.

"커피라는 것은 어울려서 마셔야 그 맛이 풍부해지고, 여러 잔이 이웃해야 그 향기가 그윽해지며, 사랑하는 누군가가 함께해야 그 향기가 멀리 퍼져 나갑니다예……. 그리고 커피끼리 속삭임이 있어야 그 향기가 공기 속으로 흩어져 나갈 수가 있고요……. 혼자 말없이 홀짝홀짝 커피를 마시면 커피 향기는 목구멍으로 넘어가서 없어지고, 입안에는 쓴맛만 남지예……. 그리고 속만 쓰리지예…….”

모든 사람이 "꿈보다 해몽이 더 좋네." 하고 허허 웃었다. 나는 뒤에서 터져 나오는 웃음을 참느라 킥킥거리면서 매상 올리려고 별소리 다 하시네 하고 중얼거렸다. 그러자 마담이 다가와서 "아지아 총각, 사랑을 해 봤어?" 하고는 내 머리에 꿀밤을 하나 주면서 눈을 새초롬하게 떴다.

5 Running with dog

올겨울에는 YMCA 실내에서 러닝머신(Running Machine)으로 달리기를 하였으나 봄이 되어 날이 풀리면서 자연스럽게 달리기를 야외에서 하게 되었다. 산책하는 사람들 속에서 상쾌한 바람과 함께 들판의 나무와 강물을 보면서 도심의 트레일(Trail)을 따라 조깅하는 것은 막힌 실내에서 하는 것과는 비교가 되지 않을 정도로 가슴을 후련하게 했다.

Fredericton Uptown에 살 때는 집 바로 앞에 오델 파크(Odell Park)가 있었다. 겨울에는 눈밭에서 달렸고 봄에서 가을까지는 나무가 우거진 길에서 달리기를 즐겼다. 파크가 얼마나 넓은지 한 시간을 돌아다녀도 햇빛을 볼 수 없을 정도였다.

2년 후 Uptown에서 Downtown 중심으로 이사하였다. 내 집 앞에 도시와 강과 트레일이 있어 언제든지 달리기를 바로 즐길 수 있었다. 그래서 매일 오후가 되면 나는 트레일을 따라 달리면서 도시와 사람과 강변을 보면서 내 가슴을 확 열었다.

시간이 가면서 계절과 하루의 흐름에 따라 변하는 도시의 표정과 강물의 색깔, 그리고 정겨운 사람들을 매일매일 접하면 정부가 관리하는 도시 공원과 수변이 나의 집 앞마당이 되고 나의 정원이 된 기분이었다.

달리기를 좋아하다 보니 거리에서 달리는 애호가들을 마주치면 그들을 유심히 보게 된다. 많은 사람이 혼자 달린다. 정기적으로 주말 아침마다 다운타운에 모여서 함께 달리는 모임을 본다, 가족끼리 달리는 분들 혹은 유모차를 끌면서 달리기를 즐기는 분들도 종종 본다. 특히 여인끼리 유니폼을 차려입고 달리는 광경을 보게 되면 마음이 뭉클하다.

나는 혼자 달리는 부류 중 한 사람이다. 애들이 어릴 때, 애들과 같이 달려 본 적은 많았으나 이제는 그들도 바쁘고 서로 시간을 맞추기가 어려웠다. 아내하고 달리면 정말 좋은데 그것도 쉽지 않다. 한두 번은 몰라도 시간과 체력, 그리고 공통 관심사가 같아야 지속적으로 같이 달릴 수 있기 때문이다.

어느 날 젊은 분이 강아지와 같이 뛰고 있었다. 산뜻한 유니폼을 입은 여자 뒤에 날씬한 그녀의 강아지가 따랐다. 강아지는 평소 주인과 함께 달리기를 즐겼는지 여유가 있어 보였고 주인을 앞서거니 뒤서거니 하면서 매번 주인을 쳐다보며 달렸다.

나는 강아지를 좋아한다. 평소 한 놈 정도는 있으면 좋겠다는 생각을 하지만 기르기가 서투장스러울 것 같아 차라리 없는 것이 낫다는 생각으로 산다. 먹여 주고, 씻겨 주고, 같이 산보하고, 사랑해 주고 등등 해 주어야 할 일들이 많기 때문이다. 강아지 때문에 환경이 다소 더러워지더라도 대충 같이 뒹굴면서 살면 되는데 아직은 그렇게 하지 못할 것만 같았다.

그런데 강아지와 함께 달리기를 즐기는 사람을 보고는 나도 강아지와 함께 달리면 아주 좋겠다는 생각이 들었다. 왜냐하면 내가 강아지와 함께 달리기를 하면 강아지는 내 달리는 스케줄에 항상 잘 맞추어 줄 것이고, 내 달리는 속력에 따라 항상 불평 없이 잘 따라와 줄 것이며, 그리고 나를 앞서거니 뒤서거니 하면서 항상 나를 쳐다볼 것이다. 그뿐만 아니라 항상 다음 날 같은 시간에 나를 기다릴 것이 틀림없기 때문이다.

  나도 강아지와 함께 같이 달려 볼까? 나를 잊어버리고 무아지경을 헤매는 시간이 되기도 하고 혹은 생각을 정리하거나 나를 일깨우게 하는 귀중한 시간이 될 것 같다. 혼자 달릴 때, 특히 외로울 때 내 옆에 누군가 있으면 좋겠다.

6 고등어조림 한상

　Sobeys에 잠깐 들렀다. 과일과 채소 그리고 음료 등 몇 가지를 챙기면서 상가 내부를 이리저리 돌아다니다, 문득 내 눈에 상가 한구석에 있는 어물전이 들어왔다. 가만히 보니 눈에 익은 어물이었다. 고등어였다. 굵기가 내 주먹보다 약간 작고, 길이는 한 자 정도 되는 놈이었다. 고등어 세 마리를 주문하여 카트에 넣자 왠지 나는 싱글벙글해졌다.

　사실 내가 캐나다의 소도시에 와서 살면서 '여기서 무슨 어물을 먹어 볼 수 있겠는가?', '굳이 여기까지 와서 고등어 같은 어물을 구하려고 야단법석을 떨어야 하나?' 하고 생각하였다. 아니 억지로 구하면 먹을 수 있었겠지만 그 흔해 빠진 고등어와 꽁치를 젊은 시절에 지겹도록 먹었는데 여기서 내 손으로 찾아 가면서 먹고 싶지는 않았다.

　세월이 흐르다 보니 마음도 변했는지 이제는 어물전을 지나칠 때, 어릴 때 많이 보았던 가자미, 고등어, 문어, 꼴뚜기들이 가끔 진열대에 누워 있으면 나는 그들을 금방 알아차린다.

　집에 도착하자마자 고등어를 꺼내 도마 위에 놓았다. 잘생긴 놈들이었다. 동해안에 나는 차디찬 가을철 물오른 고등어만큼 토실하지는 않앉지만 그런대로 괜찮았다.

동해안 겨울 초입에 나는 고등어는 살이 올라 통통하고 기름이 졸졸 흐른다. 그것에 소금을 쳐서 연탄불 위의 석쇠에 구워 막걸리와 함께 먹으면 제격이다. 그러나 여기서 동해안의 제철 고등어와 같은 것을 바랄 수는 없었다.

'그놈 잘생겼네.' 하고 외치고는 사정없이 머리를 잘라 냈다. 그리고 꼬리, 지느러미, 내장을 도려내고 남은 몸통을 물로 깨끗이 씻었다. 또한 몸통에 묻은 물기를 완전히 훔쳐 내고는 몸통을 비스듬히 가로질러 토막을 내었다.

그다음 냄비 바닥에 무 대신 양파를 썰어서 깔고, 그 위에 고등어 토막을 가지런히 놓았다. 된장과 고추장 등으로 미리 만든 양념을 토막 사이사이에 골고루 바른 뒤 냄비 뚜껑을 닫아 냉장고에 넣었다.

저녁을 먹을 시간이 되려면 아직 3시간이 남았다. 그동안 냉장고에서 고등어 살이 양념에 기가 죽겠지. 그동안 할 일이 있었다. 고등어의 머리, 내장 등 쓰레기들은 위험천만의 물건이다. 이중으로 봉투에 넣어서 우선 그것만이라도 특별히 버렸다. 그리고 고등어를 손질할 때 오염된 싱크대, 도마, 칼과 그릇을 비린내가 가실 정도로 꼼꼼히 씻어 냈다. 마지막으로 내 손도 씻어 내어 비린내를 제거했다.

이제 상추를 준비할 차례였다. 상추를 흐르는 수돗물에 씻어 물기를 훔쳐 내고 좋은 쟁반을 받침으로 하여 먼저 식탁에 놓았다. 고등어와 상추는 서로 잘 어울리는 한 쌍이다. 양념이 발라진 고등어 살을 상추에 얹어 먹으면 고등어 살의 담백한 맛과 된장, 고추장 양념의 쌉쌀한 맛, 그리고 상추의 씹는 맛과 어우러져 입안에서 침이 저절로 흘러내린다.

그러나 나는 상추 대신에 막걸리를 더 좋아한다. 왜냐하면 막걸리 한 잔을 먼저 마시고 나서 고등어 살에 양념을 푹 발라 입에 넣으면, 저절로 황홀해지고 조금 후 다시금 목구멍은 막걸리 한 잔을 더 달라고 하기 때문이다.

어느덧 저녁을 준비할 시간이 되었다. 냉장고에서 냄비를 꺼내어 불 위에 얹었다. 약한 불에 어느 정도 둔 후 김이 나고서 스위치를 강한 불로 돌렸다. 꼼꼼한 된장과 고추장 내와 야릇한 비린내가 함께 김이 되어 내 코를 찔렀다.

뿜어내는 김과 냄새로 보아 고등어조림이 다 되었을 것 같았다. 냄비를 들어내고 하얗고 좋은 쟁반에 양념과 함께 고등어 서너 토막을 얹었다.

이제 정식으로 식탁에 앉아 먹을 차례였다. 김이 모락모락 나는 하얀 쌀밥을 한 숟가락 퍼서 그 위에 양념을 바른 고등어 살을 살짝 얹어 먹어 보았다. 쌀밥과 고등어 살이 씹기도 전에 침에 녹아 목구멍으로 내려가 버렸다. 다음은 상추에 얹어서 먹어 보았다. 비린내와 상추의 씹는 맛이 서로 어울려 한마디로 일품이었다. 어느 방법이든 된장과 고추장으로 어우러진 짭조름한 맛 그리고 고등어 그 비린내가 합쳐져 나를 옛날의 추억 속으로 밀어 넣었다.

추운 겨울 언저리 어느 날, 어머니께서 손수 김이 무럭무럭 나는 하얀 쌀밥과 고등어조림을 한상으로 차려 오셨다. 내가 숟가락으로 밥을 푸면 어머님께서는 고등어 살을 발라서 양념을 조금 바른 후 내 숟가락 쌀밥 위에 놓으셨다. 그리고 어머니는 내 먹는 모습을 바라보면서 웃으셨다.

이제 고등어조림을 내가 손수 만들어 먹어 보니 그 맛은 옛날 그때와 제법 비슷하였다. 내가 해 왔던 모든 조리 과정을 더듬어 보니 어머니께서 하신 것과 거의 같다는 것을 알게 되었다.

 철이 좀 들면서 나는 어머니 곁에서 장을 보는 것, 어물을 손질하는 것, 그리고 양념을 만드는 것을 가끔 무심코 보았다. 아마도 그때마다 그것도 입과 눈이라고 어머니께서 만들어 주신 고등어조림 맛과 고등어조림 요리 방법을 입속에 눈 속에 박아 두었던 것 같다.

7 단풍이 드는 가을에 고향 생각

　단풍이 드는 계절이다. 집 앞뒤 마당은 단풍잎으로 포장되었고, 따사로운 가을 햇빛이 그 위를 비춘다. 누가 더 붉은빛을 낼까 내기한다.
　떨어진 단풍을 보면서 가을 햇살을 등에 지고 오래간만에 아무도 없는 거실에서 앰프의 볼륨을 높여 본다. 고향의 뒤뜰에서 사랑 칸에 앉아 베토벤의 교향곡 9번「합창(Beethoven Symphony No.9)」을 듣던 그 젊은 시절로 돌아간 듯하다.
　똑같은 선율이 흐른다. 여기가 내 고향인가 하고 헷갈린다. 하늘을 보아도 단풍 드는 나무를 보아도 잘 모르겠고, 집 둘레를 보아도 잔디 위에 뛰노는 아이들을 보아도 잘 모르겠다. 얼굴 위로 내리는 따사로운 햇살도 그렇다. 고향 그곳과 다른 무엇인가 있을 텐데. 꼭 집어서 말하기가 어렵다. 그냥 눈에 익숙해져 간다.
　여기 온 지 여러 해, 그래서 시간이 지나면 사람도 변하는가 보다. 이웃집과 이웃사람 그리고 나를 아는 주변 사람들이 이제 생소하지도 않고 당연히 그러려니 한다.
　다른 것은 좀 더 집에 머무는 시간이 많다는 것과 그래서 가족과 같이 지내는 시간이 좀 더 많다는 것이다. 그리고 그곳에서 바삐 살았다가 이제 여기서 바쁘지 않으니 저절로 나도 모르게 불안해지는 것도 여기서 느끼는 새로운 점이다. 별일이 없는데 말이다.

   주변을 한번 둘러본다. 평일 오후와 휴일에 많은 사람이 도로에서, 공원에서, 그리고 강변에서 달린다. 그래서 나도 가을의 정취를 즐기면서 달려 본다. 도시와 공원을 지나 강물을 건너 가을 숲에 들어서니 단풍이 온통 붉게 물들고 있다. 이리 보고 저리 보아도 여기가 내 고향인가 하고 또 헷갈린다.
   가을 하늘이 높아지고 살결에 추위를 느낄 때면 물들은 나뭇잎은 하나씩 떨어지기 시작한다. 붉은색과 노란색이 있고, 어떤 것은 연분홍색이다. 단풍이 주변으로 번져 나가면서 내가 먼저라고 경쟁하듯이 떨어지면 넓은 벌판에는 불에 타듯 원색의 물감들이 흘러내리고 바람에 날린다.
   며칠 후 차가운 바람이 불고 찬 가을비가 내린다. 낙엽은 도로와 잔디에 뒹굴고, 가을의 붉은색은 갈색으로 변하면서 세월을 안고 사라지겠지.
   나뭇가지들은 옷을 벗은 채 다시 겨울을 맞이하면서 또 다른 봄을 기다릴 것이다. 올겨울은 좀 더 인내의 세월과 좀 더 많은 양식이 될 것을 기대하면서 따뜻한 봄이 오기까지 차디찬 땅바닥을 더 깊게 더 넓게 더 듬을 것이다.

   겨울이 오면 누군가는 하얀 눈으로 덮인 도시와 들판을 보고 추억에 잠기기도 하고, 혹은 그 위로 하염없이 내리는 눈발을 밟으며 혼자 걸어 보기도 하겠지. 어느 날에는 옷깃을 세우고 눈 위를 총총 걷기도 하고,

다음 날에는 혼자 희고 긴 밤을 외롭게 보내기도 하겠지.

그래도 바삐 오가는 빽빽한 도시 공간의 차디찬 공기보다는 낫고, 한 줄로만 서서 가야 하는 그때 경쟁 사회의 빡빡한 분위기보다는 좋다.

눈 덮인 정원이 내 눈앞을 가리고 하얀 눈 조각들이 소리 없이 내 눈앞을 채울 때면, 그때는 온기가 도는 따뜻한 거실에서 잔잔한 바이올린 선율이나 피아노 선율을 앰프에 나직이 올려 볼까 한다.

아마도 그것은 그 옛날 찬 바람 불던 겨울 따뜻한 고향집 뒷방에서 누이가 피아노로 치는 「아드린느를 위한 발라드(Ballade Pour Adeline)」의 선율로 변할 것이고, 그러면 나는 이 겨울에도 여기가 내 고향집인가 할 것이다.

8 택시 기사로 일하다

2006년 5월 말, 우리 가족은 캐나다 동부 지역 NB주, Saint John에 정착하여 반년을 지낸 후 NB주 수도 Fredericton으로 이사를 하였다. 나는 이곳에서 Gas station & Convenience을 구입하여 운영하다가 능력 밖의 일이라는 것을 깨닫고 되팔았다.

그 이후 2008년부터 주에서 제공해 주는 영어 공부를 시작하였다. 그러나 영어 공부를 2년 하였으나 생각만큼 영어는 늘지 않았다. 경상도 출신으로 한국말도 대충 흘려서 말하는 나로서는 영어는 정말 어려운 상대였다. 2년을 열심히 다녔는데도 불구하고 내 의사를 제대로 표현하지 못할 뿐만 아니라 상대방이 말하는 것조차 제대로 알아들을 수 없었다.

그래도 대부분 한국 사람은 읽고 쓰는 것은 어느 정도 하지를 않는가. 그 덕분에 Grade 3을 무난히 통과하고 Grade 4를 넘어갈 무렵 나는 택시 기사에 도전했다. 나 자신을 강제로 영어의 바다에 빠뜨리기 위해서였다.

사람이 물에 빠지면 수영을 못해도 살기 위해서 몸부림을 치듯 영어도 그리 될 것이라 생각했다. 아니 그것보다는, 나는 먼저 배우고 그다음 현장에서 일을 하는 것보다 현장에서 일과 배움을 동시에 하는 것을 더 좋아했기 때문이다.

　필기시험 후 도로 운전 시험을 통과하여 택시 운전면허를 취득하였다. 세 달이 걸렸다. 다시 시청에서 며칠 교육을 받고 경찰서를 방문하여 신원 조회와 열 손가락 지문을 등록했다. 모든 절차를 끝내고 직장을 잡기 위해 나는 여러 택시회사들을 방문하였다. 그러나 말을 더듬거리는 데다가 이민자인 까닭에 한순간에 모두 거절당했다. 이 무렵 여기 도시는 이민 초기인지라 동양인 이민자를 받아 주는 택시회사는 드물었다. 대부분 현지인이거나 혹은 있다면 아랍계통 이민자들이 조금 있었을 뿐이었다.

　한두 달을 할 일 없이 지내다가 마지막으로 나는 한 택시회사를 찾았다. 마침 그 회사 오너가 이민자 출신이어서 회사 내에 이민자 출신 택시 기사가 몇몇 있었다. 사정해 보니 단번에 한번 해 보라고 했다.

　첫날 주행은 완전했다. 미리 지도를 보면서 시내와 외곽 도로의 형상을 숙지하였고, 수많은 모든 도로의 이름을 암기하였기 때문이다. 마치 군내에 입대하는 마음으로 했다. 요즈음에는 내비게이션에 행선지를 입력하면 쉽게 목적지에 갈 수 있지만, 그때는 승객이 요구하는 목적지를 알아듣고 가야 했다. 그렇게 하기 위해서는 정확히 들어야 하고, 그리고 한 도시의 모든 도로명과 위치를 머릿속에 넣어 두어야 가능했다.

　내가 사는 도시가 작다 하더라도 외곽을 포함하여 Great City라 불린다. 도로명이 수천 개가 넘는다. 승객의 말을 한 번에 알아듣고 한 번에 찾아가기 위해서는 도로 시스템과 도로 형태와 위치를 완전히 알아야 하고, 또한 승객과 소통도 필요했다.

만약 제대로 하지 못하면 디스패처(Dispatcher 차량 배치 직원)는 승객 분배를 해 주지 않는다. 그럼 하루벌이는 형편없어진다. 도로에서 손님 없이 택시 안에 혼자 덩그러니 있으면 무척 처량하다. 이것이 더 사람을 미치게 했다.

처음으로 택시를 운행한 그때가 2010년 1월 초였다. 그로부터 주말과 공휴일에 택시 운전을 한 지가 오늘로 만 5년이 넘었다. 하루도 빠지지 않고 꾸준히 일했고 승객에게 최대한 친절을 베풀었다. 그렇게 열심히 일한 덕분에 이민자에다 어설픈 영어 때문에 받은 서러운 괄시를 많이 극복할 수 있었다.

초기 2년간은 정말 죽고 싶을 정도로 하기 싫었다. 조금씩 좋아지더니 공예 디자인 대학교를 다니면서부터 운전을 즐기기 시작했다. 그리고 이제는 '주말에 별일 없이 집에 머무는 것보다는 택시 운전을 하면서 승객을 만나고, 바깥세상을 둘러보고, 창작 아이디어를 얻고, 시원한 공기를 마시자.'라는 생각으로 바뀌었다. 그래서 이 도시를 떠나는 날까지 운전을 계속하였다.

그러나 이제 결코 더 이상 하고 싶지 않다. 솔직히 말하면 밑바닥 인생에서 더 이상 기고 싶지가 않기 때문이다. 설령 환경이나 마음이 변하여 내가 다시 해야 한다 하여도 쉽게 다시 할 수 없다.

왜냐하면 여기 면허를 가지고 타 도시에서 택시 운전을 할 수가 있는 것도 아니다. 유효 기간이 2년인 택시 운전면허는 유효 기간이 지나가면 택시를 운전할 수 없는 보통 운전면허로 자동으로 변한다. 또한 매년 열 손가락 전체의 지문 조회를 경찰서에 가서 해야 하고, 그리고 4시간의 교육을 마치고 매년 면허를 갱신해야 하는 수고를 아끼지 말아야 한다.

그뿐인가. 최저 임금에 항상 노출되고, 아차 하면 큰 사고로 이어질 수가 있으며, 그 손실이 고스란히 나의 책임으로 돌아온다. 무엇보다 디스패처는 매우 고압적이고 일을 제대로 하지 않으면 승객 분배를 해 주지 않는다. 그럼 빈 차로 있는 시간이 많아지면서 수입도 확 준다. 연고가 없는 이민자에게는 더 심하다. 이런 따돌림은 택시 기사에게 매우 힘든 일이다.

하루 종일 택시로 달리다 보면 얼마나 많은 세상의 이미지가 내 눈이라는 스크린에 영상으로 맺히겠는가. 셀 수가 없을 정도로 많고 다양했다. 여기서 택시는 자가용이 없는 서민의 발이다. 얼마나 많고 다양한 승객들을 만나 보겠는가? 셀 수가 없을 정도로 어마어마하게 많다.

나는 저절로 그들의 직장을 볼 수 있고, 그들의 사는 집과 가족을 볼 수 있고, 그들의 여러 활동을 볼 수 있었다. 그때마다 눈여겨보면 그들의 진솔한 삶을 엿볼 수 있었다. 오늘 벌어 오늘 사는 그들이지만 매사에 감사하였으며 항상 택시 기사에게 친절하게 대하였다. 손님은 택시 기사에게 요금을 주고 운전을 시킨다는 생각이 아닌, 원하는 곳에 안전하게 갈 수 있다는 마음으로 항상 택시 기사에게 '감사하다'는 말과 함께 팁까지 주었다.

나에게는 모든 것이 감동적이었다. 이런 것들이 나 스스로 철이 드는 계기가 되었고, 또한 글을 쓸 때 혹은 디자인할 때 나만의 번뜩이는 아이디어를 창출할 수 있는 통로 같은 것이 되었다.

마지막 손님을 태우고 나서야 비로소 내가 택시 기사를 그만두는구나 하고 실감이 났다. 그동안 사고 없이 운전할 수 있었던 것에 감사한다. 그리고 더듬거리는 영어로 끝까지 견디어 준 나 자신에게 격려

한마디를 한다. 캐나다에서 5여 년의 택시 기사 일로부터 다양한 인생살이를 깊이 느낄 수 있었음을 행운으로 생각한다.

9 내리는 눈송이를 보면 가슴이 터진다

적설량 30㎝를 넘나드는 눈 폭풍으로 도시 전체가 고요 속에 빠져 버렸다. 학교와 공공 기관뿐만 아니라 모든 상가가 문을 열지 못했다. 사람들이 출근을 할 수가 없었기 때문이다.

사람들이 움직이기 시작하는 아침, 이때부터 내리기 시작하는 눈은 보통 도시를 완전 마비시킨다. 일반적으로 눈 폭풍이 주말에 걸리는 경우가 많은데, 이번 폭풍은 주중에 시작되어 그 피해는 최악이 되었다. 수요일 아침부터 강한 바람과 함께 눈 폭풍이 몰아치니 주말로 이어지는 한 주 전체가 당연 연휴가 되는 것이다.

나는 그것도 모르고 완전 무장을 하고 눈보라 속을 뚫고 걸어서 학교에 갔다. 문이 잠겨 있었다. 아차! 내가 눈 폭풍의 뉴스를 건성으로 들은 모양이었다. 출입 카드로 문을 열고 들어가니 학교 건물 전체가 컴컴하였다. 그 속에 나 같은 사람이 하나 더 있었다. 다른 과 학생이었다. 우리 둘은 웃고 말았다.

그로부터 3일 후인 토요일에 다시 눈 폭풍이 몰아쳤다. 택시 일을 하려 일찍 일어났지만 왠지 가기가 싫어졌다. 출근을 못 한다고 회사에 전화를 걸었는데 응답이 없었다. 이제까지 택시회사가 전화를 안 받는 경우는 이번이 처음이었다.

　택시 기사가 출근을 못 하면 택시회사는 올 스톱이다. 그럼 도시 사람 모두 꼼짝을 못 하는 상태가 된다. 눈이 오기는 정말 많이 왔구나. '에라, 잘됐다.' 하고 나도 쉬어 버렸다.

　눈은 일요일까지 계속 내렸다. 바람까지도 을씨년스럽게 불어 댔다. 보통 눈이 오면 그리 춥지 않고 눈이 많이 내려도 좀 쉬어 가면서 오는 것이 보통이다. 그러나 올해는 그런 법칙이 없었다. 영하 20도에 많은 눈을 동반한 눈보라가 내리쳤다. 거기에다가 하루 조용하다 싶으면 그 다음 날 강한 눈보라가 또 몰아쳤다.

　지붕 위에 눈이 많이 쌓이면 위험하다. 일주일 전에 돈을 주고 지붕 위 눈을 청소하였는데, 오늘 지붕을 쳐다보니 지붕에 그보다 더 많은 눈이 쌓여 있는 게 아닌가?

　그리고 또 눈보라가 몰아쳤다. 집 앞 도로에는 쌓인 눈이 도로의 소방용 수도전 푯말마저 삼켜 버렸다. 이것이 안 보이면 눈 치우는 차가 실수로 수도전을 부숴 버릴 수 있다. 시에서는 요것만은 염려되었던가, 새벽부터 큰 덤프차가 분주하게 움직였다.

　집 주변의 눈을 치우는 것도 이제는 어렵다. 치우고 치워도 눈바람이 몰아쳐 그곳을 다시 메우니 치운 흔적이 안 보인다. 눈을 치우고 나면 도로의 높은 눈 언덕이 무너지면서 다시 출입구를 막아 버린다. 눈 언덕은 사람도 넘어가기 힘들 정도의 높이다. 시간이 지나면서 내리는 눈이 눈 위에 다시 쌓이면서 밑의 눈은 다져진다. 그때 눈 치우기는 기계로도 쉽지가 않다. 삽을 동원해야 한다.

　자동차로 출근하는 사람은 나갈 때와 들어갈 때마다 Drive Way(주차 진입로) 눈덩이를 치워야 한다. 다운타운에 사는 나야 자동차를 두고 움직이면 되지만, 외곽에 사는 사람들은 그냥 집에 머무는 것이 최선의 방법이다.

눈이 내리는 주중을 지나 일요일이 되었다. 다행히 도로 위에는 자동차 한 대가 겨우 달릴 정도로 눈 청소가 되었다. 그래서 다음 날 월요일은 모든 것이 정상이 되는 것 같았다. 그러나 월요일 밤부터 또 눈 폭풍이 왔다. 일주일 사이 3번 연달아 온 셈이 된다.

지금 밖을 보니 눈 언덕에 앞집이 잘 안 보인다. 지금도 사람 키 높이의 눈 언덕 위로 눈보라가 몰아치고 있다. 사각형 창문 프레임 사이로 보이는 설국, 이제 나는 그것을 한 폭의 수채화라고 말하지 않는다.

높은 눈 언덕과 자동차 바퀴 자국이 남아 있는 도로도 이제는 그 경계가 모호해진다. 아주 높은 부분은 인도 부분이고, 좀 낮은 부분은 차도라는 것만 알 수 있다. 도로에는 자동차도 없고 사람도 없다. 그저 눈에 파묻힌 주택에서 새어 나오는 불빛만으로 '아하, 사람들이 사는 동네구나!' 하고 느낀다.

눈은 세상을 하얗게 만들면서 세상에 서 있는 모든 것을 파묻고 세상의 경계선마저 완만한 곡선으로 만들어 버린다. 시간이 멈춘 것일까? 그렇다면 얼마나 좋을까? 소리 없이 내리는 눈을 보면 시간이 멈춘 고요함을 느끼지만 눈바람이 쌩쌩 불 때면 그렇지 않다. 이때는 으스스함과 동시에 외로움마저 생긴다. 낭만과 불편, 고요함과 을씨년스러움이 교차한다.

창 너머로 보는 눈 풍경은 이제 나에게는 순수와 느림이라기보다 고립과 답답함으로 변한 지가 이미 오래되었다. 캐나다 세월을 어느 정도

겪었다. 이제 마음을 내려놓을 때가 되었다. 그러나 고국이 너무 그리웠나? 내리는 눈송이를 보면 이제는 가슴이 터진다.

10 두 아들 이야기

만 23살 되어 가는 큰아들이 있다. 그를 캐나다로 데리고 온 지가 벌써 8년이 넘었다. 그러니까 그는 만 15살에 캐나다 땅을 밟았다. 학년으로 따지면 그때가 중학교 3학년이다.

나는 2년 동안 이민 진행 사항을 애들에게 알리지 않았다. 결정되지 않은 사항으로 괜히 애들이 동요할 것 같았다. 미리 애들이 알면 모든 가족이 저절로 알게 되어 반대와 걱정이 교차할 것 같았기 때문이다. 영주권이 나오자 그때 가족에게 공식적으로 알렸다.

물론 아내는 그전에 진행 사항을 미리 알고 완강히 반대하면서 버티고 있었나. 공부에 그리 관심이 없었던 큰애는 아버지가 '또 일을 벌이네.' 하는 정도였고, 11살인 초등학교 6학년의 둘째는 나이가 어려서인지 ABC도 모르는 채 그저 좋아하면서 쾌재를 불렀다.

큰애는 항상 반항적이었다. 공부보다 밖에서 돌아다니는 것을 더 좋아하였다. 성격도 과묵하고 말이 없었다. 너무 집 밖으로 돌아다니는 것을 좀 막아 보자는 생각으로 초등학교 저학년부터 수영을 시켰다. 다행히 그는 도시 대표 수영 선수로 출전할 정도로 수영에 몰입했다.

큰애가 중학교를 진학하자 한번 운동에 몰입하면 공부와 완전히 안녕을 고할 것 같아 운동을 중지시켰다. 그러나 다른 애들은 방과 후 과외 공부로 학원을 다녔지만, 큰애는 다시 밖으로 돌아다니기 시작하였다. 그리고 이민으로 갑자기 태평양을 건너는 비행기에 타게 되었다. 이 때문에 큰애는 친구도 고향도 동심도 다 잃어버렸다.

큰애는 캐나다에서 적응하기가 쉽지 않았다. 다행히 캐나다에 정착하면서 1년 동안은 잘 지냈다. 새로운 세상이 과묵하고 반항적인 큰애에게도 신기했던 모양이었다. 정보를 모르는 바람에 큰애는 여기 교육청이 시키는 대로 도시 외곽의 고등학교에 다녔다. 이 학교는 도시 외곽 주민들이 다니는 고등학교여서 한국 학생이 하나도 없었다. 대부분 한국 학생들은 도시 중심의 학군이 좋은 고등학교에 다녔다.

아침에 큰애를 등교시키려 자동차로 데려다주면 학교 정문 앞에는 수십 명의 학생들이 수업 시작 전에 한 개비라도 더 피워 보겠다고 담배를 빨아들이는데, 그곳은 마치 굴뚝과 같았다. 또한 정문 앞 구석구석에는 남녀가 서로 얽혀 있어서, 마치 그곳은 에로 드라마를 찍는 촬영장 같았다.

마침 큰애는 모든 운동을 좋아하던 터라 학교 대표 축구 선수로 참가하였다. 차라리 이런 학교가 나았다. 많은 학생 중 동양 애가 하나이기에 관심을 많이 받아 좋았고, 그리고 외곽 고등학교에 다니는 그런 애들이 오히려 매우 순진하였다.

서로 큰애를 감싸고 데리고 놀고 집에 초청도 하였다. 한번 친구 집에 가면 일주일을 머무는 경우도 있었다. 선생님도 하나뿐인 동양인이어서 그런가, 친한 친구처럼 큰애를 잘 대해 주었다.

그곳에서 1년이 지나자마자 나는 인근 도시에 있는 주유소를 매입하였다. 정착한 지 1년도 채 되기 전에 이사를 하게 되었던 것이다. 애들 입장에서는 좀 적응하고 알아 가는 도중에 그동안 만들었던 친구도 눈 익힘도 다 버리게 된 것이었다. 그들에게는 청천벽력이었다.

새로운 도시에서 정착한 곳 역시 도시의 외곽이었다. 대부분 한국인은 도심의 학교에 다녔다. 나는 어쩔 수 없이 외곽 학교에 애들을 보낼 수밖에 없었다. 한국 학생이 전혀 없는 중학교와 한국 학생이 한두 명 보이는 고등학교였다.

중학교 1학년에 입학한 작은애는 이사하기 전보다 더 신이 났다. 모두들 자기만을 위해 주었기 때문이다. 반면 밖으로 돌아다니기를 좋아하는 큰애는 이사하기 전의 고등학교를 그리워했다.

나는 주유소 경영에 힘이 들다 보니 두 애들을 원하는 대로 보살펴 줄 수가 없었다. 일에 지쳐 죽을 것만 같은 지경에서 직원까지 파업을 하는 상황이 발생하자 상가에 애들을 투입하는 경우도 생겼다. 영어를 전혀 모르는 그때, 나이 어린 그들이 생각하였던 것은 '바닥' 그 자체였을 것이다. 내가 쓰러지면 가족이 무너진다는 생각에 나는 결단을 내렸다. 사업체를 되팔아 버렸던 것이다.

이때부터 나는 애들을 보살피는 일에만 전념했다. 작은애는 공부와 스케이트 선수로 적응해 갔고, 큰애는 축구 선수로 적응해 나갔다. 두 애의 학교생활과 운동으로 나는 새벽 5시에 일어나 저녁 11시까지 애들을 실어 나르고 밥을 준비했다. 그리고 애들의 아침 운동과 오후 운동 때문에 나는 일주일 내내 아침저녁으로 길에서 기다리고, 체육관에서 기다리고, 공원에서 기다렸다.

그뿐만 아니라 걸핏하면 타 도시 혹은 타지방으로 나가서 경기해야 했다. 그때마다 장비와 옷 그리고 음식을 준비하여 데리고 다니거나 따라다니면서 응원과 격려를 해 주어야 했다. 좋은 집과 좋은 환경에 좋은 운동을 하면 얼마나 좋으리? 하지만 나는 무엇 하나 제대로 그들을 도울 수 없었다. 애들도 나도 어렵고 힘든 혼돈의 이민 생활이었다.

11 애들에게는 고향이 무엇인가

 겨울이 시작되는 어느 공휴일이었다. 나는 작은애에게 자동차를 몰고 같이 바람이나 쐬고 오자고 제안했다. 작은애는 아버지의 심기를 알아차렸나? 흔쾌히 받아들이고는 "Saint John이 어떠세요?"라고 권했다. 그래 당근이지. 우리는 점심을 먹고 출발했다.
 Saint John은 대서양 연안에 면한 항구고 초기 캐나다의 관문이었다. 우리 가족이 이민하면서 이곳에 정착하였고 1년 살다가 인근 도시 Fredericton으로 이사를 하였다. Saint John은 Fredericton에서 자동차로 1시간이면 갈 수 있는 도시다.

 운전은 작은애가 하였다. 가는 내내 이야기를 나누다 보니 한 시간은 금방 지나갔다. 도시 입구에 들어서자 그는 내 눈에 아주 익은 곳으로 운전해 나갔다. 즉 우리가 살았던 곳, 그 애가 다녔던 초등학교와 중학교, 그리고 스케이트를 시작하였던 아이스 링크로 죽죽 운전하면서 훑었다. 그러면서 작은애는 자동차에 내려서 직접 방문도 해 보고는 "내가 여기서 걸었지…….", "아버지, 내가 여기서 스케이트를 시작했지……." 라고 중얼거리면서 추억을 더듬었다.

그다음 바다를 보러 우리는 Saint John의 유명한 Irving 해변 자연 보존 공원으로 향했다. 그곳에 다다르자 차가운 겨울 바닷바람이 부는데도 작은애는 백사장으로 내 손을 끌고 갔다. 우리는 대서양 연안 해변인 Saint John 바닷가 모래 변을 거닐고, 뛰고, 그리고 마구 소리쳤다.

파도 소리, 넓은 모래사장, 하얀 파도……. 나는 고국의 것들을 대신하여 그것을 차용하고 있었지만, 작은애는 어릴 때 처음 보았던 이국의 정경을 고향의 것으로 더듬는 것 같았다. 아니 그는 고국의 그것과 혼동하고 있는지도 몰랐다.

돌아오면서 나는 작은애가 가 보았던 곳을 다시 생각해 보았다. 그 여리고 감수성 많았던 어린 시절……. 모든 것이 그의 눈과 마음에 깊이 아로새겨졌을 것이다. 단 1년뿐이었지만 작은애에게는 특별했을 것이다.

이틀 전 큰애가 왔다. 아비 곁을 떠난 지 만 2년이 되었다. 이 도시에서 대학 3년을 보내고 봄이 오자 돈 벌러 간다고 나가서 이리저리 돌아다니더니 캐나다 대륙 중간쯤 멈추고는 그곳에서 다시 공부하고 있다. 동부에서 서부로 가서, 다시 서부에서 동부 끝까지 오기는 힘이 들었나? 그는 그 중간에서 주저앉아 버렸다. 그것이 어제 같은데, 2년이라는 세월이 유수와 같이 흘렀다.

몇 달 전 큰애로부터 전화가 왔었다.

"아버지, 방학이 되면 바로 아버지께 갈게요."

"왜, 여기 볼일이 있나?"

"아니요, 한번 가 보고 싶어요."

큰애는 여기서 고등학교를 시작으로 해서 학창 시절을 보냈다. 그 후 부모를 떠나 타지에서 2년을 보내 보니 캐나다의 이 작은 도시는 그에게는 고향 같은 것이었다. 그 시절 알던 형, 친구, 동생들이 보고 싶기도 하고, 눈에 박았던 이 작은 도시의 정취를 더듬어 보고 싶은 모양이었다.

밤새 두 도시를 환승하면서 왔기에 잠도 못 잤을 텐데, 도착하자마자 큰애는 장 보러 가자고 했다. 큰애가 직접 음식을 만들어 저녁을 준비하겠다는 것이었다. 맥주도 샀다. 스시 레스토랑에서 일한 경험으로 그는 맛있는 한상을 금방 차려 냈다. 한 가족이 둘러앉아 우리는 늦게까지 이야기를 했다. 그전에는 이 아비를 쳐다보지도 않았던 애들이 말이다.

고향은 무엇인가? 그들이 가장 물렁하고 야리야리할 때 보고 듣고 느끼고 비비며 살았던 곳이 아닌가? 그러면서 그때그때 우리 애들이 몸과 마음이 외부 환경에 의해 아로새겨지고 할퀴어졌을 것이다. 그래도 그들은 고향을 그리워하는가? 이 아비는 그런 것들을 전혀 몰랐다. 애들은 그냥 자라는 줄만 알았다.

이런 시절 고국에서, 그것도 모자라서 타국에서 상처와 아픔 그리고 여러 가지 서러움도 많았을 텐데. 그때마다 무심한 이 아비가 그토록 밉고 원망스러웠을 텐데. 빡빡한 이 아비 성격 때문에 남보다 더 마음의 상처가 많고 깊었을 텐데. 그뿐인가, 마음대로 고향을 바꾸어 버린 이 아비가 그렇게 야속했을 텐데 말이다.

큰애가 차린 음식을 보니 눈이 시큰해졌다. 이민 생활이 나이 먹은 나에게 그토록 힘이 들었으면, 여린 그들은 어떠했을지 생각이 마구 들었다. 또한 같이 살면서 눈에 박았던 것들을, 마음에 새겼던 것들을 추억으로 공유해 주는 것만으로도 나는 고마웠다.

큰애가 '그때는 왜 아빠와 같이 시장에 못 왔을까?' 하고 혼자 중얼거리기도 하면서 얼마나 장을 잘 보던지, 그렇게 뻑뻑했던 큰애가 이제는 어찌나 상냥하게 말을 건네던지, 도착한 바로 그날 큰애가 차린 저녁상을 받고는 나는 그만 쉬이 음식을 넘기지 못하고 맥주로 목을 매번 축여야만 했다.

12 큰아들의 방문

먼 타주로부터 오는 큰아들을 배웅하러 공항으로 나갔다. 시간을 정확히 맞추어 공항 입구에 자동차를 대니 마침 그곳에 아들이 서 있었다. 작은 도시의 작은 공항이니 쉽게 찾을 수가 있었던 것이다. 나는 자동차를 길가에 대충 세우고 나가 덜컥 아들을 안았다.

"내 큰아들아, 잘 왔다."

얼마 만인가. 나는 한참 동안 아들을 가슴으로 안은 채 쉬이 놓을 수가 없었다. 2년 전 바로 이만때, 온타리오의 어느 산골로 나무 심는 일을 하러 간다고 한 놈이 이제 내 품에 있으니 말이다. 얼굴을 쳐다보니 큰애는 나를 보면서 환하게 웃고 있는 것이 아닌가?

그날 아들이 차린 저녁상과 술잔으로 늦은 밤을 보낸 후 머무는 10여 일 동안 그는 무엇이 그리 바쁜지 나와 함께할 시간이 없었다. 친구들이 그리도 좋은가? 그래도 나는 아들과 근사한 외식을 두 번이나 하였다. 그리고 실내 테니스장에서 아들과 테니스도 한번 쳤다. 전에는 테니스 폼이 엉망이었는데 이제는 나와 한판을 붙으면 내가 안 될 정도였다.

발리, 스매싱, 서브, 포 드라이브, 백 드라이브 등등 모든 폼이 아주 자연스러워졌다. 드라이브는 물 흐르는 듯했고, 슬라이스는 깔끔했다. 사람이 철드는 만큼 그 테니스 폼도 철드는가 보다. 그전에는 깎고, 때리고, 치고, 돌리고……. 공이 미쳐서 허공을 날아다녔다. 마치 나에게 덤벼들 듯……. 이제는 날아오는 공을 자연스럽게 되받아 가볍게 밀어 댄다. 정통 드라이브로…….

힘이 넘치면 쉬이 지쳐서 오랫동안 즐기지를 못한다. 속도에 치중하면 공은 쉽게 포물선을 만들지 못해 아웃이 된다. 회전을 많이 주면 안전하나 빨리 나아가지 못한다. 세 가지를 적절히 조절하면서 공 방향을 변화시키면 상대와 공을 함께 제압하기가 쉽다. 아니 인생이 그렇다는 말이다. 인생이라는 테니스공을 치고 때리는 것이 아니라 날아오는 공의 힘을 타고 자연스럽게 미는 것(Push)이라는 것을 이제 그는 조금 알게 된 걸까?

"테니스는 밀어야 해."

내가 슬쩍 말을 건넸다.

"예, Push지요."

"잘 아네. 이제는 물 흐르는 듯 스윙을 잘하는구나. 즐기는 운동으로는 다 됐네. 이제 나보다 낫다."

큰애는 웃음으로 답한다. 나도 웃음으로 반기면서 속으로 생각해 본다. 그전에는 내가 애들 눈치 보느라 한마디도 못 했는데……. 나는 그 나이에 인생이라는 라켓도 잘 못 쥐었는데…….

살고 있는 집을 팔았으니 그가 머무는 동안 같이 물건을 정리했다. 이리저리 정리하는 동안 아들은 자기가 필요한 물건을 챙겼다. 옷가지와 개인 용품 등등. 그런데 캐나다에 건너오면서 가지고 온 한국 책도 여러 권 챙겼다. 『단순하게 살아라』, 『화성에서 온 남자 금성에서 온 여자』, 『아들아 더 큰 세상을 꿈꾸어라』 등등. 인생 참고 도서, 혹은 사업 관련 도서도 챙겼다.

"야! 그런 책을 뭐 하려고, 다 버릴 예정인데……."

내가 잔소리하니,

"아니에요, 요즈음 심리학에 관심이 많아서."라고 그는 뚱딴지같은 소리를 하였다.

공학도가 심리학을, 그것 참 신기하네 하면서 고개를 갸우뚱거리는 나를 보고는 그는 천천히 자신의 보따리를 풀어내기 시작하였다. 이제까지 아들에게 '뭐' 혹은 '아니' 같은 무뚝뚝하고 반항적인 말만 듣고 온 터라 나는 어리둥절하기까지 했다.

"사귀는 여자 다루기가 제일 어렵고요."

"남 밑에서 일하는 것 재미없어요."

"일을 내가 한 만큼 벌고 싶어요."

아들이 한 말이다.

"졸업 후 엔지니어로 일하면 충분히 즐기면서 살 수 있는데……."하고 운을 다니,

"아버지 아세요, 한국 사람 나 캐나다 대학교를 졸업하지만 대부분 작은 한국 사업체나 자기 아버지 가게에서 일해요." 하고 변명을 댄다.

그래 네가 무엇을 하고 살든 네가 좋다면 환영이다. 그렇다 하더라도 일단 대학교 졸업장을 쥐고 그다음 엔지니어로 취직도 해 보고, 그리고 네가 하고 싶은 것을 생각해 보아도 괜찮을 것 같다고 했더니 순순히 아들은 "예." 그랬다.

가만히 생각해 보니 첫 번째 것에 대하여 벌써 느꼈다니 다행이지만, 두 번째에 대해서는 그냥 직장인으로 편히 살기를 바라는 아비 맘과는

많이 달랐다. 과묵하고 끈기 있고 결단력이 빠른 놈이 무엇이 아쉬워 그럴까. 이민자 아닌가? 캐나다에서는 편한 직장 생활이 좋은데…….

하기야 산으로 나무 심으러 가서 하루에 남보다 3배를 일하고 남보다 3배를 벌었으니, 나는 그때 너를 알아보았지. 6개월 동안 일하고 돌아온 아들을 보고 나는 정말 휴전선을 타고 넘어온 북한 간첩인 줄 알았지. 그동안 산에서 나무 심고, 그리고 텐트에서 먹고, 자고……. 검게 그을린 피부, 피골상접한 몸, 다 떨어진 군화에, 손톱은 닳아서 없고, 무뎌진 손가락 마디마디. 그것은 바로 해골이었다.

가는 날 나는 손수 아들을 공항으로 배웅했다. 무뚝뚝한 놈이 이제 나에게 별 이야기를 다 했다. 지나가는 사람을 붙잡고 같이 사진 한 장 찍자고 휴대폰을 전하기도 했다. 작은 공항이니 비행기 타는 모습이 다 보였다. 아들은 비행기에 탈 때까지 나에게 손을 마구 흔들어 댔다. 전에는 전혀 보지 못한 그의 엉뚱한 모습이다. 감동했다.

비행기가 이륙하고 공항을 나서면서 갑자기 허전함을 느꼈다. 가슴이 텅 빈 것 같았다. 현기증이 돌았다. 어젯밤 그와 맥주 한잔할 때가 생각났다. "아버지께서 캐나다에서 처음 사업하실 때 못 도와드려서……." 라고 하면서 아들은 내 앞에서 눈물을 흘렸다. 무뚝뚝하고 강건한 놈이 갑자기 우니 나도 울었다. 아들을 다독였다. "영어도 못하는 사춘기 때, 그것도 캐나다에 정착하자마자 너를 가게 카운터에 세웠구나. 매우 당황했고 힘들었겠지. 아비가 너무 잘못했구나. 이 아비가 미안했다."

아들은 중간 기착지인 토론토에서 며칠 놀다가 가겠다고 하였다. 도시마다 가는 곳에 친구가 많아서 다행이었다. 몸도 강건하니 걱정은 없다. 그러나 그를 떠나보내고는 자꾸만 걱정이 앞섰다. 요즘 세상은 얼마나 좋은 세상인가. 이 아비같이 고생하지 말고 그저 좋은 직장을 얻어 단순하게 세상을 살았으면 하는 것이었다.

13 이제 막내도 떠나고

　오늘 막내가 떠났다. 살고 있는 집이 팔렸기에 나도 한 달 후 유월이 되면 떠나야 한다. 큰애는 2년 전 이미 타주로 떠난 상태이다. 이민 올 때는 고국에서 살던 집을 처분하고 가재도구를 모두 가져왔지만, 지금은 가져온 가재도구와 여기서 구입한 것을 포함하여 모두 다 버리든가, 아니면 가라지 세일로 처분해야 한다. 애들이 내 곁을 떠나면서 나도 가볍게 이 도시를 떠나야 했다.

　막내가 떠나고 난 다음 날, 집 안을 둘러보니 큰애 방과 작은애 방에 옷가지며 침구, 책상, 그리고 애들이 사용하던 물건들이 그대로 있었다. 애들 둘 다 여행용 가방 하나만 챙겨서 떠났기 때문이다. 고국에서 가져온 것들, 캐나다 생활 10년 동안 구입한 옷가지, 예복, 운동복들, 그리고 책상과 책, 운동 도구들이 방 안에 가득하다. 벽면에는 애들의 트로피, 메달, 사진 액자들로 꽉 차 있다.

　캐나다 주 이민 프로그램으로 NB주에 정착한 가족들은 대체로 이렇게 흘러간다. 큰애가 고등학교를 졸업하면서 대도시 대학교를 진학할 때 전 가족이 토론토 인근 위성 도시 혹은 다른 대도시로 이사를 간다. 그리고 다시 그곳에서 정착한다. 중국 출신 이민자들도 대체로 이러한 패턴을 따르지만, 유독 한국 가족들은 많이 그렇다. 아마도 직장을 잡기가 쉽다는 이유가 크고, 그다음의 이유로는 대도시의 대학교가 좋다는 생각과 두 집 살림을 하면 많은 경비가 든다는 생각 때문인 것 같다.

내 경우는 이와는 전혀 다르게 흘러가고 있다. 애 둘은 내가 사는 주립 대학교에 다녔고, 둘 다 중간에 학업을 쉬고는 직장 혹은 대학교 편입을 위하여 다른 도시로 나갔다. 이때 부모가 애들을 따라 함께 정착하는 것이 자연스러우나 나는 그러하지 못했다. 경제적 형편 때문이었다.

내가 살고 있는 캐나다 동부의 조용하고도 작은 이 도시가 너무나 살기 좋지만 내 고향도 아니고 앞으로 늙어 죽을 때까지 있어야 하는 곳도 아니다. 그렇다고 내가 떠나는 애들을 따라나설 수는 없다.

애들도 이제는 머리가 컸다. 대학교 2학년을 마치는 나이라면 객지에서 경제적으로 사회적으로 홀로 서기에는 다소 이르다는 생각이 들 수도 있으나, 한편으로는 빠를수록 더 좋을 수도 있다. 그래서 그들도 스스로 객지 생활을 해 보아야 한다. 언젠가 나도 떠나야 한다면 애들 모두 떠나는 지금 나도 떠나는 것이 아주 좋다는 생각이었다.

어찌 됐건 애들도 이제 객지 생활을 시작하는 것이고, 나도 새로운 객지 생활을 다시 하는 것이다. 그래서 집도 팔고 자동차도 팔고 모든 가재도구를 정리하고 처분하는 것이다. 즉 나도 애들도 모두 다 가방 한 개만 들고 각자의 인생길을 걸어가는 것이다. 이제는 그들도 주체로 세상을 살아야 했다.

내가 따라나서면 자식은 계속 나의 객체로 남는다. 차라리 그들이 주체가 되고, 나는 바라보는 객체가 되는 것이 더 바람직할 수가 있다는 생각을 해 보았다. 이제부터는 그들은 스스로 앞에서 나아가고, 나는 멀리서 혹은 가까이서 바라보는 도움자 혹은 보조자가 되는 것이다.

막내가 떠나고 난 다음, 그 많은 물건들 중에 나는 그들의 큰 역사가 되는 물건들만 대부분 챙겼다. 큰애는 축구로 고교 시절을 꽃피웠고, 막내는 스케이팅으로 중학교와 고등학교 시절 주 대표 선수로 활동했다. 그에 따른 갖가지의 트로피, 앨범, 메달, 액자와 사진이 그것들이다. 그것들을 잘 포장해서 여기에 사는 지인에게 잘 보관해 달라고 부탁할 예정이다. 그러고는 모든 것이 없어지는 것이다.

14 작은 항아리

캐나다에 이민 올 때는 큰 가구들은 다 버렸으나 대부분 살림살이는 가져왔었다. 10년 후 애들은 커서 타지로 떠났고 나는 고국으로 돌아가기 위하여 가방 한 개만 남기고 캐나다 살림살이를 모두 다 정리하였다. 이때 아깝다는 생각이 많이 들어 모두 처분하는 것이 쉽지 않았다. 무엇보다도 정든 물건을 정리한다는 것이 매우 힘들었다. 그중에 자꾸만 생각나는 것이 항아리다.

내가 어릴 때 이미니는 된장, 고추장, 간장, 그리고 갓가지 젓 종류를 직접 항아리에 담가 만들었다. 자연히 뒷마당에는 크고 작은 항아리들이 많았다. 특히 어머니는 대가족의 큰며느리다 보니 우리 집에는 항아리 종류가 많았고, 그 크기도 다양했다.

가족 중에 내가 마지막으로 가정을 가졌고, 그때쯤에는 우리 집에서는 더 이상 큰 항아리가 필요 없게 되어 그대로 몇몇은 빈 항아리로 남아 있었다. 그것마저 시골에서 어머니 혼자 관리가 어려워서 큰 것들을 정리하였다. 그리고 어머니는 작은 항아리 몇 개로 간장, 된장, 고추장, 젓 종류를 손수 담가 드셨다. 이때 어머니는 크기와 색깔이 같은 작은 항아리 두 개를 나에게 주셨다.

서울에 살면서 항아리 2개를 장식용 혹은 음식 보관용으로 아파트 발코니에 두니 그 멋 또한 별났다. 그뿐만 아니라 볼 때마다 고향 맛이 나서 좋았다. 그래서 캐나다로 이민할 때 이것을 가지고 왔었다.

여기 캐나다 작은 아파트에는 발코니가 흔하지 않았다. 그래서 항아리를 거실에 혹은 방에 처박아 두다가 단독주택을 마련하게 되었을 때 마당 잔디 구석에 두었다. 그 후 이제까지 잊어버리고 살다가 귀국하고자 집을 팔고 살림살이를 정리할 때 잔디 구석에 있는 바로 그 항아리를 발견했다.

항아리는 그 오랜 세월 동안 캐나다 정원 잔디 구석에서 혼자 비바람을 맞고 지냈던 것이다. 그런데 어찌 된 일인지 분명 똑같은 것 두 개를 가지고 이민 왔는데 그곳에는 하나만 있었다. 어디에서 언제 그 하나가 없어졌는지 기억이 나지 않는다. 캐나다에서도 여러 번 이사를 하였고 그때마다 항아리는 항상 구석에 치워졌으니까 말이다.

항아리, 집 마당 한구석에 홀로 처박혀 있었던 그 항아리를 봄볕이 화사한 잔디 마당 한가운데로 가져왔다. 오래간만의 외출이었다. 나는 벤치에 앉아 오랫동안 쳐다보았다. 갑자기 감정이 미묘하게 변하더니 마침내 고개를 돌리고는 나는 일어서 버렸다. 돌아가신 어머니 생각이 났기 때문이다.

짐 정리를 하는 며칠 동안 항아리를 보면서 어머니 생각을 많이 했다. 그런데 어머니 생각이 누그러지자 이제는 그 항아리를 볼 때마다 알 수 없는, 아니 가슴 저 밑바닥에 눌려 있는 감정이라 할까, 무엇이라 표현할 수 없는 것이 올라왔다. 무엇일까? 향수? 글쎄 좌우간 이국에서 보는 항아리의 느낌은 매우 특별했다.

집 정원 잔디 구석에 홀로 있는 항아리
이리 보고 저리 보아도 너 신세 애처롭구나
너를 두고 떠나니 품지 못한 내가 밉기만 하구나

무빙 세일 하던 휴일이었다. 오후에 한 한인 부부가 방문했다. 오래전에 여기 정착한 분이었다. 그분은 물건을 사기보다 휴일이라 놀기 삼아 들렀던 것 같았다. 사모님은 초면이었다. 그 사모님이 이리저리 무빙 세일 품목을 둘러보면서 항아리에 눈길을 멈추었다. 그리고 너무 좋아했다. 나는 얼른 그분에게 그 항아리를 선물로 드렸다. 항아리 두 개 중 하나만 이리 남았는데 이것마저 없어지면 어떻게 하나? 차라리 너를 좋아하는 한국인 품으로 가는 것이 더 좋겠다는 생각이 들었기 때문이다.

15 고국행을 머뭇거리다

나는 10년 전 캐나다로 이민을 왔었다. 이민을 오자마자 사업을 하였으나 1년을 못 넘기고 스스로 접었다. 그 후 많은 방황을 끝내고 파트타임 일을 하면서 애 둘을 키우고 보살피는 데 전력을 다하였다. 많은 어려움이 있었지만 애들은 학교 과정뿐만 아니라 주 대표 선수로서 체육활동도 잘해 주었다.

큰애가 대학교에 입학하면서 다소 시간적인 여유가 생기자 나도 공예 디자인 대학교에 입학하여 공부를 하였다. 그로부터 2년 후 큰애는 독립하여 공부와 취업을 병행하였고, 그리고 내가 대학교를 졸업할 무렵 작은애도 독립하여 대학 공부와 취업을 병행하였다. 이제 두 아들이 내 곁을 떠나 공부하게 되면서 이때부터 나는 동부 캐나다 작은 도시에서 혼자 지냈다. 그런데 곰곰이 생각해 보니 변변한 직장이나 비즈니스 운영 없이 계속 이곳에서 혼자 머문다는 것은 의미가 없어 보였다.

캐나다에서 그럴듯한 직장을 잡거나 사업을 다시 하기에는 세월이 너무 흘렀다. 인생 60을 바라보니까. 그래서 이때에 나도 모든 것을 정리하고 일단 고국으로 돌아가고자 하였다. 고국에서 할 일이 딱히 정해진 것도 아니기에 일단 귀국해서 잠깐 머물러 볼 요량이었다. 그래서 바로 고국으로 날아가기보다 배낭을 메고 캐나다 동부에서 대륙을 횡단하여 서부에서 고국으로 갈 생각을 하였다. 한여름 고국의 더위를 피해 캐나다 여행을 하면서 중부 캐나다에 있는 두 아들을 보기 위해서였다.

길 위의 여정에서 많은 볼거리가 있었다. 여행 중 우리 캐나다 이민자의 생활상을 보기도 했다. 배낭을 메고 길에 서고, 길을 걷고, 혹은 다른 사람의 삶에 머물러 보았다. 그것은 내 인생을 뒤돌아보는 시간이 되었다.

가끔 혼돈도 생겼다. 다른 이민자들과 내가 비교가 되면서 나 자신이 자꾸만 실패자로 인식되었다. 중부 캐나다 어느 도시 지하방에서 혼자 밥해 먹으면서 일을 하는 두 아들을 만나 보고는 아비로서 내가 그들에게 아무것도 도움이 되지 못함을 깨닫고 스스로 자책도 하였다.

그뿐만 아니었다. 고국에 도착하면 배낭만 메고 있는 내 자신이 어떻게 보일까 하는 생각도 들었다. 누가 보아도 한마디로 누추하게 빈손으로 고국에 되돌아온 실패자였다. 캐나다에서 돈만 까먹은 놈이라는 빈정댐도 있을 것이다. 이때는 나는 무척 고통스러울 것이다. 형제 조카들이 다정다감하여 나에게 연민의 눈빛을 보낼 수도 있다. 그때는 나는 더더욱 비참해질 것이다.

그것보다 학업을 중단하고 일하는 자식들을 캐나다에 그냥 두고 나 혼자 빈둥빈둥 고국으로 들어가기에는 너무 얌체가 없었다. 아니, 혼자 가기에는 너무 외로웠는지도 모른다. 아무튼 나는 중간 지점에서 머뭇머뭇했다.

두 아들과 같이 한 달간 지하방에서 머물러 보았다. 같이 영화도 보고 맥주도 마셨다. 불현듯 '에라 애들하고 같이 살지, 뭐.' 하는 생각이 들기도 하였다. 그러나 일찍 은퇴한 나 자신이 걱정되었다.

 이제 약간 남은 현금을 조금씩 까먹으면서 살면 되지만 구차하기도 하였다. 그리고 그런 현금이 근질근질하여 가만히 있으라는 보장도 없었다. '어차피 인생이란 빈손으로 가는 거야.' 하고 되뇌어 보지만, 현실에 서 보면 자꾸만 돈벌이에 유혹이 갔다. 돈벌이가 쉬운 것이 아니다. 고생해야 된다는 것도 잘 안다. 이제는 체력도 마음도 약해지고 슬슬 아픈 곳도 생긴다. 외로우면 참으면 되지만 혹시 아파서 쓰러지면 그래도 혼자다. 그러나 나는 의도적으로 그것을 자주 까먹곤 한다. 이제 다시 초심을 다잡고 지금이라도 일단 고국에 들어가 본다. 고국에서 이민 전에 했던 건축 설계와 건축 공사, 혹은 건축 컨설팅 일을 할 수 있다.

 캐나다 대륙을 횡단하면서 여러 가지를 경험해 보니 이제 한번 넘어지면 쉽게 일어설 수가 없다는 것을 뼈저리게 느꼈다. 또한 마음은 나이가 들수록 더 유연해져서 쉽게 유혹에 빠지기도 했다. 욕심을 버리고 지금까지 해 왔듯이 열심히 일하면서 대충 입고, 자고, 먹고, 그리고 그것들을 즐겨 보면, 최소한 건강한 몸과 마음 그리고 내 주위에 있는 행복만은 지킬 수 있으리라는 생각이 들었다.

3부 대학교 생활

1 공예 디자인 대학교에 다니다

2003년 나는 캐나다 동부 Fredericton에 있는 주립 공예 디자인 대학교에 입학하였다. 그다음 해 미술 기초 과정에서 높은 성적으로 졸업을 하고 전공으로 금속공예과(Jewellery & Metal Program)에 입학하였다. 미술 기초 과정은 실기 위주였고, 전공도 마찬가지로 전적으로 실기 과정이었다. 학생들은 20대 젊은 학생이었으며 남학생보다 여학생이 더 많았다. 한 과는 보통 10명 정도였다.

수업과 실기 작업을 하느라 학생들은 하루 종일 강의실과 작업실에서 함께하였다. 적은 수의 학생이기 때문에 학생끼리는 매우 친했고 교수와 수업은 1:1 형식이었다. 수업 방식은 이론 강의 없이 무엇을 디자인하여 언제까지 제출하라고 하는 프로젝트(Project) 형식이었고 그 결과를 제출하여 교수로부터 학점을 받는 형식이었다. 학생 스스로 공부하고, 생각하며, 디자인하고, 그리고 결과물을 손수 만들어 가는 과정이었다.

한국에서 대학교를 다닌 경험이 있었지만 50대 나이에 20대 젊은 학생들과 같이 공부하는 것은 특별한 경험이었다. 이론이 아닌 실기 위주의 과정이기 때문에 바로 프로젝트를 소화한다는 것은 쉽지 않았다. 이론 시험이면 밤을 새워 외운다든가 하여 어떻게 하든 매번 높은 점수를 얻을 수 있지만, 실기로 평가받는 것은 열심히 한다고 해서 매번 높은 점수를 받을 수 있는 것은 아니었다.

다행히 나는 공간감과 손재주가 탁월했다. 교수가 하나를 알려 주면 금방 모든 것을 알았다. 내 나름대로 디자인하여 만들었으며 척척 모두 다 해내었다. 또한 집중력도 대단하였다. 교수는 친절하게 시범을 보이며 가르쳐 주었고 매번 격려와 칭찬을 아끼지 않았다. 매일 수업과 작업이 반복될 때마다 시간이 어떻게 지나가는지조차 모를 정도로 몰입했다. 설계 업무를 장기간 해 왔던 경험과 내 손재주 덕분이었다. 그때 나는 내 손재주의 탁월함을 알았다. 50대 나이에 게으를 이유도 없다. 이왕 하는 것이다. 최선을 다하고 싶었다. 다행히 디자인하고 만들기에 특별한 재미를 느꼈기 때문에 언제나 시간을 즐기면서 몰입할 수 있었다.

어느 날 Locket 만들기 프로젝트가 있었다. 'Victorian Locket을 알아본 후 Locket을 디자인하여 만들어 보라.'라는 프로젝트였다. Locket은 사진이나 작은 기념물을 보관할 수 있는 내부 공간을 가지는 Pendant의 일종이다. 나는 우선 여러 종류의 빅토리아 스타일의 Locket에 대하여 공부했다. 그런 후에 나만의 Locket을 디자인해 보았다.

그런데 공부하면서 보았던 Victorian Locket 스타일에서 벗어날 수가 없었다. 고민을 거듭하여 보았지만 소용이 없었다. 생각을 바꾸었다. 이제까지 보았던 모든 이미지를 머리에서 확 지우고는 순간적으로 떠오르는 생각을 잡고자 했다.

"Locket 안에 무엇인가를 넣어야 한다."

"그럼 무엇을 넣을까?"

"Story?"

이런저런 고민 끝에 나의 추억 이야기를 넣기로 했다. 그리고 그 이야기에 맞는 Locket의 모습과 형식을 찾고자 했다. 문득 바닷가 이야기가 생각났다. 바닷가는 내가 태어나고 자란 곳이다. 그래서 그런가? 평소 눈 감으면 저절로 바닷가가 보이고 파도 소리가 난다. 조개가 보이고 조개 숨소리가 난다. 그래, 이런 이야기가 생각날 수 있도록 우선 전체 형태를 조개 모양으로 만들고 그 안에 바다 이야기를 넣어 보자. 그렇게 탄생된 것이 Sea Locket이었다.

프로젝트가 있을 때마다 나는 별로 고민을 하지 않았다. 도서관에서 책이나 인터넷으로 기존의 작품들을 찾아보지 않았다. 그렇게 하면 기존 작품에 얽매이고 고민도 훨씬 더 많아지기 때문이었다. 그래서 나는 그때 막 머리에서 떠오르는 생각으로만 디자인하여 저널(Journal)에 표현하고, 모든 과정을 하나하나 그리고 기록하여 교수와 면담하는 과정을 거치면서 만들어 나갔다. 모방이 아닌 내 느낌으로 창작하여 잘 만들어야 한다는 생각으로 학교 수업과 작업에 최선을 다하였다.

나는 그때 50대의 나이였다. 교수들은 주말에 일하면서 평일에 열심히 공부하는 나를 격려해 주었고 도움을 아끼지 않았다. 학우들과 학교 모든 직원들도 나를 응원해 주었다. 그들은 눈만 마주쳐도 'Hi Yeon'이라 다정스럽게 나를 불러 주었다. 나를 아는 고객들도 특별한 관심과 함께 내 작품을 우선적으로 구입해 주었다. 그럴수록 나는 더 재미가 났고 더 학업에 몰입을 하였다.

생활비를 벌기 위해서 주말에는 택시를 몰았다. 정부에서 지원해 주는 학자금 Loan으로 대학교 등록금과 작업 경비를 충당했다. 작품 재료는 보통 은(Silver) 재료를 사용하기 때문에 큰 경비가 든다. 내 작품은 디자인의 특별함과 높은 품질 때문에 높은 가격으로 팔렸다. 판매한 돈으로 다시 더 좋은 작품 활동을 할 수 있었다. 방학 기간에는 모든 학생들은 고향으로 돌아갔지만 나는 학교 작업실에 남아서 작품을 만들었다.

내 작품은 매년 학교에서 마련한 전시회에 전시되어 많은 고객으로부터 찬사를 받았다. 그뿐만 아니라 매년 Governor House와 Museum에 전시되었다. Governor House는 이 도시를 대표하는 서양식 석조 건물이고, 미술관은 이 도시에서 유명한 현대식 건물이다. 고객들은 전시된 작품을 구입하기도 했다.

캐나다 사람들은 예술과 예술가를 매우 사랑한다. 나는 Artist로 대우 받았다. 전시된 내 작품을 바라볼 때 나는 뿌듯한 자존감을 느끼고, 그들의 찬사에 나는 행복감에 젖었다. 전시회의 개막식에는 서빙 웨이터와 함께 여러 가지 고급 요리와 와인이 차려졌다. 그곳에서 고객들과 이야기하면서 맛보는 요리와 와인의 맛은 특별했다. 그 황홀한 기분은 아직도 잊지를 못한다.

나는 모든 과목에서 최고점을 받았다. 졸업할 때 Governor(주 총독)로부터 최고 학점 졸업생 한 명에게 주어지는 상장과 메달을 받는 영광을 안았다. 캐나다 대학교 졸업식장에서 동양의 한 학생이 학생과 부모의 환호를 받으며 최고의 상을 받았다는 것이다. 백인 학생이 전부인 공예 디자인 대학교에서 모든 학생을 제치고 50대의 한국인이 말이다.

대학교를 졸업한 후 2년 동안 고국에 머물다 다시 돌아와서 대학원 과정(2년의 졸업 후 과정, Graduated Program)에 입학하였다. 대학원 과정에서는 학생 스스로 무엇을 할 것인가를 정하고 그 정한 작업을 스스로 해내어야 했다. 졸업 후에 혼자 예술인으로서 활동할 수 있는 기반을 마련하는 과정이었다. 나는 교수와 상의하여 작품 주제를 Tea Pot(찻주전자)으로 정했다. 이 기간 동안 여러 종류의 Tea Pot을 만들었다. 물론 Tea Pot 이외에 여러 가지 많은 작품들을 만들었고, 이들 작품 대부분은 팔렸다. 나는 정말 밥 먹고 자고 하는 시간을 제외하고 오직 모든 시간을 수업과 작업에 몰입했었다.

대학원 과정을 마치고 귀국하였다. 생업을 위해서 어쩔 수 없었다. 설계 사무소를 열어 일을 하면서 틈만 나면 사무실 구석에서 무엇인가를 구상하고 만들었다. 이야기를 담은 접을 수 있는 여러 가지 작은 박스형 펜던트(Folding Pendant)가 이때 처음 만들어졌다.

코로나가 끝날 즈음 내가 다녔던 대학 교수로부터 한 가지 제안을 받았다. 여름 방학 동안 학교 작업실에서 작품 활동을 해 보라는 것이었다. 그래서 나는 그동안 만들었던 박스형 펜던트(Folding Pendant)를 들고 2021년 캐나다로 건너갔다.

시원하고 화창한 캐나다 여름이었다. 한국의 무더운 여름을 피해서 6월에서 8월까지 대학교 작업실에서 작업을 했다. 그동안 만든 작품을 갤러리(Gallery)에 전시하여 판매하였다.

주택의 작은 방 하나를 빌려 잔다. 무료 급식소에서 봉사한 후 무료로 끼니를 때운다. 하루 8시간 작업실에서 작업을 하고 오후에는 운동을 한다. 코로나가 끝난 후부터 이렇게 매년 여름 동안 캐나다에서 작업을 했다. 내년에도 해 보고자 한다. 작품 활동과 여행, 그리고 시원한 그곳에서 시간을 알뜰히 보낼 수 있기 때문이다.

젊었을 때부터 항상 머릿속에 맴도는 문장이 있었다. "나는 무엇으로 사는가?" 그렇게 배고픈 시대였는데, 그런데 그 배고픔이 잠깐이라도 해소가 되면 내 머릿속에는 여전히 그러한 의문으로 가득 찼다.

"너는 무엇으로 사는가?"

그동안 애들을 키우고 가정을 꾸려 나가면서 바삐 살아왔다. 그래도 그런 생각을 지울 수가 없었다. 아무리 힘들어도 일 분 일 초의 시간만 생겨도 그 말이 생각이 났다. 잠깐의 여유가 있게 되면 여지없이 그런 의문은 폭발했다. 가끔 잘 먹고 한가한 시간을 즐길 때면 더 그랬다. 아무리 먹고사는 현실적인 문제에 열심히 몰두하여도 저녁이 되면 허전했다는 것이다. 그래서 나는 지금 작업 책상에서 디자인하고 무엇인가 만들고 있다. 창작을 하고 있는 것이다. 석기시대 원시인은 동굴에 벽화를 그렸다. 표현한다는 것은 인간의 원초적인 본능이다. 그것은 인간과 동물의 기본적인 차이다.

학부 과정에서 책을 읽고 독후감을 발표하는 수업 시간이 있었다. '오늘 내가 작업실에 있는 이유'에 대하여 발표했다.

"어떤 그림이 좋은 그림인가?"

대상을 잘 묘사하는 것이 아니라 대상의 느낌을 잘 표현하는 것이 좋은 그림이다. 그 그림을 보는 사람들의 느낌이 각각 다를지라도 강한 느낌이 있다면 바로 그것이 좋은 그림이다. 그렇다면 그린 자는 위대한 창조자이다. 비록 세상이 나를 창조하고 보냈지만, 이제는 내가 하나의 세상을 창조하고 보내는 것이다.

그런 의미에서, 나는 나의 탄생을 의식할 수는 없지만 세상과 시간을

대학교 생활

의식하면서 살고자 하였다. 즉 세상이 나를 흐르게 하는 것이 아니라 내가 세상을 흘려보내고자 하였고, 시간이 흐르는 것이 아니라 내가 시간을 흘려보내고자 하였다. 하나의 세상을 창조하면서 말이다. 내가 몰입하면서 새로운 것을 창조하는 이유이다. 그것이 내가 살아가는 이유이고 방법이다. 그래서 나는 오늘도 작업실에 있다.

동료 학생이 발표할 차례였다. 그는 이제 23세이다. 유명한 예술인의 영혼에 관한 책을 읽었다고 하였다.

"왜 나는 예술 활동을 하는가?"

그 물음에 답은 "Useful Work versus Useless Toil"이었다. 이 대답에는 많은 의미가 담겨 있다. '자영업자와 종업원', '하려고 하는 자와 해야 하는 자', 그리고 '하고 싶은 일과 해야 하는 일'로 그 의미를 구체화해 보았다. 여기서 한 가지 더 부여하여야 그 의미가 완성이 된다. '창조의 일과 일상의 일'이다. 전자는 과연 인간에게 무엇을 가져다줄까? 만족, 자유, 그리고 세상을 만드는 주인의식이다.

나는 전적으로 동감했다. 내가 그림을 그리는 것도, 내가 무엇인가 디자인하여 만들어 내는 것도 바로 이런 이유 때문이었다. 그래서 오늘도 시간이 가는 줄도 모르고, 배가 고픈지도 모르고, 몸이 아픈지도 모르고 작업실에서 일을 하고 있다.

책을 쓴 한 예술인의 생각이 대단했지만, 그런 책을 선택한 내 학우(Classmate)는 더 탁월했다. 아직 23세밖에 되지 않은 여학생이기 때문이었다.

그래 맞아! 내가 지금 여기에 있는 이유는 바로 그것이었다. 그런데 세상은 인간에게 양면을 다 주지 않는 것 같았다. 하나를 가지면 하나를 포기해야 했다. 그래서 나는 풍요로움을 포기했다. 배가 고파도, 단벌옷이라도, 영하의 얼음판을 걸어 다녀도, 단칸방 월세에 살아도, 내 옆에 아무도 없어도, 누가 나를 알아주지 않아도 나는 흔들림 없이 창작 작업을 했다.

2 공예 디자인 대학교 기초과정 졸업

유월은 졸업 시즌이다. 여기 캐나다는 우리와 다르게 여름이 접어드는 이때가 졸업 시즌이다. 그래서 나는 자주 헷갈렸다. 추운 겨울철이 졸업과 진학의 추억으로 기억되는 나로서는 유월 중순 막내 고등학교 졸업일을 머리에 넣고 또 넣어도 깜빡했었다. 그것을 놓치지 않기 위해서 자주 캘린더를 보면서 혼자 '그렇지' 하면서 머리를 끄덕이곤 했다.

졸업식이 나의 일이 되고 보니 그렇지 않았다. 나는 주립 공예 디자인 대학교 본과 2년을 위한 미술 디자인 기초 1년 과정을 무사히 마치고 졸업을 기다리고 있었다. 유월의 둘째 주가 내 졸업식, 그다음 주가 막내 고등학교 졸업식이다. 무엇이든 자신의 일로 다가오면 쉽게 기억하고 받아들이는 모양이었다.

한 달 전부터 내 졸업식을 나름대로 준비했다. 준비라고 하여 특별한 것이 아니고, 그래도 명색이 대학교 졸업식인데 청바지에 운동화를 신고 갈 수는 없었다. 큰아들을 여기서 키워 보니 학교 단계마다 그 졸업식이라는 것이 우리의 방식과 많이 다르다는 것을 경험적으로 알고 있었다. 졸업식 날에는 남녀 학생이 파티복으로 차려입고 뚜껑 없는 차로 카퍼레이드(car parade)를 하고, 강당에 모여 기념행사도 하며 그들만의 축제를 즐기는 것을 보았다. 비록 50대 나이에 배우고 있지만 최소한 졸업식장에는 젊은 학생과 같은 양복 차림으로는 가고 싶었다.

나는 매일 청바지와 면티에 잠바를 걸치는 이민 생활을 오래 하다 보니 양복 비슷한 것이 없었다. 그렇다고 이민하기 전 한국에서 하던 식으로 백화점에 가서 필요한 양복을 살 수는 없었다. 그때는 업무상 양복을 입어야 했고 한 벌 사면 오랫동안 유용하게 입었다. 그래서 과거에는 양복 한 벌 정도 장만하는 것이 그리 큰 고민거리는 안 되었다. 그러나 이민 생활에서는 평소 양복이 필요가 없었던 내가 한두 번의 행사를 위해서 옷을 장만한다는 것은 큰 부담이 되었다.

최소한 양복은 걸쳐야 했다. 그래서 아들과 나는 체격이 비슷하다는 생각이 들어 막내가 파티와 졸업을 위하여 미리 준비한 양복을 입어 보았다. 마치 남의 옷을 주워 입은 것같이 헐렁하였고, 바지는 더더욱 입을 수 없을 만큼 컸다. 결국 나는 이때 핑계 삼아 양복 한 벌을 구입하기로 마음을 먹었다. 나머지 필요한 것은 막내의 것을 한 번 빌리는 것으로 하면 될 것 같았다.

몰에 가서 양복을 파는 가게에 들러 양복 한 벌의 가격을 확인해 보니 최소한 500불 이상이었다. 설령 그것을 구입한다 하더라도 바지는 동양 체격에 맞지를 않아 돈을 추가로 들여 고쳐야만 했다. 몇 개월 전 막내가 파티복을 저렴하게 구입하는 것을 떠올리고는 몰에 가서 젊은 애들이 주로 가는 옷 가게에 들러 보았다. 바지와 상의를 별도로 고르면 가격도 매우 쌌다. 그리고 내 체격이 호리하고 날씬하다 보니 젊은이들이 입는 최신 스타일의 슬림한 양복이 나에게 잘 어울렸다.

평소 그런 스타일을 좋아하였고 가격도 아주 저렴하여 구미가 끌리지 않을 수가 없었다. 바지는 모든 색상에 잘 어울리는 검정색을, 상의는 약간 짙은 베이지색을 미리 마음에 두고 기다리다 할인 행사 때 120불에 한 벌을 샀다. 나머지는 아들이 입었던 흰 와이셔츠와 검정 넥타이, 그리고 혁대와 검정 구두를 대신하기로 마음을 먹었다. 며칠 전 머리도 짧게 깎았다. 이제 옷만 제대로 걸치면 그 옛날 양복을 입고 휘날리던 젊은 시절로 돌아가는 것이었다.

드디어 졸업식날 아침이 밝았다. 나는 미리 마련해 둔 흰색 와이셔츠, 검정 넥타이, 검정 구두, 그리고 구입한 양복을 걸쳤다. 히프에 잘싹 들러붙고 걸쳐지면서 슬림하게 다리 밑으로 흐르는 검정색 바지, 허리선을 타고 잘록하게 들어가면서 밑단이 짧게 끊어지는 흰색 와이셔츠, 넉넉하게 벌어진 목 칼라 사이로 좁게 늘어진 검정 넥타이, 그리고 전체 길이가 짧으면서 몸에 살짝 휘어 감는 맛이 나는 짙은 베이지색 상의였다. 이것들을 걸치고 거울을 보니 웃는 내 모습은 한마디로 최고였다.

오전 10시~12시 리허설, 점심, 그리고 오후 1시~3시 사이 졸업식의 스케줄에 맞추어 아내와 막내에게 1시까지 도착하라고 입장권을 전해주고는 나는 10시 30분 전에 택시를 불러 식장인 Saint Ann School로 출발하였다.

졸업식장은 프랑스 중고등학교 오디토리움(Auditorium)이었다. 우리 대학교는 다운타운에 있는 200년이 된 옛날 건물을 수리하여 사용하고 있었다. 그래서 시설이 좁고 20명 정도만 수용하는 작디작은 교실이 대부분이고 그나마 부대시설은 없었다. 오죽했으면 대학교가 고등학교 시설을 빌려 쓸까 하는 생각에 웃음이 났다.

10시 정도에 도착하니 이미 졸업식장인 오디토리움에 75명의 졸업생이 앉아서 졸업 리허설이 진행되기를 기다리고 있었다. 75명이 오디토리움의 1/4정도 차는 것을 보면, 400명 수용하는 오디토리움 같았다. 졸업생은 대부분 여학생들이었고, 나이는 10대 후반에서 20대 초반이었다. 그들은 형형색색의 노출된 파티 드레스를 입고 있었다. 몇몇 남학생들도 보였으나 화려한 여학생들의 무리에 파묻혀 잘 보이지 않았다. 나도 그 속에 파묻혀 있었다. 주름진 얼굴만 없다면 나도 옷차림으로 보나, 체격으로 보나, 젊은 남학생과 다름없어 보였을 것이다.

오전 10시가 조금 지나자, 리허설 담당 선생이 나와서 학생들을 하나하나 호출해 가면서 객석 중앙 아래 부분부터 채워 앉혔다. 그리고 단상에 어떻게 진입하고, 어떻게 걸어가서, 어디서 졸업증서를 받는지, 그다음 어떻게 제자리로 돌아오는지에 대하여 시범을 보이면서 다시 한 번씩 더 예행연습을 시켰다.

어느덧 리허설이 대충 끝나고 12시가 되었다. 행사 관계자들과 졸업생들은 학교 측에서 준비한 식당으로 갔다. 그곳에 피자와 음료수가 우리를 기다리고 있었다. 점심 식사가 끝나고 졸업 가운(Gown)이 체격 크기에 따라 지급되었다.

우리는 준비된 가운을 걸치고 모자를 쓰고 리허설할 때와 같은 순서대로 다시 줄을 섰다. 드디어 예정된 1시가 조금 지나자, 우리는 줄지어 많은 축하객의 박수를 받으며 오디토리움으로 입장하였다. 우리 졸업생들은 객석 중간의 아래 부분을 차지하였고, 그 주위에 축하객들이 앉았다.

사회자의 짧은 안내로 여가수가 단상으로 나타났다. 그와 동시에 모두 기립하여 '오 캐나다(캐나다 국가)'를 불렀다. 그다음 몇몇 축하 연주가 이어졌다. 그리고 사회자의 간단한 졸업 설명과 총장의 축사가 끝나자 객석의 졸업생들이 한 줄로 강단으로 다가갔다. 한 사람씩 강단에 올라서서 학과장으로부터 이름과 축하 말, 포옹을 받고, 다시 반대편 단상으로 가서 교장으로부터 졸업증서를 받고 자기 자리로 되돌아왔다.

75명의 졸업생들이 순서대로 천천히 움직였다. 학과가 8개면 한 학과가 10명 남짓이다. 그러다 보니 교수와 학생들은 매우 친밀했고 분위기는 마치 가족 같았다. 마지막으로 학생 대표가 답사를 하였다.

졸업식의 막은 내리고, 단상에 있는 교직원들을 선두로 학생들은 다시 축하객의 박수를 받으면서 오디토리움 입구홀로 퇴장하였다. 이때부터 함께 기념사진을 찍고 서로 포옹하고 축하 인사를 주고받았다.

나는 젊은 학우들과 어울려 사진을 찍고 교수들과 함께 포즈를 취하기도 했다. 아내와 아들과도 기념사진을 찍었다. 그리고 내 학사모를 아내의 머리에 씌움으로써 나를 응원하여 준 아내에게 고마움을 표현하였다.

젊었을 때 초라했던 나의 대학교 졸업식이 어렴풋이 떠올랐다. 그때는 매우 형식적이었다. 수많은 졸업생이 모여 있는 야외 운동장만 생각나고 멀리 강단에서 울리는 마이크 소리만 기억났다. 현재의 감정과 느낌은 그때와 확연히 달랐다.

매번 열두어 명의 학생들과 책상을 맞대고 듣던 수업들, 매주의 과제물과 그에 따른 발표와 에세이, 디자인 관련 실기 작업들이 형형색색의 무지개처럼 떠올랐다. 무엇보다도 오디토리움 실내에서 졸업 가운과 학사모를 쓰고 총장과 악수를 하면서 축하객의 박수 속에 졸업증서를 받는 기분은 형언할 수 없을 정도로 황홀하였다.

사실 입학 초기에는 처음 접하는 분위기와 엉성한 나의 영어 때문에 많이 위축되고 긴장되었었다. 매 수업 요구되는 미술 디자인 과제를 충실히 이행하느라 힘들었고, 이에 따르는 에세이를 쓰느라 고생도 하였으며, 무엇보다도 매일매일 기초 드로잉 연습을 하느라 밥 먹는 시간도 잊어버릴 정도로 바빴다.

이제는 미술이 무엇인지를 조금 알게 되었고, 또한 드로잉과 미술, 그리고 디자인이 나에게 특별한 흥미와 재미를 주고 있다는 사실도 알게 되었다.

따라서 앞으로 내 삶과 일은 창의적으로 한 단계 업그레이드 될 것이고 영어 실력도 많이 향상될 것이다. 이제는 드로잉에 무척 재미를 느껴 매일 그림 연습을 하고 있다. 내가 이렇게 할 수 있었던 것은 항상 격려해 주신 교수님들 덕분이다. 그래서 나는 그분들에게 특별한 애정을 느끼고 있다.

돌이켜 보면 입학 초기에는 50대 중반의 이민자로서 대학교에서 공부를 한다는 것 자체가 두려웠고, 특히 영어가 서툴다 보니 모든 것이 맨바닥에 헤딩을 하는 기분이었다. 더더욱 애들을 키우면서 주일에는 일을 하여야 했으며, 아내기 고국에 머물러야 했던 관계로 직접 가정일을 하면서 해 온 공부이었기에 내 나름대로 의미가 컸다.

오늘 졸업하면서 나는 전학생 중에 네 번째로 낮은 상금을 받았나. 기대하지도 신청하지도 않았던 작은 상금을 막상 받으니 정말 기분이 좋았다. 아마 그러한 기분을 즐기기 위해서 한 벌의 신사복을 마련하였나 싶었다.

항상 나를 응원해 주었던 내 첫사랑이면서 내 영원한 사랑인 아내와 사랑하는 두 아들에게 고마운 마음을 가진다. 그리고 이민 후 많은 어려움과 갈등 속에서 늦었지만 미술 디자인 공부를 만날 수 있었던 우연과 그것을 할 수 있었던 행운에 대하여 교수께 감사한다.

이 미술 디자인 공부를 근거로 올가을부터 시작되는 전공 공예 디자인 공부에 대하여 꿈을 꾸어 본다. 그리고 고국에 돌아가 나만의 방에서 과거와 다른 A Creative Thinker, Writer, and Designer가 될 수 있으리라는 사치스러운 상상도 해 본다.

3 두 번의 자동차 사고

2017년 9월부터 나는 캐나다 공예 디자인 대학교 대학원(Graduated Program) 과정에서 공부와 창작 작업을 하였다. 그해 11월 22일 학교에서 집으로 가는 도중 횡단보도에서 불법 좌회전 시내버스에 치여 도로 바닥에 쓰러졌다.

나는 앰뷸런스로 병원에 긴급 후송 되었다. 이 교통사고는 다음 날 지방 신문에 크게 보도되었다. 나는 이틀 동안 병원에 머물면서 신체 정밀 검사를 받았다. 그러나 골절이 없고 움직일 수 있다는 이유로 바로 퇴원 조치 되었다.

캐나다의 추운 겨울이었다. 일수일에 한 번꼴은 노시가 마비될 정도로 눈 폭풍이 몰아친다. 그때는 학업을 위하여 단독주택의 방 하나를 빌려 살고 있을 때였다. 겨울 외투로 완전 무장을 하고 얼어붙은 눈길로 집에서 학교까지 걸어서 다녔다. 약 30분 정도 걸렸다.

버스에 치이는 사고로 통증은 매우 컸지만 억지로 움직일 수는 있었다. 이것 정도로 학업을 포기할 수는 없었다. 생업으로 다른 일을 하는 것이 없었기 때문에 아무리 춥고 고통스럽다 하더라도 모진 마음을 먹으면 학교 수업과 작업 정도는 충분히 해 나갈 수 있었다. 견디어 내면 괜찮겠지 했다. 더구나 태평양을 건너와서 어려운 절차를 끝내고 공예 디자인 대학원 과정에 입학하여 혼자 렌트 방에서 살면서 공부를 하고 있었다. 그까짓 일로 모든 것을 포기하고 태평양을 건너 고국으로 돌아갈 수는 없었다.

　나는 아픈 몸을 이끌고 계속 학업과 작업을 해 갔다. 처음 겪어 보는 자동차 사고였다. 꾸준히 물리 치료를 받고 진통제를 복용하면 괜찮으리라 여겼다. 외롭고 미칠 정도로 힘이 들 때는 패밀리 의사(Family Doctor)가 권하는 정신과 상담을 받았다. 아무리 춥고 눈보라가 치고 몸이 아파도 나에게는 학업이 우선이었다. 꾸준한 약 복용과 정신과 치료, 그리고 물리 치료를 병행하면서 계속 학업에 몰두하였다.

　학교를 오가는 중간에 YMCA 체육관이 있다. 매일 그곳에서 교통사고로 다친 몸을 운동으로 단련하고 스트레칭을 하였다. 그리고 일주일 한두 번 의사와 상담하기 위해 전문 병원에도 들렀다.

　때는 2018년 4월 30일이었다. YMCA에서 전문 병원에 가기 위해 택시를 불렀으나 오지를 않았다. 마침 YMCA 홀에서 이민 초기 내가 사업체를 운영할 때 알고 지냈던 마크(Mark)를 만났다. 그는 내가 사업체를 운영할 당시 많이 도와주었던 사업체 건물 주인이었다. 그가 나를 그곳에 데려다주겠다고 하였다. 그래서 나는 그의 벤츠 승용차에 올라탔다.

　불행하게도 내가 탄 승용차는 가는 도중 중앙선을 넘는 반대편 자동차와 정면충돌하였다. 안전벨트를 매었고 충돌로 에어백이 터졌으나 나는 앞으로 꼬꾸라졌다. 운전석에 앉아 운전한 Mark는 바로 문을 열고 나갔으나, 나는 자동차 바닥에 머리를 처박고는 정신을 잃었다. 몇 분 후 911 요원이 도착하였고 내 몸은 들것에 실렸다.

앰뷸런스에 내 몸뚱이가 실릴 때 비로소 나는 정신이 들었다. 그리고 미치기 시작했다. "아니야, 이것은 아니야. 도저히 믿을 수가 없어. 세상에 이럴 수가? 버스에 치이고 죽다 살았다. 그런데 5개월 후에 또 자동차 사고를 당하다니, 죽일 놈의 세상, 이건 코미디야." 나는 세상을 저주했다.

병원으로 실려 간 나는 하루 종일 정밀 검사를 받았다. 그러나 특별히 부러진 부분이 없다는 이유로 이틀 후 퇴원되었다. 그때부터 정신적 쇼크와 허리 통증으로 아무도 없는 집에 홀로 그냥 있어야 하는 신세가 되었다. 몸이 아픈 것도 문제였지만 이제는 움직일 수가 없었다. 캐나다에서 하루라도 혼자 먹고 혼자 자는 생활 자체가 불가능했다. 당장 여기서 굶어서 죽을 것만 같았다. 그리고 아프고 답답하고 외롭고 무서웠다.

며칠 후 우선적으로 자동차 사고 보험금을 처리하기 위하여 지인을 통하여 이 도시에 있는 자동차 사고 전문 변호사를 선임하였다. 그리고 캐나다에서 치료와 대학원 학업을 모두 포기하고 긴급으로 귀국길에 올랐다. 아픈 것보다 더 무서운 것은 외로움과 움직일 수 없어 굶어 죽을 수 있다는 공포감이었다.

사고가 나고 4일 후 5월 3일, 총 31시간이 지나고 나서 비로소 나는 세종의 내 안식처에 올 수가 있었다. 사고 후 캐나다 병원에서 특별히 부러진 곳은 없다고 하였지만, 내 짐작으로는 아마도 허리는 이미 돌이킬 수 없는 상태가 되었다는 느낌이었다. 더구나 사고 난 후 거의 굶다시피 했고 병원 치료 없이 지냈다. 그리고 오직 살아야겠다는 생각만으로 오랫동안 힘들게 비행기의 좁은 자리에서 웅크린 몸을 실었으니 말이다.

한국에 도착하여 당장 밥을 먹을 수 있으니 다행이었다. 원기를 회복하면서 주말을 보낸 후 월요일 정형외과에 가서 의사를 만났다. 의사는 정밀 검사로 MRI 촬영을 권했다. 마음이 철렁했다. 캐나다 병원에서는 별 탈이 없다고 하였는데, 여기서는 정밀 검사가 필요하다고 하니 말이다.

다음 날 MRI 촬영 결과 전문의 소견은 흉추 1번(갈비뼈가 없는 첫 번째 척추)과 2번이 압박 골절 되었다고 하였다. 그 말을 듣는 순간 나는 또 한 번 더 절망했다.

"이제 불구가 되는구나. 첫 사고로 목뼈를 다치더니, 이제는 척추를……. 대충 살 것이지, 왜 캐나다에 가서 이 지경이 되었나. 이제부터 겨우 움직이는 인생이 되는구나."

마음을 도닥이면서 그날 밤을 지새우고 난 그다음 날 정형외과 의사를 다시 만났다.

"다행이네요? 약 복용하면서 평소와 같이 생활해도 됩니다. 무거운 것을 들거나 무리하지 마시기 바랍니다."

"아니, 척추 두 개가 찌그러졌는데, 그래서 저는 불구가 되었을 것으로 생각되는데."

"예, 그렇지만 이 정도는 그리 걱정할 필요는 없어요. 복원은 안 되지만, 완전히 낫는 데는 3개월 이상 소요되니 꾸준히 치료하세요. 괜찮아요."

여러 번 다시 물어본 후 비로소 나는 한숨을 돌렸다. 꾸준히 치료하면 괜찮다고……. 괜찮다면? 그러면…… 내 몸은 내가 만들어야 한다. 내 몸을 다시 가꾸어야 한다. 이때부터 그런 다짐을 하면서 매일 1시간 동안 요가 스트레칭과 자가 마사지를 시작했다.

캐나다에서 두 번의 자동차 사고를 당한 후 나는 자주 죽음에 대하여 생각하게 된다. 어둠 속에서 시꺼먼 버스 범퍼가 내 등 뒤로 다가오는 모습이 자주 나타난다. 그리고 순간 범퍼에 받힌 내 몸은 허공에 솟아올라 바닥에 떨어진다. 그때 죽었을 수도 있었다는 생각을 하면 나 스스로 깜짝 놀란다. 지금도 달리는 자동차를 보면 나도 모르게 움찔한다.

평소 자동차 사고 소식을 매스컴을 통하여 듣고 보고 하지만 나에게는 전혀 일어나지 않는 다른 세상의 일로 여겼다. 그런데 나도 당하고 보니 자동차 사고가 내 삶을 부숴 버릴 수 있다는 사실을 깨닫게 되었다. 사고로 찢어지고 부서진 몸은 시간이 흐르면 저절로 치유된다. 그러나 상처 난 마음은 그렇지 않았다. 오랫동안 깊숙한 내면의 세계에 웅크리고 있었다.

한국에서 물리 치료를 받아 보았다. 반드시 의사를 거쳐야 물리 치료를 받을 수 있었다. 의사가 하는 일은 하나도 없었다. '왔어요, 2층으로 올라가세요!'라는 말뿐이었다. 물리 치료실로 올라가면(보통 병원 진료실은 1층에, 물리 치료실은 상부 층에 있었다), 물리 치료사가 하는 일은 물리 치료 기계를 내 몸에 설치해 주는 일이다. 즉 온열 기계를 몇 분 동안 아픈 부위에 대어 준다거나 전파기를 설치해 주었다. 혹은 안마기를 이용하여 안마를 해 주었다.

매번 가 보아도 환자에 대한 상담은 전혀 없었다. 물리 치료사는 어디가 아픈지만 물었다. 기계를 설치하려면 최소한 아픈 위치를 알아야 했기 때문이다. 사고로 인한 상처는 몸과 마음 모두 생긴다. 그런데 아픈 몸 국부에만 물리 치료 기계를 설치하는 것으로 끝내는 것이다. 한 번 치료받는 데 드는 비용은 1만 7천 원 내외다. 의료 보험에 해당할 경우에는 4,500원이었다. 어떻든 이만한 가격에 이 정도면 정말 괜찮았다.

물리 치료를 받고 좋아지든 아니든, 이 정도 비용을 지불하고 좋고 나쁨을 따지는 것은 무리였다.

캐나다에서 물리 치료를 받아 보았다. 물론 의사 소견서가 있으면 받을 수 있지만 스스로 원하면 받을 수도 있었다. 의사 절차가 꼭 필요한 것은 아니었다. 물리 치료를 받을 때마다 의사를 거쳐야 한다면 캐나다 의료 재정은 바닥이 날 것이다. 보통 간단한 진료도 상담 시간이 길고, 그리고 국가가 의료비 전액을 부담하기 때문이다.

캐나다에서도 온열 기계나 전기를 이용하지만 물리 치료사가 손으로 직접 만져 주는 경우가 많았다. 특히 환자와 물리 치료사의 상담이 많았다. 어떻게 아픈지, 물리 치료 후 경과는 어떤지, 자기 관리는 어떻게 해야 되는지, 재활 훈련은 어떻게 하는지, 현재 심정은 괜찮은지 등등 많은 이야기를 하였다.

특별한 것은 물리 치료실 안에 운동실이 있었고, 그곳에서 간단한 재활 훈련을 주기적으로 시키는 것이었다. 주 1회 별도의 상담사와 상담 계획도 있었다. 그리고 모든 과정이 기록되고 환자 사인을 받았다. 비용은 한 번에 80불에서 100불 사이이니 우리 돈으로는 약 8만 원에서 10만 원이 된다. 비용만을 생각해 보면 오히려 캐나다 물리 치료가 터무니없이 비싸 보였다. 그렇다 하더라도 치료 면에서 보면 캐나다 물리 치료가 훨씬 좋아 보였다. 물론 보험이 없는 경우이다. 보통 캐나다인들은 개인 보험이나 직장 보험에서 커버를 해 주기 때문에 작은 돈으로 받을 수 있다.

장기와 장기 사이 연결과 뼈와 뼈의 연결 관계도 쉬이 회복이 안 된다. 치유는 오랜 시간이 걸리고, 특히 노년에 당한 사고로 받은 상처는 더

더디게 회복된다. 본인 스스로 잘 관리하였다 하더라도 뼈와 뼈 사이 그리고 관련된 신경계를 다치면 별 약이 없다는 것을 누구보다도 잘 알고 있다. 치료 방법은 외부에서 다루는 온열 치료나 마사지 혹은 몸을 풀어 주고 근육을 강화시켜 주는 스트레칭과 재활 운동 등이 전부이다. 그중에서 스트레칭과 근육 강화 운동이 매우 중요하다.

 뼈는 몸의 형태를 유지하는 데 꼭 필요하지만, 뼈를 지탱해 주고 몸을 움직이는 데는 근육이 모든 일을 한다. 그리고 모든 종류의 근육이 균형을 맞추며 뼈를 지탱해 주어야 이상적이다. 사고로 다쳤을 경우에 스트레칭과 근육 강화 훈련이 필요한 이유다. 그래서 지속적인 진통제 복용과 잠깐의 수동적인 핫팩 온열 요법보다 평소 내 몸을 어떻게 관리하는가? 재활 훈련을 어떻게 하는가? 하는 것이 무엇보다 더 중요하다. 이는 전적으로 자기 관리에 속한다.

 자기 관리에 대하여 곰곰이 생각해 보았다. 상담과 직접 손으로 물리 치료를 해 주는 것을 빼고는 내가 보기에는 작은 상처는 자기 관리를 잘한다면 대부분 필요가 없어 보였다. 자동차를 몰고 병원에 가서 별 볼일 없는 물리 치료를 지속적으로 받는 것은 시간 허비라는 생각이 들었다. 핫팩 같은 온열 물리 치료보다 차라리 사가 마사지, 스트레칭, 그리고 재활 훈련이 훨씬 나아 보였다.

 그래서 나는 약 복용과 병원 온열 요법을 그만두고 아침과 저녁으로 내 스스로 개발한 자가 마사지와 자가 요가 스트레칭을 꾸준히 했다. 그리고 조깅도 하였다. 반년 후 몸은 정상으로 돌아왔고, 통증은 거의 없어졌으며, 몸의 유연성은 매우 좋아졌다. 어떤 경우든 어디에서 물리 치료를 받든 자기 관리가 매우 중요함을 경험했다. 그래서 조깅과 함께 자가 마사지와 자가 요가 스트레칭을 지금도 매일 하고 있다.

대학교 생활

1차 자동차 사고가 나고 3년 후 보험금으로 5,400불이 결정되었다. 그러나 그 돈을 받는 도중 이메일 해킹으로 변호사가 잘못 송금하는 바람에 나는 한 푼도 못 받게 되었다.

　불법 좌회전 버스에 치인 희생자가 골절이 없다는 이유로 받는 보험금이 그 정도라면 참으로 비참했다. 그것마저 변호사의 잘못된 송금으로 한 푼도 못 받아도 어디에도 하소연을 할 수도 없었다. 이민자였기에 그랬나? 따지지 않아서 그랬나? 내가 고국으로 돌아가서 그랬나? 다 짜고 치는 고스톱 같았다. 도무지 모든 것이 이해가 안 되었다.

　코로나가 물러갔다. 2023년 7월 나는 여름 방학 동안 공예 디자인 대학에서 작업을 하기 위해서 캐나다로 날아갔다. 두 건의 자동차 사고 보험금을 해결하기 위함이기도 했다. 그때까지 1차 자동차 사고 보험금을 한 푼도 못 받았고, 2차 자동차 사고 보험금 처리도 진행 중에 있었다. 도착하자마자 변호사 사무실에 찾아가서 변호사와 담판을 지었다. 2018년 4월 변호사를 선임했으니 5년이 지난 일이었다.

　캐나다에 있는 아들을 불러 함께 따지고 어르고 해서 2차 자동차 사고 보험금으로 28,000불에 겨우 합의를 보고, 해킹으로 받지 못한 1차 자동차 사고 보험금 5,400불 중 2,000불만 보상하는 것으로 조정해서 최종적으로 총 30,000불로 결론을 내고, 그해 9월에 그 돈을 받았다. 빨리 끝내서 작은 돈이라도 빨리 받는 것이 최선이라는 생각 때문이었다.

　내가 꾸준히 캐나다에서 치료를 받으면서 의사 소견서를 받았다면 자동차 사고 보험금으로 10만 불을 넘길 수 있었다고 변호사는 말했다. 캐나다가 아니더라도 한국의 병원에서 꾸준히 치료를 이어 갔다면 더 많은 보험금을 받았을 것이다. 이놈의 자가 치료 덕분에 모든 것이 엉망이 되었다. 그렇다고 아프다는 이유로 오직 병원 치료를 마냥 이어 가는 것은 사람이 할 일이 아니었다.

　자동차 사고가 나면 피해자는 가능한 한 병원 흔적을 남겨야 한다는 생각을 해 본다. 그래야 보상이 제대로 나온다. 맞는 말이지만 내 스스로 관리하지 않고 오직 보험금을 좀 더 타기 위해서 나이롱환자같이 병원에 지속적으로 들락날락하면 좋겠지만, 안 해도 될 것 같은 약 복용과 물리 치료를 지속적으로 계속한다는 것은 정말 지겨운 일이다.

　캐나다에서 자동차 사고 보험금은 의사의 소견서가 결정한다. 지속적으로 치료를 한다고 해서 의사가 긍정적인 소견서를 계속 써 준다는 보장이 없다. 느슨한 한국의 의사 소견서에 의존하여 보험금이 지급된다면, 캐나다는 차후 한국 의사에게 책임을 물을 수도 있다. 국내가 아닌 국제적인 사항이다. 그래서 한국 의사로부터 유리한 소견서를 받기란 쉽지 않았다. 실제 한국 전문 병원에 여러 번 의사 진단서를 요구하였지만 책임 회피성 답만 받았다.

　비록 만족된 보험금을 받지 못했지만 어찌하랴. 캐나다 동부 작은 도시, 그 먼 곳에서 혼자 치료를 하며 산다는 것은 단기는 가능할지 몰라도 장기는 어렵다. 캐나다에서는 견딜 만한 아픔이라면 당연 병원의 도움을 받을 수 없다. 설령 좀 더 억지로 보험금을 더 받을 수 있다 하더라도, 돈보다 스스로 내 건강과 몸을 관리할 수 있다는 자긍심과 그런 자기 관리 일상을 스스로 반복을 할 수 있다는 자신감을 갖는 것이 무엇보다 더 중요하다. 늙어서는 더 그렇다.

　불법 좌회전 시내버스에 치여 부상당한 사고였다. 변호사를 선임하였으나 사고 보험금 결정이 5년이나 걸렸다. 이제 그 사고 보험금으로 겨우 2,000불을 받았다. 아무리 따져 봐도 도대체 이해가 안 간다. 그래도 내 마음의 건강을 위해서 이제는 두 자동차 교통사고를 잊고 그 보험금도 잊었다.

4 대학교 생활에서 일상

　나는 아침 6시 30분에 일어나서 바로 물 한 잔을 마시고 YMCA로 간다. 한 칸의 렌트 방이 있는 캐나다인 집에서 YMCA까지는 걸어서 10분 거리이다. 도착하면 오전 7시가 다가온다. 바로 아침 스트레칭과 재활 훈련을 겸한 근력 운동을 하고 샤워를 마치면 7시 40분이다. 그리고 걸어서 학교 작업실로 향한다. 학교 작업실은 걸어서 30분 거리이다. 눈 덮인 캐나다의 아침이다. 이때 가방에 시리얼을 꺼내어 걸어가면서 간단히 아침을 해결한다.

　물기 없이 마른 시리얼로 아침을 해결하면 목이 좀 마르다. 학교 앞에는 이 도시에서 제일 유명한 커피숍이 있다. 리츠 메가진(Reads Magazine)이다. 그곳에서 커피 한 잔을 주문(Takeout)한다. 우선 따뜻한 커피로 목을 적시고 난 다음 여기에 우유를 조금 넣는다. 그것을 손에 들고 학교에 들어간다. 이때가 아침 8시에서 8시 30분 사이 시간이 된다. 캐나다의 추운 겨울이지만, 여기 실내는 따뜻하고 공기는 깨끗하다.

　아무도 없는 이른 아침이다. 많은 학생이 일하는 학교 작업장은 주로 내가 문을 연다. 나는 우선 주문(Takeout)해 온 커피로 목을 축인다. 그리고 바로 작업에 들어간다.

시간이 어떻게 가는지 모르게 작업에 몰입한다. 동료들이나 교수들이 들어오는 소리가 들린다. 작업과 디자인에 몰입하면 이야기할 시간이 없다. 작업의 맥도 끊어진다. 간단히 인사를 하고는 바로 작업에 몰입하는 것이 내 습관이다. 영어로 어린 학생들과 이야기하는 것은 그리 재미가 많지 않기도 하다.

벌써 점심시간이 되었는가? 미리 준비해 온 샌드위치나 햄버거로 점심을 때운다. 주로 혼자 먹는다. 작업실 부근 빈 공간에서 점심을 먹는 경우가 많다. 점심을 먹는 시간은 짧다. 혹 준비한 점심이 없으면 밖으로 나간다. 학교는 이 도시의 다운타운의 중심에 있다. 푸드 코트에 가면 먹거리가 많다. 나는 주로 햄버거나 서브를 먹는다.

점심을 때우고 나도 여전히 내 머릿속에는 작업으로 꽉 차 있다. 바로 작업실로 되돌아가서 하던 일을 계속 진행한다. 자르고, 은 용접하고, 다듬고, 고치고, 스케치를 하고……. 그러다 보면 금방 오후 5시가 된다. 이제는 모든 것을 멈출 때다. 계속하다가는 내 몸과 머리가 마구 엉킬 것 같기 때문이다. 그리고 지녁을 해결하고 집으로 간다.

걸어서 집까지는 40분 거리다. 이때다 싶어 캐나다의 겨울, 눈, 그리고 캐나다 주택과 사람들을 내 눈에 마구 집어넣는다. 십에 도착하면 서녁 6시 30분이다. 이메일을 점검하고 답장도 한다. 학교 관련 이메일이 많기 때문이다. 한국 소식을 온라인으로 듣는다. 한국 혹은 중국 드라마 한 편도 본다. 머리를 식히기엔 이것이 좋다.

그래도 저녁 9시이다. 자기에는 너무 이른 시간이다. 침대에서 멍하니 천장을 쳐다보다 보면 저절로 손은 스케치북으로 간다. 머리에 별의별 아이디어와 디자인이 떠오른다. 스케치해 본다. 내일의 작업 계획도 짜 본다. 그러다 나는 잠이 든다.

대학교 생활

하루 일과를 보면 먹는 것과 관련된 시간은 거의 없다. 밥은 한 번도 해 먹지 않는다. 자동차가 없어 부식을 싸서 나르는 것이 힘들다. 또한 음식을 만드는 수고도 많고 요리 시간도 길다. 옷도 대충 입는다. 청소, 빨래도 대충 한다. 나 혼자 사니 그리 중요한 것이 없다.

이렇게 하루 전부를 온전히 내 작업과 학교 수업에 몰두를 해도 시간이 모자라다. 토요일 일요일도 없이 매일매일 아침 1시간의 운동, 학교 수업과 작업, 그리고 디자인 생각이 내 일과의 전부다.

5 시공에 갇혀 살다

학교 방학 기간(6월부터 8월까지) 동안 여기 공예 디자인 대학교 작업장(Studio)은 빈다. 공예 디자인 대학교는 내가 과거 학부 과정과 대학원 과정을 다녔던 곳이다. 한국에 머물고 있는 나에게 학과 주임 교수가 방학 기간 동안 학교에서 작품 활동을 할 것을 권했다.

생각해 보니 캐나다 대학교에 가면 나를 한정된 시간과 공간에 밀어 넣어 오직 작업에 몰입하기에 좋았다. 이 기간은 한국에서는 매우 더운 기간이다. 똑같은 비행기 요금으로 경유지에 내려 며칠 배낭여행도 할 수 있고 피서 삼아 캐나다 학교에서 창작 활동을 할 수 있었다.

5월 26일 인천 공항을 출발하여 경유시 LA에서 일주일 머물고 다시 몬트리올을 경유하여 6월 3일 새벽 4시에 캐나다 동부 프레데릭톤(Fredericton)에 도착하였다. 그때부터 렌트 방과 학교 작업실을 오가는 생활이 시작되었다.

여기 도착한 다음 날부터 오전 9시부터 오후 4시까지 학교에서 작업을 했다. 그리고 한 시간 정도 운동 겸 스트레칭을 했다. 여기는 캐나다의 작은 도시이다. 단독주택의 방 하나 렌트하여 살기에 저녁에는 할 일이 별로 없었다. 그래서 한국에서 TV로 즐기던 한국 드라마와 영화를 컴퓨터로 보았다.

여름 방학 기간 동안 토요일과 일요일에는 학교 건물 출입이 제한되었다. 이참에 일주일 중에 이틀은 집에서 쉬었다. 말이 쉬는 것이지 하는 일 없이 방 안에 그냥 죽치고 있었다. 어떤 때는 공원이나 주택가를 산책했다. 작은 도시이고, 친구도 자동차도 없었기 때문이다.

그래서 자주 근처 공원을 찾았다. 자연 속 공기는 깨끗하고, 날씨는 시원하다. 시원한 여름 바람이 얼굴을 스친다. 배 안 고프고, 잠 잘 자고, 하고 싶은 내 할 일이 있다. 무엇이 문제인가? 그런데 말이다. 사람 마음 참 요사하다. 매일 이런 생각이 난다. 여기 내 집이 있고, 가족과 함께하고, 주위에 친구가 있으며, 고집대로 말을 마음대로 할 수 있고 또 생각할 수 있다면 얼마나 좋을까? 내 자가용으로 가고 싶은 데로 갈 수 있고, 비행기 타고 내 가고 싶은 곳에 가서, 내가 자고 싶은 곳에 얼마든지 잘 수 있으면 얼마나 좋을까?

그런데 끼니로 혼자 간편식으로 해결하고 매일 먼 길 걸어가서 학교 작업실(Studio)에서 무엇인가를 한다. 렌트 방과 학교 작업실을 매일매일 시계추같이 왔다 갔다 한다. 항상 혼자이다. 띄엄띄엄 작은 도시가 있는 광활한 캐나다이다. 어디 갈 데도 없고 있다 하더라도 갈 수도 없다. 보이는 것은 나와 다른 낯선 풍경과 사람들…….

갑자기 내 자신이 초라해지면서 외로움까지 엄습했다. 내가 미쳤나? 숨이 막혔다. 한국에서 목표 없이 생각 없이 살다가 갑자기 나를 시공에 가두어 두니 힘들고 혼란스러웠다. 꼭 이렇게까지 해야 하나 하는 갈등마저 생겼다.

여기 도착하고 2~3주 동안에는 캐나다 대학교에서 작업 준비를 하는 중이라 그저 멍했다. 딱히 반드시 해야 할 것이 없었기 때문이다. 해도 그만이고 안 해도 그만이었다. 한마디로 그냥 관광 왔다고 생각하고 시원한 곳에 가서 놀아도 된다. 학교 프로그램을 할 때는 적당하게 프로젝트가 주어진다. 지금은 그런 것이 없다. 그냥 내가 편하게 작업장에서 내 작품을 기획하고 만든다. 종류와 크기와 수량도 내가 정하고 그것에 따라 내가 작품을 만든다.

매일 다운타운에 있는 학교까지 걸어가서 작업을 하고 저녁에 집으로 돌아오면 만 오천 보는 쉽게 넘어간다. 작업실에서 낑낑대며 디자인하고 무엇인가를 만들기 위해서 용을 쓰면 몸이 경직된다. 이것을 풀어주기 위해서 30분 정도 요가 같은 스트레칭을 한다. 이러고 보면 하루에 하는 일 양이 만만치 않다. 하루하루 이렇게 나를 길들이고 있었다.

그리고 한 달이 지났다. 이제는 좀 익숙해지고 훈련이 되었나? 괜찮아지기 시작했다. 그러고 보면 사람은 새로운 환경에 낯설고 힘들어도 곧 익숙해지나 보다. 아마도 한국 생활에서 편안하게 젖어 살아서 그랬겠지. 더 나은 환경을 선택할 수 있다는 것은 고통이고 혼란이며 갈등이었다. 이 길밖에 없다면 사실은 별일 아닌데 말이다.

이제는 걷거나 강가를 거닐 때 혹은 멍하게 있을 때도 무엇을 어떻게 디자인하고 만들 것인가 하고 무심코 생각에 젖기도 하며 몰입도 한다. 작업 중에는 시간이 어떻게 가는지 모른다. 이때 만족감이 생긴다.

인생도 따지고 보면 그런 것 같다. 그냥 마시고 놀고 즐기면서 목적지 없이 바다를 항해하는 것보다는 작지만 뭐라도 나의 세계를 만들고 꿈꾸며 항해하는 것이 훨씬 좋아 보인다.

욕심대로 여기 내 집과 가족이 있고, 내가 가고 싶은 데로 갈 수 있고,

대학교 생활

타고 싶은 비행기 마음대로 타고, 하고 싶은 말과 행동을 마음대로 할 수 있다면 아마도 나는 그냥 퍼져서 그냥 대충 시간을 보내며 인생을 즐기겠지. 그리고 내 인생이 다 가면 나라는 놈은 후회하겠지.

  이래도 후회하고 저래도 후회한다. 차라리 적극적으로 해 보고 후회하는 것이 낫겠다. 내 스스로 의도한 것이지만 시공에 갇혀 사니 어쩔 수 없이 내 세계를 만들면서 그 속에서 알찬 시간을 보낸다.

6 내 사랑, 그 아름다운 곡선

나는 세상에서 가장 아름다운 선을 그때 보았다. 늦은 오후 석양의 햇빛이 사무실 깊숙이 들어올 때였다. 내 건너편 책상에서 일하고 있었던 그녀의 옆얼굴 실루엣의 곡선은 이마에서 콧등을 타고 내려와서, 볼록한 두 입술을 감싸고, 턱선으로 빨려 들어갔다. 그 매혹적인 곡선, 나는 그 곡선미에 반해 버렸다.

다음 날 또 그다음 날, 매일매일 그 곡선을 보는 순간마다 느낌은 점점 더 강렬해졌다. 어느 순간이 지나자 그것은 매혹적이라기보다 순수한 아름다움 그 자체가 되었다. 그것은 첫눈에 반하는, 매혹을 넘어, 아무리 보아도 계속적으로 느끼는 최상의 아름다움이었다. 정말 황홀했다. 세상에 이렇게 아름다운 선이 있다니······.

여인에게는 아름다운 선이 여러 곳에 있다. 제일 먼저 여인의 옆얼굴 실루엣의 곡선을 들 수 있다. 여러 타원이 연결된 물 흐르는 듯한 곡선이다. 누구나 쉽게 볼 수 있는 곡선이지만, 감정이 서려 있다. 그 실루엣 곡선을 보면 그 사람만의 독특한 감성이 보인다.

그리고 조금 아래로 보면 옆 가슴의 곡선이 있다. 이는 툭 하면 터질 것 같은 처짐의 타원형 곡선이다. 바로 만져 보고 싶은 촉감을 자극하는 곡선이다. 살짝 한쪽만 보이는 커튼 속의 곡선이기도 하다.

더 내려가면 옆 엉덩이의 곡선이 있다. 터질 것만 같은 풍만함의 원형 곡선이다. 욕망을 불러일으키는 곡선이고, 마음을 쓸어내리는 곡선이다. 이는 상상을 불러일으키는 함부로 볼 수 없는 밀실의 곡선이다.

옆얼굴의 실루엣은 사랑을 부르는 곡선이고, 옆 가슴은 즐거움을 주는 곡선이며, 옆 엉덩이는 욕망을 일으키는 곡선이다. 그러고 보면 나는 제일 먼저 사랑의 곡선에 내 정신을 잃었다. 그다음은 말할 필요가 없다.

설계 사무소에서 건축물을 디자인할 때 나는 항상 아름다운 곡선을 찾아 헤맸다. 그러나 아무리 아름다운 곡선을 만들어 건물에 적용해도, 그 디자인은 그 옛날 그때 느꼈던 맛이 안 났다. 내가 못 찾았나? 아니면 내가 못 느꼈나? 하물며 내 가까이에서뿐만 아니라 멀리 돌아다니며 찾았다. 강가에서, 산에서, 들에서, 도시에서, 시골에서…….

곡선은 직선과 어울려야 더 매력적이다. 곡선끼리만 서로 만나서 혹여 잘못 어울리면 매우 추해 보인다. 그래서 곡선으로 디자인할 경우에는 정연한 질서가 필요하다. 또한 곡선은 은근히 위험하다. 은밀하게 남을 해하기도 하고, 크게 감정을 부추기도 하며, 큰 대가를 요구하기도 한다. 곡선은 종이에 그리기는 쉬워도 현실에 구체화하기는 어렵다. 경제성이 떨어지기도 하고 실용성도 없다. 아직 우리는 곡선을 느낄 여유가 없고 느긋이 맞이할 마음도 아니다. 굳이 많은 돈과 시간과 정성을 들여 디자인하고 다듬고 만들고 세우고 하는 문화가 아니다. 빠르고 효과가 좋은 것만을 찾기 때문이다.

그런 것들을 아는지 모르는지 나는 오직 곡선의 아름다움을 찾아 헤맸다. 신비의 아름다운 곡선이 어우러진 건축물 실루엣……. 어느 건축주가 나에게 그런 것을 원했던가? 주문을 해야 설계를 하고 건물을 짓는다. 그래도 나는 꾸준히 추억의 실루엣 곡선을 찾았다. 세상이 바라지도 않는, 건축주가 원하지도 않는 그 곡선미를 찾아 나는 오랫동안 계속 정신을 못 차리고 헤맸다.

금속 공예를 하면 내가 주인이다. 내가 디자인하고 만든다. 고객은 그것 중에 선택할 뿐이다. 공예는 실용품이라기보다 사치품에 가깝다. 곡선은 이런 사치품을 장식한다. 고객도 자신만의 추억의 아름다움을 찾는다. 그때 느꼈던 매혹적인 아름다움을……. 그래서 고객은 자주 아름다운 곡선에 큰돈을 지불한다. 한마디로 곡선의 아름다움은 고객을 유혹하여, 추억을 끄집어내어, 지갑을 열게 한다. 그것을 아는지 모르는지 공예품을 만들 때 여전히 나는 그 곡선만을 찾고 있다. 내 한창 젊었을 때 보고 보았던, 그 사랑의 곡선을…….

오늘 여기 동부 캐나다는 오랜만에 화창했다. 마침 일요일이다. 햇빛은 쨍쨍 나고 바람은 시원했다. 여름 태양빛 아래 시원한 바람을 안고 공원에서 산책을 했다. 나도 모르게 마음이 시원했다. 햇빛이 비치는 공원에 서서 보니 갑자기 세상이 이렇게도 아름답구나 하는 생각이 절로 났다. 사람 감정이 날씨에 따라 이렇게 편차가 클 줄이야. 나이가 들면 더 그런 것 같다.

물놀이장에서 애들이 논다. 물보라가 하늘을 장식한다. 젊은 부부들은 원반던지기를 한다. 원반이 곡선을 그리며 하늘을 난다. 잔디에 앉아 햇빛을 즐기는 가족이 있다. 애를 안고 있는 여인의 그림자가 보인다.

잔디에 누워 온몸으로 햇빛을 즐기는 여인이 보인다. 수직의 나무와 교차하는 잔디 위의 그녀가 인상적이다. 내 눈에는 모두 다 아름다운 곡선으로 보인다. 정말 매혹적이다. 그런데 그 옛날 내가 보았던, 상상 속의 그 실루엣 곡선은 그곳에는 없었다.

  그때의 그녀의 실루엣은 정말 아름다웠다. 지금 생각해도 미칠 지경이다. 그곳을 보아도 없고, 이곳을 보아도 찾을 수 없다. 그곳에 없는 것이 아니라 못 보는 것이 아닐까? 가까이에 있는 것을 멀리서 찾고 있는 것이 아닐까? 아니! 내 마음속에 있을지 모른다.

  오늘도 작업실에서 그 곡선을 찾는다. 작업실에서 새로운 것을 디자인하고 만들어 본다. 이때만큼은 몰입된다. 아마도 그때 느꼈던 아름다움을 영영 다시 찾지 못하겠지만 그래도 내 손으로 아름다운 내 사랑의 곡선을 찾아 오늘도 작업장에서 일한다.

7 근사하게 보여야 한다

정식으로 누구를 만날 때 우리는 제대로 차려입는다. 그것이 첫 만남이라면 더 그렇다. 그런데 상황에 맞지 않게 대충 차려입고 가면 어떨까? 당장 보이는 외모로 평가되기 쉽다. 그래서 내가 의도한 것이 무산될 수 있다. 심지어 성의가 없다며 불이익을 당할 수 있고 허름한 모습 때문에 그냥 무시될 수 있다. 그래서 만날 때 그때 꾸밈과 인상이 매우 중요하다. 그리고 그때 감정이 다음 만남에까지 영향을 미친다. 사람은 오랫동안 겪어 보아야 그 사람의 내면과 형편을 알 수 있는데 말이다.

사실 사람은 자기의 형편을 감추고 높이려고 치장을 한다. 이때 사람들은 외모만 보고 좋게 생각하는 경향이 있다. 반면 치장을 하지 않고 상대가 보기에 기대 이하의 수준으로 자기 형편에 맞추어 입고 있다면, 사람들은 입은 옷차림을 보고 그 사람의 지위와 형편을 낮게 평가한다.

교회에 갈 때 정성으로 차려입는다. 일주일에 한 번 정식으로 하나님을 뵙기 때문이다. 그러나 일하다가 그냥 그 옷으로 갈 수 있고 내 형편에 맞게 입고 갈 수도 있다. 그래도 하나님은 다 알기 때문에 충분하다. 그런데 함께하는 신도들의 생각은 다르다. 사람은 눈에 보이는 것, 남이 보는 것, 혹은 남이 말하는 것에 좌우되는 경향이 크기 때문이다.

우리는 적어도 정장에 벤츠를 몰고 가야 적당한 대우를 받는다. 몇 번 보고 그 사람의 내적 수준을 알 수 없다. 당장 보이는 것은 정장과 벤츠 자동차다. 당연 우리는 주로 눈에 보이는 외부 모습으로 판단된다. 사실 사람은 내적 세계가 더 중요하지만 말이다.

그러나 우리는 한 도시의 중심지 아파트나 큰 주택에 살고 벤츠 자동차를 몰며 골프 냄새 풍기는 외적 세계가 크게 지배하는 세상에 살고 있다. 이는 체면을 중시하는 유교 문화에 비롯된 경향이 크다. 그래서 유독 우리나라가 심한 것 같다. 물론 부자는 부자답게 충분히 기부를 하고 남을 도우면서 살면 설령 폼을 내고 살아도 상쇄가 되니 괜찮을 수 있다. 그러나 보통 사람들은 그런 것도 안 하면서 거들먹거린다.

요즈음은 감독관이 말 한마디 하면 그것이 법이 되는 시절이지만 옛적에는 그렇지 않았다. 내가 건축 감리로 현장에 가서 점검할 때 자주 일어나는 일이다. 내가 현장에서 지적하면 사람들에게 먹히지 않았다. 소형차, 대충 입은 옷, 호리한 몸매, 문어적인 말⋯⋯. 현장 작업자들은 속으로 '뭐, 이런 놈이 와서 잔소리하나?' 하고 생각했다. 그래서 나는 내 실장을 데리고 자주 현장에 갔다.

내 실장이 그 당시 대형차 그랜저를 타고, 덩치 큰 몸으로 눈 부릅뜨고, 건설 노가다 말씨로 겁주는 농담까지 섞어 큰소리로 지랄하면, 당연 반장(보스 일꾼)에게 먹혔다. 이와 같이 내 경험으로도 외면의 세계가 중요했다. 그래서 사람들은 힘들어도 외제 자동차를 몰고 일을 보거나 남을 만난다. 기름값이나 작은 주차비까지도 아까워하면서 말이다.

젊었을 때 나는 나름 멋 내고 다녔다. 형편이 어려웠는데도 메이커 아니면 몸에 걸치지도 않았다. 내 아버지 어머니가 신사복에 한복을 입고 다녔으니, 나 역시 '그런가 보다!' 하고 폼을 내었다. 가장이 되고 보니 그런 짓을 더 이상 할 수 없었다. 중년이 되었다. 외국물까지 먹었다. 이제 차려입거나 멋 내는 것이 귀찮아졌다. 물론 돈이 없기도 했다. 지금은 돈이 있다고 해서 옛날로 돌아가지는 못한다. 잘 입고, 얼굴 단장하고, 좋은 차로 뽐내는 것 자체가 신경 쓰인다. 특히 시간 내어 나 자신을 꾸미는 것 자체가 귀찮다. 그럴 시간도 없다.

캐나다에 살면서 운동화에 대충 한두 벌 입고, 얼굴에 로션도 안 바르고, 머리는 그냥 귀신같이 툴툴 털고 살았으니 남이 보기에는 하찮은 중국 놈으로 보였을 것이다. 몸매마저 호리호리하니 더 그랬을 것이다. 사실 서양 사람은 흰색 바탕에 이목구비가 분명하고 덩치까지 있으니 대충 입어도 저절로 그럴듯해 보이지만, 작고 평면적인 외모의 동양 사람은 다르다.

서양에서도 역시 외면의 세계를 중요시한다. 심하지 않겠지만 장소나 때에 따라 우리보다 더 차려입는 경향이 크다. 운동할 때는 운동 종류에 맞는 유니폼을 반드시 입는다든가, 손님을 만날 때는 정장 차림을 한다든가, 파티에는 반드시 파티복을 입는 경우이다. 여기서 서양은 기능적인 면이 큰 것 같다. 비싼 골프복을 입고 아무 데니 뽐내고 디니는 우리와 다른 면이다.

과거 나는 내면만 좋으면 되지 외면이 왜 필요한가? 하면서 내 자신을 내보이는 것에 매우 대충 했다. 모든 일에서 말이다. 특히 작품을 만들 때는 더 그랬다. 내가 잘 차려입고 미사여구로 내 작품을 설명할 필요를 못 느꼈다. 작품의 질은 그 작품이 말을 한다고 생각했기 때문이다. 당연 자주 불편을 겪었고 제대로 평가받지 못했다.

그런데 지금 생각해 보면, 내가 차려입고 직접 잘 설명하면 큰 신뢰가 생기는 것은 분명해 보인다. 좋은 제삼자가 설명하고 홍보하면 더 그런 것 같다. 능력 있는 사람이 멋지게 작품을 잘 만들고, 그다음 잘 설명하고, 마지막으로 유명한 사람이 잘 홍보해 주면 당연 신뢰는 최고가 된다. 이렇게 내 마음의 자세가 많이 바뀌어 간다.

내 학부 과정에서 들은 이야기이다. Ceramic Program 주임교수와 나는 친했었다. 그분은 이 지역에서 도예가로 유명하다. 그는 "내가 만든 항아리를 내가 직접 설명하고 팔면 값을 제대로 못 받고 팔기도 어렵다. 그런데 와이프가 팔면 큰돈을 받고 잘도 판다."라고 했다. 작품이 스스로 최고를 말하는 것은 아니었다.

작가가 직접 설명하면 작은 효과는 생길지 몰라도 큰 효과는 없었다. 그러나 그것에 걸맞은 사람이 설명하면 큰 신뢰가 생기고 홍보가 되는 것 같았다. 캐나다 여기에서는 평소의 신뢰가 중요하다. 사람을 쓸 때 추천서가 좌우하는 것을 보면 말이다. 물론 평소 자신의 신뢰 쌓기를 잘해야 한다. 즉 꾸준히 작품의 완성도가 높아야 추천이 되고 좋게 설명도 된다.

내가 한국에 입국하여 누이를 찾았다. 8년이 지난 지금 누이가 그때를 회상하면서 말했다. '아이고, 동생, 그때 시커멓게 탄 얼굴에 배낭을 메고 있는 꼴이 마치 폐인 같아 보였어.'라고 했다. 배낭을 메지 말고 근사한 여행 가방을 끌고 갔어야 그나마 괜찮았을 텐데 말이다.

이제 본론으로 들어가 본다. 2016년도 여기 학부 과정에서 만든 목걸이를 갤러리에 맡겨 두고 귀국했었다. 전시회에 전시되었고 잡지에도 실린 작품이었다. 가격이 비쌌고, 더욱이 무명천에 둘둘 말려 있었기에 쉽게 팔리지 않았다. 2023년 여름 내가 여기 도착하여 보니, 그것이 아직 팔리지 않은 채 남아 있었다. 가만히 생각하니 다행이었다.

다시 업그레이드 작업을 했다. 길이를 늘이고, 광을 내고, 매듭 부분을 보완 치장했다. 그리고 이것을 위한 특별한 박스(Case)를 만들기로 했다. 작품만 좋으면 뭐 해? 포장이 좋고, 홍보도 잘되어야 한다. 예를 들면 좋은 그림이지만 프레임이 그만큼 좋고 홍보도 잘되어야지 하는 생각으로 변했다.

나무와 구리판을 이용하여 나름 최고의 박스를 만들었다. 그리고 내부에 목걸이가 잘 앉을 수 있도록 천으로 마감했다. 그리고 보니 내면이 확실히 좋아 보였다. 특별했다. 외면의 세계가 대상의 이미지를 결정한다는 것을 새삼 느끼게 되었다.

사람도 그렇다. 몸매가 좋고, 입고 있는 옷과 머리 스타일도 좋고, 타고 다니는 자동차와 살고 있는 집도 근사하다면, 그 사람은 훌륭하고, 근엄하고, 지체가 높아 보인다, 한국에 있을 때 내가 어떤 여성분을 만나기 위해 간다고 하였더니 친구가 내 벤츠 자동차를 몰고 가라고 하던 생각이 문득 떠올라서 혼자 미소 지었다.

나는 그 작품을 'Crown Necklace'라 이름 부르고 그것을 케이스에 넣어서 갤러리를 방문했다. 보스(Director)가 보고 감탄했다. "내가 구입할까? 케이스 하나를 더 만들 수 없을까?" 했다. 나는 지금 여기를 떠나야 한다. 더 오래 머문다 하더라도 학교에서는 테이블 톱(Table Saw)이나 금속 조각기 같은 전문 장비가 없어 오직 손으로만 만들어야 하기 때문에 'No'라고 답했다.

그 목걸이는 나의 최고 작품이다. 지금 생각하면 그때 내가 어떻게 그것을 만들었는지 기억조차 없을 정도다. 그 작품에 옷과 집이라는 최고의 케이스를 입혔다. 갤러리는 쉽고 근사하게 전시할 수 있고 홍보할 수도 있다. 마치 좋은 그림에 근사한 프레임이라는 옷을 입히는 것과 같다.

이런 목걸이는 매일 목에 걸쳐지는 것이 아니다. 파티나 특별한 날, 내가 마치 왕비나 공주가 될 것 같은 날에 가슴이 파인 드레스를 입고 목에 걸치는 것이다. 걸칠 때는 주인을 공주로 만들지만, 걸치지 않을 때는 근사한 케이스 안에서 주인의 마음을 설레게 하는 보물이 된다.

그런데 그 케이스가 얼마나 효과가 있을지 모르겠다. 고객이 어떻게 평가할까? 지나 보면 알겠지. 어쨌든 생각이 좀 변했다. 우선 근사하게 보여야 한다고……. 이 작업은 외면의 세계를 강조해 보는 하나의 실험이기도 했다.

8 떠남이 아쉽고 설레다

내일 아침 이곳을 떠난다. 지금 저녁이니 잠만 자면 내일 아침이다. 여기 캐나다 동부 끝 작은 도시 Fredericton에서 머문 지 꼭 2개월 반이다. 여기에 6월 3일 도착하였다. 떠나는 내일 8월 17일까지 계산하면 정확하게 2개월 보름이 된다.

한국에서 5월 26일 출발하여 환승으로 LA에 7일 머물고 이곳으로 왔다. 그리고 한국으로 돌아갈 때 환승으로 프랑스 파리에 7일 머물고 한국에 도착하면 9월 5일쯤 될 것 같다. 그럼 꽉꽉 채워서 3개월 여정이 된다. 중간 기착지 환승을 이용하면 최고로 싼 비행기 티켓을 구할 수 있다. 힘들지만 비행기 삯을 아끼면서 환승지에서 며칠 배낭여행도 즐길 수 있다.

처음 한 3개월 정도 머물면 되겠지 하는 것이 진짜 3개월 여정이 되었다. 처음 이런 계획을 할 때는 3개월이 그렇게 긴 기간이라고 생각하지 못했다. 막상 여기서 실행해 보니 길고 길었다. 하나의 도시에 한 달 살아 보기가 유행하는 것을 보면 이해가 된다. 한 달 이상이 되면 지루할 것 같고, 2~3주 정도면 오고 가고 실제 머무는 날은 얼마가 안 되어 살아 보기가 아닌 긴 여행이 될 것 같다.

나의 경우는 여기서 매일 하루 종일 작업을 하였다. 낯선 곳이 아니라 10년 이상 살았던 곳이다. 방 하나 빌려서 먹고 자면서 학교 작업장까지 먼 길을 걸어 다녀야 했다. 처음에는 몸과 마음 모두 너무 힘들어서 내가 여기 왜 왔던가 하는 회의가 생겼다.

여기서 10년 이상 살았던 곳이니 신기할 것도 없었고, 보이는 것과 다니는 곳이 익숙하여 관광이라는 것도 없었다. 넓은 캐나다 대륙의 동부 한 귀퉁이인 여기는 자동차가 있다 하더라도 인근 도시에 여행하는 것은 쉽지 않다. 그냥 자고, 먹고, 일하는 일상의 연속이었다. 2주가 지나니 적응되었다. 이왕 왔으니 알차게 시간을 보내 보자는 생각에 작업에 열중했다.

시켜서 하는 일이 아니고 내가 원해서 하는 예술 창작 작업이다. 한국에서는 더워서 지내기가 힘들 정도인데 여기는 매일 시원하다. 조금씩 적응되면서 느끼는 감정은 그냥 시간을 즐겁게 보내는 피서보다는 힘이 들어도 시원한 지역에서 이렇게 예술 활동을 하면서 하루하루를 알차게 보내는 것이 백배 좋고 백배 보람되더라는 것이다.

그런데 웬일이니? 언제부터가 한국, 내 살던 곳이 그립고 정다워졌다. 빨리 가고 싶었다. 한국에 정이 많이 들었는가? 내일 아침 떠난다. 저녁이 되니 '드디어 한국으로 가네…….' 하면서 실감이 갔다. 사실 가 보아야 별것 없다. 따분한 일상이 기다리고 있다.

그러나 아마도 앞으로 한국 생활이 여기 오기 전의 한국 생활과 많이 달라질 것이라는 생각이 든다. 한국이 여기보다 훨씬 생활 여건이 편하고 마음으로도 안락하였지만 실제 나는 한국에서 혼돈의 시간을 많이 보냈었다. 재미있게 빈둥빈둥 사는 것에 보람을 느끼지 못하였던 모양이다. 여기서 어려워도 이제까지 열심히 생활했던 경험으로 한국에서도 더 알찬 생활을 해야겠다는 각오가 생긴다. 오늘 떠난다. 정말 알차게 좋은 나날을 보냈다. 떠난다고 하니 아쉽기도 하고 뿌듯하기도 하다.

며칠 전, 내가 원하는 대로 작업을 마쳤고 완성한 작품을 갤러리에 전했다. 곧 개학하면 도시가 살아 움직인다. 이때 내 작품들이 전시될 것이다.

그제는 학과장 교수와 함께 작별 인사 겸 식사를 했다. 그리고 정성껏 만든 Earring 하나를 선물했다. 아마도 그분은 그것을 매일매일 귓불에 매달고 다닐 것이다. 옛날에 팔찌 하나를 선물하였는데, 그녀는 항상 손목에 그것을 걸쳤다. 그전에 선물한 귀걸이도 그랬다. 애용하니 더 주고 싶었다. 고마웠는지 오늘 카페로 나를 불렀다. 모처럼 그분과 못하는 영어로 떠들었다. 그분은 나보다 2살 위다.

작업을 마무리하고 2~3일 동안 여기 도시를 둘러보았다. 강변도 느긋하게 둘러보고 고즈넉한 다운타운을 걸어 보기도 했다. 커피도 한잔 했다. 학교 옆에는 도서관이 있다. 자리에 앉아 흐르는 강물을 보며 사색에 잠기기도 했다.

올 때 여행 가방 하나에 백팩(Backpack) 하나를 들었다. 다행이 아들이 휴가차 이곳을 방문하였다. 같이 이곳을 자동차로 떠난다. 짐을 자동차에 싣고 가니 많이 편할 것 같다. 아들이 운전하니, 나는 차창으로 지나가는 캐나다 동부의 전경을 구경할 수 있다. 눈이 한가하니 눈 속에 퀘벡(Quebec) 가는 길을 흠뻑 넣으리라.

처음에는 다시는 이런 고생을 안 할 것이라고 맹세했었다. 막상 되돌아갈 날이 되니 생각이 바뀌었다. 학교에 들러 교수들과 헤어지면서 나도 모르게 한 말이다. 내년에 꼭 다시 오겠다. 더 많은 작품 활동을 하겠다고……. 아마도 힘들어도 보람이 있었던 모양이다.

　그래서 곰곰이 생각해 보았다. 비행기는 돈만 주면 얼마든지 있다. 미리 예약하고, 중간 도시로 경유하고, 경유지에 머물고 하면서 오고 가면 저렴하게 여행까지 하면서 여기에 올 수 있다. 여기 머무는 동안 먹거리는 내가 열심히 움직이면 해결된다. 작은 먹거리만 있어도 만족한다. 무료 급식 봉사 활동을 하면 그곳에서 무료로 끼니를 때울 수 있다. 그런데 잠자리가 문제였다. 이것만 잘되면 매년 캐나다에서 작품 활동을 쉽게 할 수 있다.

　열심히 찾아보면 아마도 좀 더 편한 거주지가 있을 것 같다. 지인이 방학 동안에는 대학 기숙사를 알아보면 쉽게 구할 수 있다는 팁을 주었기 때문이다. 어쨌든 한국으로 간다. 가는 도중 일주일 동안 파리를 여행하면서 말이다. 떠남이 아쉽고 설렌다.

4부 어머니와 누이

1 세월이 남긴 어머니의 아픔

어젯밤 지방에서 일을 보던 차에 혼자 시골에 계시는 어머니를 잠깐 뵈러 시골집에 들렀다. 어머니는 나를 보자 "야가 웬일이고." 하면서 내 손을 잡고는 놓지 않으셨다. 어머니는 홀로 주무시고 식사하신다. 그러다 보니 사람 보는 것 자체가 반가웠는지도 모른다. 말 잘 받아 주는 막내아들이 갑자기 왔으니 또 얼마나 좋으리. 밤새 했던 말씀을 하시고 또 하시고는 자정을 훌쩍 넘기고 조용해지셨다.

다시 아침이 열리고 어머니는 정성스럽게 아들을 위해 한상을 차려 냈다. 어머니는 아버지를 대하듯 내 숟가락에 생선 살을 얹어 주고는 가끔 고개를 숙이시곤 하였다. 그리고 갑자기 물 묻은 목소리로 나를 물끄러미 쳐다보면서 불렀다.

"보래이……. 애비야."

막내아들을 보니 기쁘기도 하던 차에 매일매일 외로웠고 몸은 아파서 울컥하셨을 거야. 나는 어머니께서 무슨 뜻으로 그 말씀을 하셨는지를 바로 알아차렸다. 어젯밤 잠결에 신음 소리와 뒤척거리는 소리를 문득문득 들었기 때문이다. 아마 어머니는 밤이 새도록 끙끙거렸으리라.

7남매의 막내를 낳으시고 바로 다친 허리는 그 이후로 어머니를 고통으로 몰아넣었다. 그렇다고 방 안에서 쉴 형편은 아니었다. 한 달에 한두 번의 제사를 지내야 했고, 종손의 맏며느리로서 할아버지 할머니께서 일찍 돌아가시는 바람에 8형제나 되는 삼촌과 고모를 돌보아야 했다. 그나마 내가 어릴 때는 아직까지 삼촌 두 분들이 미성년자였다. 그러다 보니 자연 씀씀이가 많아졌다. 그래서 어머니는 가정일과 더불어 장날에 콩나물이며 깻잎을 만들어 팔아야 했다. 또한 집 귀퉁이 칸에서 스스로 조그마한 가게를 만들어 쌀을 사고팔기도 하였다.

아버지는 큰 대가족을 두고 먼저 하늘로 가셨다. 그때 7형제 중 여섯째인 나와 여동생은 미성년이었다. 어머니는 이 큰 대가족을 나에게 두고 먼저 가셨다고 하시면서 자주 숨어서 눈물을 보이셨다. 아버지께서 돌보아 주던 삼촌들, 그 많은 사촌들, 그리고 우리 가족들……. 이제 어머니가 아버지 대신 어른 노릇을 해야 했기 때문이었다. 그 후 세월이 흘러 막내까지 출가를 시켰다. 이제 어머니에게 남은 것은 몸뚱이밖에 없었다. 몸과 마음 그리고 가진 것 전부를 다 그들에게 퍼 주었기 때문이다.

혼자 덩그러니 안방에서 기거하시다 "놀면 안 된다."라고 하시고는 계속 일을 하셨다. 그리고 칠순을 넘기자 머리가 깨어실 듯 아파하시어 항상 머리띠를 둘러매시고는 매일매일 한 봉지의 약을 입에 털어 넣으셨다. 한 번은 "어머님, 이제 허리는 어떠세요?"라고 물으면 "애비야……. 글쎄 머리가 너무 아프니, 허리가 아픈지 머리가 아픈지를 모르겠다."라고 하셨다.

팔순을 넘기시고는 이제는 자주 배가 아프다고 하여 두통약과 복통약을 한꺼번에 입에 털어 넣으셨다. 그때마다 나도 너무 답답하여 "어머님……. 머리는요……?" 하고 물어보면, "애비야, 이제는 머리가 아픈지, 배가 더 아픈지 모르겠다."라고 그러셨다.

　어느 날 나는 아침상을 물리고 어머니께 권해 보았다.
　"저하고 시내에 나가서 병원에 한번 가 보시죠."
　"병원 수도 없이 가 보았는데, 그 병원이 그 병원이제."
　어머니는 그렇게 말씀하시면서도 은근히 나하고 다른 큰 병원에 가 보고픈 모양이었다. 두세 번 권했지만 역시나 발을 빼셨다.
　"괜찮아, 애비야……."
　결국 나는 억지로 어머니를 자동차에 모시고 시내로 향했다. 어머니는 그 아픈 것이 다 어디로 가 버렸는지 얼굴은 천사가 되어 도착할 때까지 "야야……. 그런데 애비야……. 그리고……." 하시면서 어머니는 했던 말을 하시고 또 하시면서 이야기를 이어 가셨다.
　병원에 도착하여 수속을 마치고 의사를 만났다. 그 의사 양반은 얼마나 친절한지 구수한 사투리를 섞어 가며 "어머님……. 너무 아파서 어째요, 이 약 드시면 많이 좋아질 거여요. 어머님……. 아드님하고 오니 좋지예."라고 말하면서 어머니 손을 쥐고는 내게 처방전을 건네주었다.
　병원 문을 나서고 약국에 들어서서 약을 주문하면서 어머니는 내내 싱글벙글하셨다. 그때 어머니가 말씀하셨다.
　"애비야……. 두유 한 박스를 사그래."
　그러고는 몸 아픈 것도 잊은 채 쏜살같이 두유 한 박스를 들고는 구부린 허리를 뒤로하고 다시 병원 문을 열고 들어가는 것이었다.
　몇 분 후 어머니는 돌아오셨다. 친척집이나 혹은 가까운 분들께 들를 때마다 언제나 손에 무엇인가 들고 가시는 분이어서 내심 알고는 있었지만, 나는 어리광 부리듯 내 자동차가 있는 곳으로 어머니 손을 당기면서 물었다.

"어머님 어디 가셨어요?"

"애비야……. 의사가 참 양반이네, 사람이 그냥 가면 쓰냐?"

어느새 어머니는 내 손에서 약봉지를 뺏고는 벌써 멀어져 갔다. 그리고 말을 이으셨다.

"너도 바쁘제……. 바로 서울 올라가거래……. 나는 버스를 타고 갈랜다."

어머니의 그 완강한 성격을 아는지라 거절은 못 하고 나는 똥 마려운 놈처럼 낑낑거렸다. 사실은 혹시나 시골 동네분들이 막내아들이 어머니 보러 왔더라 하고 생각 없이 하는 소리가 도시에 사시는 큰형수 귀에 들어가면, 어머니는 한 소리 들을 텐데. 안 그래도 온몸이 이리저리 망가졌는데 여린 어머니 가슴이 또 무너지면 어떻게 하나? 하는 불안 때문에 나는 작정하여 몰래 밤에 시골로 왔었다. 그리고 다음 날 아침 일찍 사람들이 움직이기 전에 어머니와 함께 시내 병원으로 출발하였다.

그래서 어머니는 또 혹시나 대낮에 막내아들 자동차로 시골로 되돌아가면 동네 사람들이 볼까 봐 걱정이 되었던 모양이었다. 나는 "그 마음 들킬까 봐, 휑하게 저러실 게야, 물론 바쁜 나를 힘들게 하지 않을 생각 때문이었겠지."라고 생각하다가도 올라오는 알 수 없는 가슴속의 초조함을 억제 못 하고 계속 낑낑거리고 있었는데, 어머니의 간절히 원하는 듯한 그 가냘픈 눈을 보니 더 이상 고집을 세울 수가 없었다. 지갑에서 돈을 내어 얼른 어머니 주머니에 슬쩍 집어넣고 가실 때는 제발 택시를 타고 가시라고 신신당부를 하고는 어머니를 보내 드렸다.

허리를 구부리고 총총히 가시는 뒷모습을 보노라면 막내아들인 나에게 그렇게 괜찮은 척하지 않으셔도 되는데 하는 생각에 나는 그만 참았던 눈물을 쏟아 내고는 땅바닥에 주저앉고 말았다. 어머니 성격에 택시를 타고 가실 분은 아니지만, 제발 제발 돈 아끼지 마시고 한 시간이나 걸리는 버스를 두고 택시라도 타고 가셨으면 하고 빌면서 나는 흐르는 콧물과 눈물을 오랫동안 훔치지 못했다.

서울로 돌아가는 길 내내 마음은 천근만근 무거웠다. 짬을 내어 기분 전환을 할 겸 쉬고자 휴게소에 들렀다. 커피 한 잔을 쉬엄쉬엄 마시면서 걷고 있는데, 화장실 앞 광장에서 할머니 한 분을 두고 그 가족들이 말을 해 댔다.

"어머니 어디 가셨었어요? 볼일 보시고 바로 여기에 오시라고 했잖아요? 찾느라고 힘들었고 또 얼마나 걱정하였다고요?"

그 할머니는 죄지은 사람처럼 눈만 껌벅거렸다. 걱정은 그 사람 입장에서 걱정이겠지. 세월이 남긴 부모의 아픔을 자식이 어찌 알 수 있을까?

나도 장가를 가고 자식 두고 사회생활을 해 본들 철이 없기는 매한가지였다. 그러다가 어머니께서 혼자 사시게 되자, 건강이 나빠진 나는 어머니를 가끔 찾아뵙게 되었다. 내 몸이 아프다 보니 어머니를 조금이나마 이해하게 되었다. 그래서 조금씩 어머니께서 하시는 말씀에 언제나, "예, 그럼요, 예 알겠습니다, 어머님 말씀이 맞습니다." 하면서 조금씩 다가섰다. 그때마다 어머니도 속마음을 조금씩 내비치셨다. 그제야 했던 말씀 또 하시기에, 자세히 들어 보니 할 때마다 조금씩 어감이 다르다는 것을 알게 되었다.

평생을 대가족의 눈치를 보고 살았고 이제 남은 것이라고는 망가진 몸밖에 없는데 마음이라도 편해야 하지를 않겠는가. 그런 마음으로 재차 마음을 다잡았다.

"세월의 흐름을 붙잡아 드릴 수는 없고 그렇다고 세월이 남긴 어머니의 아픔을 대신해 드릴 수도 없네요. 예. 어머님, 무엇을 어떻게 하시든 어머니 마음이 편하셨다면 잘하셨습니다."

그러자 무거웠던 마음이 훨씬 가벼워졌다. 다음에는 밤이 늦더라도 어머니 발톱을 깎아 드려야겠다. 아마 전번에 깎았던 것이 많이 자랐을 거야.

2 어머니의 삶의 끈

이민 온 그해가 저물고 새해가 되었다. 눈이 부슬부슬 내리는 1월 어느 날 전화벨이 울렸다.

"어머님이 돌아가셨단다. 오늘이 가시는 날이다. 굳이 올 필요가 없다."

맏형의 목소리에 내가 할 수 있는 것은 오직 술병을 찾는 것뿐이었다. 그래야 꿈에라도 어머니를 만날 수 있으리라 생각되었다. 며칠을 밥과 물 대신 죽어라 술만 퍼마시고 환상 속에 헤맸건만 결국 어머니를 만날 수는 없었다. 대신 술은 내 몸과 마음을 마구 난도질했다. 어머니를 떠나보내게 한 원흉인 나 자신을 마구 죽이고 있었다. 그래, 이민이 어머니를 돌아가시게 했어. 내가 어머니를 그렇게 했어.

고대하던 캐나다 영주권이 나오자 나는 용기를 내어 어머니가 계시는 시골을 찾았다. 대가족의 종부인 어머니는 부모 형제 자식들을 다 내보낸 후에도 병든 몸을 안고 홀로 살고 계셨다. 이때 막내인 나를 지켜보고 가끔 만나 보는 것이 어머니께서 살아가는 큰 즐거움이었다. 나는 이민 진행 과정에서 미리 말씀을 드릴 수가 없어 결정이 난 후에 어머니께 고하였다.

"어머님, 캐나다로 이민을 갑니다."

아닌 밤중에 홍두깨도 유분수지, 그러나 그런 내색도 없이 어머니는 한 번 더 물어보고는 담담하셨다. 옛날 미국으로 이민 간 먼 친척의 이야기를 주워들었기에 가면 못 온다는 것쯤도 잘 알고 계셨다. 아무리 세상일에 어둡고 시골에 사는 늙은이라 하더라도 세상을 오래 살다 보면 눈치로 안다. 어머니의 말씀은 간단하고 명료하셨다.

"그래, 너의 장래를 늙은 어미가 잡을 수가 있겠나. 잘했다."

어머니는 그때 눈물 한 방울을 보이지 않았으며 흐트러지지도 않으셨다. 평생 부모 형제 자식이라는 대가족을 이끌고 험난한 세상을 꿋꿋하게 살아오신 종부가 아니신가.

하룻밤을 묵고 다음 날 아침 어머니께서 차려 주시는 아침상을 들고 나서 어머니께 큰절을 올렸다. 그리고 집 대문을 나섰다. 어머니의 두 손을 놓으려고 하는데, 어머니는 그 자리에 주저앉으면서 울음을 참지 못하고 흐느끼며 우셨다.

"애비야…… 너 없으면 내 어찌 살꼬……. 너 없으면 나는…… 어찌 살꼬……."

그로부터 딱 1년 후 어머니는 돌아가셨다. 그때까지 나는 어머니의 그때 마지막 말씀의 의미를 몰랐다. 벌써 일주일째 나는 밥 대신 매일 술만 마셨다. 이제 환영이 아니라 새카만 어둠만 보였다. 바닥이었다. 어둠 속에서 흐느적거리고 있는데 내 입에서 무엇인가 불쑥 튀어나왔다.

"어머니는 모든 것을 내려놓으시고 그때 쥔 끈을 놓았다. 삶의 끈을……."

며칠 후 나는 초라하고 볼품없는 해골 같은 나 자신이 보이기 시작했다. 두 눈을 똘망똘망하게 뜨고 쳐다보는 두 아들도 보이기 시작했다. 나는 일어섰다. 그리고 달렸다. 나는 매일 달렸다. 시간만 나면 심신을 단련하기 위해서 달리고 달렸다. 그리고 다시 조금씩 일도 시작했다. 모든 것을 초심으로 돌리고 어린애가 일어서서 이제 막 달리듯이 나의 이민 생활은 이렇게 시작되었다.

3 어머니의 외로움

오랜 이민 생활 후 고국을 방문할 기회가 생겼다. 우선 나는 고향집을 방문하였다. 지금은 어머니가 저세상으로 가셨지만 내가 어릴 적에 살았던 고향집이다. 아직도 변함없이 그대로 있었다. 큰형은 어머니께서 평생 살아오셨던 그 집을 남에게 세를 주기가 마음이 걸렸는지 그대로 두었다. 사람이 살지 않는 집은 누렇게 빛이 바래고 있었다. 그렇게 아직도 우리 집은 읍내 입구 길가에 마치 어머니가 살아 계시는 것처럼 떡 버티고 있었다.

어머니의 정취는 이미 그곳에 없었다. 거실 앞창 너머에 눈길을 주면 동네 큰길이 보였다. 그리고 창가에 다가가면 동네 사람들이 지나가는 것을 쉽게 볼 수가 있었다. 안방에서는 뒷마당이 보였다. 집의 앞부분은 거실이 있었고, 뒷부분에는 안방이 있었기 때문이다. 그 안방 창으로 뒷마당을 보면 나무며, 꽃이며, 새들을 쉽게 볼 수가 있었다. 사람 온기가 없는 집이 그렇기야 하겠냐마는 이미 내 눈은 그 옛날을 좇고 있었던 것이다.

거실로 가 보았다. 거실 창에 쪼그리고 앉아 계시는 어머니의 허상이 보였다. 어머니는 지나가는 동네 사람을 보고 계셨다. 안방으로 건너갔다. 안방 창 너머 정원이 보였다. 사람이 관리하지 않아 황량하였으나 조용한 자연의 정취를 느낄 수 있었다. 어릴 때는 뒷마당의 전경이 훨씬 좋아 보였다. 그러나 이때 나는 거실이 더 좋아 보였다. 거실 창 너머 지나다니는 사람들을 볼 수가 있기 때문이었다.

어머니는 항상 그런 안방을 등지고 거실 창에 머리를 대고는 지나가는 사람들을 물끄러미 보셨다. 매일 그것이 하루의 일과였다. 보면서 추억에 잠겼는지 어머니는 자주 중얼중얼하셨다.

내가 서울에서 살 때 가끔 시골로 내려와 어머니를 방문하면 어머니는 얼른 내 손을 잡고 나를 창가로 끌고 가셨다. 그리고 창 너머 지나가는 사람들을 보면서 마치 무성 영화의 성우와 같이 설명을 곁들였다. 한 번은 내 친구가 지나가고 있었다.

"애비야, 애비 친구가 간다. 쟤는 여편네에게 밥도 못 얻어먹나, 얼굴이 많이 상해 버렸제……. 근데, 애비는 밥 잘 먹고 있는가?" 하고는 근심 어린 눈으로 나를 쳐다보았다. 그리고 어떤 젊은이들이 지나가자,

"막내야, 저 윗집 아들네가 간다. 벌써 장가갔네. 색시도 예쁘제……. 그 댁 어른이 참으로 양반이지. 그럼 그럼." 하시며 혼자 중얼거리곤 하셨다.

어머니는 장손의 며느리였다. 그래서 우리 집은 명절과 한 달에 한 번 꼴로 돌아오는 제사로 항상 왁자지껄하였다. 또한 평소에도 삼촌들과 사촌 형제들로 우리 집은 항상 바빴다. 아버지는 직접 대가족의 크고 작은 일들을 손수 꾸려 나가셨다. 장손이시던 아버지께서 돌아가시고 그때부터는 대가족의 구심점은 없어졌다. 산업화로 모두가 도시로 나갔다. 가족 단위의 핵가족화가 이루어졌다. 더구나 구심점 역할을 하던 장

손인 아버지마저 안 계시다 보니 더 이상 우리 집은 붐빌 일이 없었다.

우리 집은 조용해지기 시작했다. 그것은 오래전 일이었다. 그때부터 어머니는 혼자 계셨다. 가끔 도시로 나갔던 삼촌 사촌 형제들이 어머니에게 인사차 우리 집에 들렀다. 아마 그것을 기다리시나, 아니면 그 법석이었던 그 옛날을 더듬기라도 하시는지 틈만 나시면 창가에 기대어서 지나가는 사람들을 보면서 중얼중얼하셨다.

그리고 몇 년이 지났다. 어머니는 허리가 아파서 더 이상 앉아 있기도 어려워하셨다. 항상 머리가 아프시다 하시며 띠를 머리에 총총 두르고 계셨다. 아픔과 함께 나이가 들어 가면서 이제는 창가에 기대어 오가는 사람들을 볼 힘도 없어졌다. 그래서 항상 누워 계셨다.

그때 TV가 그 역할을 대신하였다. 어머니는 밤낮으로 TV를 켜 놓으셨다. 가끔 어머니를 찾아보면 TV 소리가 먼저 나를 맞이했다. 나는 TV 소리 사이로 외쳤다.

"어머님, TV가 켜져 있네요. 소리가 너무 커서 막내가 오는 소리를 못 들으셨죠."

왕왕거리는 TV 소리에도 어머니는 막내 목소리를 얼른 알아듣고는 문지방을 넘어 엉금엉금 기어 나오시며 발을 건네셨나.

"애비야, 그것도 없으면 어떻게 지내나? 야야, 온종일 나 혼자 아닌가? TV에서 사람 소리라도 있어야 견디지."

그 이후로 항상 TV 소리가 어머니 곁에 있었다. 수년 전부터 창밖을 보고 실제 사람들이 움직이는 모습으로 추억을 더듬었다면, 이제는 그마저도 쉽지 않아 누워서 영상의 소리를 들으며 사람의 냄새를 취해 보려 함이었다. 그럼에도 가끔씩 창 너머 귀에 익은 목소리가 나면 바로 알아차리셨다. "조카가 왔나?", "질부구나?", "작은애가 왔구나?" 하면서 몸을 일으켰다. 그리고 아픈 것을 잊어버리시고는 어디서 큰 힘이 생겼는지 문지방을 넘어 쏜살같이 손님을 반겼다.

그때 밤에 전등불이 어머니 방을 훤히 비추었으나, 나는 몰랐다. 그때 밤에 TV가 소리를 지르고 사람들 모습이 화면에서 줄줄 흘렀으나, 나는 몰랐다. 변명이었다. 만약 홀로 계시는 방에 TV가 없었다면, 나는 어머니의 외로움과 고독함을 알아차렸을까? 아마 그래도 몰랐을 것이다. 왜 어머니가 거실 창 너머 익은 얼굴들을 좇으며 그렇게 창가에 기대고 있었는지 누구도 몰랐다. 캐나다 조용한 도시에서 어느 날 외로움이라는 놈에게 잡혀 내가 헐떡이고 있을 때까지 나는 그것을 몰랐다.

내가 고국을 떠날 때는 애들은 초등학교와 중학교 학생이었다. 캐나다 동부 지역으로 이민을 하고 몇 년이 지났다. 우리 가족은 어느 작은 도시에 정착하였고 바로 다운타운에 집을 마련했다. 이제 고국을 떠난 지 10년이 되었다. 애들은 성년이 되었고 진학과 취업으로 독립하여 먼 타주에 살고 있다. 그리고 나는 어정쩡하게 지금까지 여기서 이 집을 지키며 살고 있다.

내 집은 다운타운의 크지 않은 도로를 끼고 있다. 그리고 집 근처에 주립 대학교가 있다. 그래서 집 거실 창에서 보면 학생들이나 직장인들이 걸어가는 모습을 쉽게 볼 수 있다. 거실 뒤 식당 방에서는 잔디와 나무가 있는 정원이 보인다. 집 앞은 사람의 움직임을 볼 수 있는 도로가 있고, 뒤쪽은 조용한 시골 맛을 볼 수 있는 정원이 있다.

오늘도 나는 일어나자마자 먼저 거실 창의 커튼을 연다. 학생 혹은 직장인이 걸어가는 모습을 보기 위함이다. 나는 그들을 물끄러미 보면서 아침 끼니를 시작한다. 어떤 때는 하루 종일 쳐다볼 때도 있다. 맥주 한

잔으로 외로움을 달랠 때도 나는 거실을 쳐다본다. 이때 이것은 마치 무성 영화와 같다. 거실에 난 창을 통하여 지나가는 사람들과 차량이 소리 없이 조용하게 보이기 때문이다. 그래서 나는 전축에 가요를 틀거나 아니면 고국 TV 방송을 켠다. 이때 무성 영화 같은 거실 창의 화면은 소리와 함께 살아 움직이면서 나에게로 다가온다.

지나가는 사람 뒤로 거실 창에 비치는 나무며 집 모양이며 전경은 고국의 것과는 너무나 다르다. 그러나 이제 너무 자주 보아 눈에 익다. 그래서인지 여기가 그 옛날 살았던 고향이라고 여기자고 하면 그냥 그렇게 된다. 여기에다 고국 TV 방송의 소리와 화면이 어우러지면, 흡사 한국의 어느 작은 도시에 와 있는 것 같다. 이때 나도 그때 그 추억을 더듬는다. 아니 여기가 내 고향이라는 착각에 빠진다. 간혹 지나가는 사람의 얼굴이 내 얼굴 같지 않다는 생각에 그 환상이 문득 깨질 때도 있다. 그때는 정원이 보이는 식당 방의 창가로 간다.

식당 방 창 너머 푸른 잔디에는 새들이 지저귄다. 나무는 푸르고 햇빛은 따시롭다. 평화롭고 좋다. 그러나 바로 무료해지고 외로워진다. 전축에 피아노 선율을 올려 본다. 정원으로 퍼지는 선율이 감미롭다. 그러나 그것도 곧 심심해진다. 한국 TV를 켜 본다. 사람 소리가 늘린다. 이 사람 소리 저 사람 소리가 들으려 하지 않아도 쉽게 귓속에 박힌다. 고국 사람 냄새가 다가오는 것 같다. 그것도 역시 얼마 지나니 다시 시큰둥해진다. 나는 일어선다. 다시 거실 창가로 되돌아간다.

창밖에 사람 지나가는 것이 보인다. 아무도 없는 정원보다 사람들이 보이는 창가가 훨씬 더 좋다. 사람들의 생김새가 나와 다르지만 그래도 견딜 만하다. 아, 그래. 사람 그림자, 이것마저도 없으면 이 적막함이 나를 삼키겠지. 내 속에 있는 외로움이라는 놈이 끊임없이 불쑥 튀어나오겠지.

 애들이 있을 때는 좀 견딜 만했다. 애들이 타주로 떠나고 난 뒤에는 이 이국에서 찾아올 사람도 없고 찾아갈 사람도 없다. 여기 어디에 다 가 보아도, 그렇게 눈에 박고 박았던 이국의 풍경과 사람들이 이제는 자꾸만 낯설어져 간다. 다시 한국 TV 방송을 켜 본다. 뉴스가 끝나면서 연속극이 시작된다. 우리 사람의 냄새가 조금 나는 것 같다. 고향 향기가 나는 것 같다. 그래…… 괜찮다. 좀 살 것 같다.

 언젠가 어머니께서 살았던 그 고향으로 돌아간다면, 창가로 고국의 사람들을 보는 것만으로도 그 외로움이라는 놈이 쉽게 나를 못살게 굴지는 않겠지. 어머니 생각이 났다. 그 지독한 외로움이라는 놈이 어머니를 오랫동안 못살게 굴었지. 그놈을 밀어 내기 위하여 어머니는 혼자 창 너머 동네 사람들의 그림자를 불렀고, TV에서 소리를 훔쳤지.

4 어머니께서 만든 젓갈

나는 동해 수평선을 바라보며 어린 시절을 보냈다. 그래서 그럴까? 널따란 초목을 바라보는 것보다 탁 트인 푸른 바다를 바라보는 것이 나에게는 더 좋았다. 그뿐만 아니라 부둣가에서 그물을 터는 사람들의 모습, 생선을 다듬고 나르는 아낙네들, 통통거리며 항구를 휘저어 나아가는 고깃배들, 그리고 그 짠 내음……. 이것들이 향수를 불러일으켰다.

들판에서 콩밭을 매는 사람들, 바람에 출렁이는 벼 이삭의 물결, 혹은 개천에서 미역 감는 애들, 이런 농촌의 풍경도 좋지만, 나에게는 바닷가 풍경이 더 친근하게 다가왔다. 들판에는 많은 종류의 싱싱한 야채와 과일이 있다. 그것보다 바닷가에서 나는 바나 아채와 해물에 대한 기억들은 그러한 이유로 특히 나에게는 남다르다.

나 어릴 때 동해안에서는 생선 상자에 얼음 조각을 넣어서 대도시로 운반하였다. 이른 아침 트럭에 실린 생선은 한여름에 한나절 이내로 대도시 소비자에게 도달되어야만 했다. 그만큼 생선의 신선도를 유지하기가 어려웠다. 그러나 차라리 그때가 오히려 먹거리로 믿을 만했다. 생선은 물러지기 전 싼 가격으로 그날 다 처분되기 때문이다.

요새는 해물은 잡는 즉시 냉동되어 전 세계 도처에 공급된다. 냉동 기술이 보급화되고 발전됐기 때문이다. 그래서 시장에서 냉동 생선을 녹여서 파는 경우도 많다. 녹인 후 냉장고에 보관하여 두고두고 팔기도 한다. 사실 먹어 보지 않으면 신선도를 알기가 참으로 힘들다. 그래서 녹인 생선이 생물인 양 팔리고, 소비자도 그렇게 믿고 먹는 경우도 많다.

　요리된 생선을 먹을 때 나는 그 생선이 생물인지 얼린 것인지를 귀신같이 잘 알아차린다. 내가 젊었을 때 일이다. 가끔 아내가 냉동 생선으로 조림을 해서 상을 차렸다. 이때 한 조각을 먹어 보고는 나도 모르게 "어, 이것이 아닌데?" 하고 중얼거리곤 했다. 그때 아내는 "참으로 귀신이네. 어떻게 이것이 냉동 생선인지 아느냐?"라고 물었다.

　또 다른 일화다. 어머니께서 아들인 나를 위하여 오징어를 어판장에서 사서 직접 다듬는다. 그리고 찬 바람에 살짝 물기만을 빼고는 한 축(20마리)씩 보내 준다. 바로 그 한 마리를 구워서 맛있게 먹는다. 그 맛은 한마디로 환상 이상이다. 쫄깃쫄깃한 육질에 말랑말랑한 부드러움, 그리고 그와 더불어 구수한 향기까지 곁들여지기 때문이다. 나머지 오징어는 두고두고 먹기 위해서 냉동실에 보관한다.

　생물을 급히 냉동하면 육질이 많이 변하지만, 물기를 살짝 뺀 생물을 냉동실에 보관하면 육질이 그리 쉽게 변하지 않는다. 그래도 일단 모든 생물은 냉동실에 들어가는 순간부터 1~2주 지나면서 그 특유의 아름다운 맛은 줄어든다. 나는 그것을 감각적으로 안다. 그래서 나는 냉동실 오징어를 탐하지 않는다. 결국 나머지 오징어는 냉동실에서 당분간 잠을 자게 된다. 가끔 손님이 올 때 그것을 구워서 내놓으면, 그분들은 그 맛에 환호성을 지른다. 그래도 그것은 시중에서 최고급이라고 파는 것과 비교가 안 될 정도로 품질과 맛이 좋다.

가자미도 마찬가지다. 어판장에서 구입해서 하루 이틀 물기만 살짝 뺀다. 현지 어민들은 이것을 '꾸덕꾸덕하다'라고 표현한다. 그리고 바로 그것을 구워 먹으면 그때는 소금도 양념도 필요가 없다. 김이 모락모락 나는 하얀 살의 맛은 특유의 향기와 구수함으로 가득하다. 그 맛을 어떻게 표현해야 하나? 그러나 일단 꾸덕꾸덕한 가자미도 냉동실에 들어가면 그 본래의 향기와 향미는 조금씩 없어진다. 본래의 그 맛을 오랫동안 먹어 보았던 사람만이 그 차이를 조금이나마 알 수가 있다. 물기를 좀 빼고 말린 어물은 그래도 괜찮은 편이다. 생물을 바로 냉동시키면, 급냉각일수록 좀 낫지만, 어쨌든 그때부터는 육질의 맛은 변한다.

젓갈 이야기를 해 본다. 동해안 부두에서 어물이 한꺼번에 많이 잡힐 경우 한꺼번에 다 소비가 될 수가 없다. 그때는 얼리거나 말린다. 그리고 특수한 어종들은 소금으로 처리된다. 이것이 우리가 요새 많이 먹는 젓갈이다. 그 종류도 다양하다. 멸치젓, 새우젓, 굴젓, 갈치젓, 다랭이젓 등이다. 주로 그기가 작은 생선들이 그렇게 처리가 된다.

내가 사는 동해안에서는 주로 멸치가 생산된다. 멸치는 많이 나면 조리해 먹을 방법이 별로 없다. 구워 먹고, 조려 먹고, 회로 쳐 먹고, 날여서 먹어도 멸치가 한철에 집중하여 갑자기 부두에 쏟아지면 정말 속수무책이다. 그래서 그것을 처리할 방법으로 예로부터 젓갈 종류가 발달하였다.

젓갈은 상업이나 교통이 발달하지 못했던 시절에는 아주 좋은 처리 방법이었다. 선별된 멸치를 바닷물로 잘 헹군 후 오랫동안 간수를 뺀 좋은 천일염으로 멸치와 함께 잘 비벼서 큰 도기 항아리에 넣고, 그다음 그늘지고 차가운 데에 잘 둔다. 그리고 그해 겨울을 나면 맛있는 멸치젓이 된다.

특히 겨울철 멸치젓 항아리에서 절반만 익은 멸치 온마리를 건져 내면, 저절로 멸치 몸통이 등줄기 뼈를 중앙에 두고 절반으로 갈라진다. 그 몸통 살집을 쌀밥에 걸쳐 먹으면 정말 둘이 먹다가 한 사람이 어찌 되어도 모를 정도로 그 맛이 기가 막힌다. 몰랑하면서 쌉쌀한 그 육질에 특유의 향기와 함께 익은 멸치 살집이 입에 들어가면 쌀밥과 함께 씹기도 전에 침에 녹아서 목구멍으로 절로 넘어가 버린다. 그 순간은 맛이라는 것을 느낄 수가 없을 정도의 너무나 짧은 찰나이기도 하다.

우리 어머니들이 가족을 먹이기 위해서는 보통 멸치젓을 이렇게 담갔다. 맛 소문이 나자 점점 멸치젓이 가족이나 친지 혹은 지인의 손을 빌려 육지로 실려 나갔다. 소문이 나고 소비가 늘어나자 산지에서는 더 이상 옛날 방식을 고집할 수가 없었다. 고집하면 멸치젓은 상상할 수 없는 가격이 되기 때문이다. 그래서 생각해 낸 방법이 큰 휘발유 빈 깡통을 구해서 안에 비닐을 덧댄다. 그리고 트럭으로 실려 온 멸치와 소금을 삽으로 번갈아 깡통 안에 퍼 넣는 방법이었다. 물론 멸치의 선별과 바닷물 세척이라는 별도의 과정은 생략됐다.

다시 소득이 늘고 소비가 늘었다. 이것도 한계에 도달했다. 이제는 아예 가건물을 짓고 그 바닥에 콘크리트로 커다란 사각 방을 만든다. 그리고 작은 덤프트럭으로 멸치를 운반해 와서 그곳에 통째로 붓고, 그 위에 포대 소금을 쏟아붓는 방법이 생겼다.

그런데 위생 문제가 불거지자 바로 콘크리트 벽과 바닥에 비닐 코팅을 하고 뚜껑을 덮었다. 내 생각으로 위생은 괜찮았다. 동해안 부둣가에서 그물에 털린 멸치는 그런대로 신선하고 청결하다. 그리고 바로 한꺼번에 커다란 공간에 부어지고, 동시에 부패를 방지하기 위하여 많은 소금이 투입되기 때문이다.

　일정 시간이 지나 멸치젓이 익으면 출하가 된다. 여기서 또 한 번 더 경제적인 원리가 적용된다. 이 시절 그것을 원액으로 병에 담아 판다면 한 병 가격이 매우 높다. 그래서 많은 양을 만들기 위해서는 희석하는 방법이 동원되었다. 요리할 때 희석된 젓갈은 양념으로 사용하기에는 좋고, 그리고 원액과 비교하면 상대적으로 적은 양이지만 싼 가격으로 먹을 수 있기 때문이다.

　이제 젓갈이 대중화되었다. 그 후 중국산 소금이 들어오고 화학 소금이 공장에서 생산되기 시작했다. 여기서 또 다른 문제가 불거지기 시작했다. 중국산 천일염의 위생 문제와 화학 소금의 건강 문제. 소금은 바닷물에서 나와서 식재료와 어울려야 영양학적으로 풍요롭다. 그러나 공장에서 생산된 소금은 단일 Nacl이라 마치 영양학적으로 정제된 당분만 먹는 것과 같다. 그리고 또 하나 저질 중국산 소금이 호시탐탐 우리의 식탁을 노리고 있다는 것이다.

　한편의 예지만 나는 이러한 생선 가공 과정을 직접 보고 느껴 보았다. 내부분의 우리의 믹거리에서는 특히 젓갈, 긴장, 된장과 같이 손이 많이 가고 숙성 기간이 오래되어 과정과 절차가 까다로운 우리의 전통 식품 같은 것들은 아무리 국산 소금을 사용한다, 천일염이다, 원액이다, 혹은 관리를 잘한다 하여도 나는 절반만 믿는다. 가격과 대비하면 그러한 제품이 나올 수가 없기 때문이다. 가장 좋은 방법으로는 많이 공인된 곳에서 비싼 것을 선택하는 방법이다. 그러나 그곳에도 가끔 상술이 끼어든다.

　직접 산지를 방문하는 투어도 있고, 시골의 개인 집에서 한다고 지인

들끼리 정보를 공유하는 곳도 많다. 좀 더 믿을 수는 있다. 그러나 믿을 수 있다 하여도 가격 대비 품질일 수밖에 없다. 간장이나 젓갈 2리터 한 병(유리 병)에 5만 원 이상을 지불할 사람들이 몇이나 될까? 설령 있다 하더라도 그곳에 상술이 끼어들기 마련이다. 먹거리는 특히 그렇다. 먹어 보아도 쉽게 알 수 없기 때문이다.

좀 비싸게 사서 먹었다고 하여도 몸과 마음에 이득이 조금만 있으면 그나마 다행일 수도 있다. 그러나 먹고 몸에 해가 있을 경우는 정말로 안 먹는 것보다 못하다. 특히 건강 관련 식품은 더 그렇다. 그래서 오래되고 보증된 외국의 위스키 브랜드나 와인 브랜드 같은 것을 우리는 지금부터라도 개발해야 할 때가 아닌가 한다.

먹거리는 특별히 몸에 이롭거나 약용으로 사용되기도 한다. 그러나 일반적으로 보면 보통 선호되는 것, 비싼 것, 혹은 맛있다고 하는 것들이 몸에 특별히 좋다는 생각이 들지 않는다. 오히려 사람 입맛 위주로 되어 있어서 과용과 편식으로 건강에 나쁠 수가 있다. 자연에서 나는 모든 것이 좋은 먹거리가 된다. 입안에 부드럽지 않다 하더라도 골고루 잘 씹어서 적게 먹으면 그것이 바로 건강식이다.

그리고 보면 먹거리는 옛날 그때가 정말 진짜가 아닌가 하는 생각이 든다. 고향을 방문할 때마다 어머니께서 싱싱한 생물로 손수 해 주신 생선조림, 그리고 떠날 때 가방에 넣어 주시는 그 젓갈 한 병, 그 간장 한 병이 정말 그리워진다.

5 어머니의 동동주

　자동차는 시골 오솔길로 한참을 달리고 나서 시골 들판에 있는 최신식 비닐하우스에 멈추었다. 안에는 큰 방과 홀이 있었고, 홀에는 주방 시설이 잘 되어 있었다. 저녁 시간이었다. 이미 친구 부인 두 분이 방에 상다리가 휠 정도로 한상을 차렸다. 그리고 먼저 온 친구들이 둘러앉아 우리를 기다리고 있었다.

　친구는 저편에 나는 이편에 자리 잡았다. 잔에 동동주가 채워졌다. 모두들 큰 소리로 '위하여'를 외치며 목을 축였다. 빈속에 술이 매끄럽게 넘어갔다. 내가 마시고 싶었던, 집에서 빚은 동동주가 아니던가. 박산도 있다. 친구들이 있고 동동주가 있다. 아무리 술을 절제하여야 한다고 하여도 오늘은 그럴 수가 없었다. 나는 그만 취하고 말았다. 동동주가 마시기에 부드럽지만 그것이 얼마나 쉽게 사람을 취하게 만드는지 나는 잘 알면서도 마셨다.

　어머니는 대가족의 맏며느리였다. 8형제인 아버지의 대가족을 돌보았다. 한 달에 한 번꼴로 제사도 모셨다. 어머니는 명절과 제사 때마다 술을 빚었다. 쌀을 안방 큰솥에 안쳐서 아주 꼬들꼬들한 밥을 지었다.

술누룩을 물에 개어 꼬들꼬들한 밥과 함께 독에 넣었다. 밥을 하는 큰 불 덕분에 안방은 따끈따끈했다. 따뜻한 안방 아랫목에서 밥은 조금씩 술이 되었다.

제삿날과 명절날마다 따뜻한 안방에 들어가 보면 큰독은 주둥이만 조금 열어 둔 채 겨울 이불을 덮고 있었다. 무엇이 어떻게 되고 있을까? 어린 마음의 호기심이 발동했다. 독 입구를 가리고 있는 이불을 살짝 비집고 들여다본다. 공기 방울이 수면으로 올라오고 있었다. 작은 소리가 났다. 야릇한 냄새도 났다. 콧구멍을 가까이 해 보았다. 코를 톡 쏘는 요것이 무슨 냄새일까?

그때 방 안으로 들어오시는 어머니가 한마디 툭 던졌다.

"코끝이 새빨개진단다."

그 말에 놀라 얼른 밀어 넣었던 코를 빼고 독 입구를 이불로 둘렀다. 어머니는 독이 추울까 독을 감싸고 있는 겨울 이불을 다시금 정리하였다. 그렇게 독은 따뜻하게 하룻밤을 지새우고는 어머니 손에 어디론가 옮겨졌다. 이후 내가 볼 수 있는 것은 독 안에 밥알이 동동 떠 있는 동동주였다.

어릴 때는 동동주를 맛보지 못했다. 청년이 되었을 때는 술 찌꺼기만 조금 맛보았다. 어려웠던 살림에 어른들이 마시기에는 그때는 충분한 양이 못 되었기 때문이다. 내가 어른이 되고서야 어머니는 나를 위하여 동동주 한 잔 정도를 주셨다. 내 가족이 생겼을 때는 큰형이 제사를 지냈기에 어머니는 술을 빚지 않았다.

그러나 내가 고향을 찾아 홀로 계시는 어머니를 뵈는 때에는 어머니는 가끔씩 나를 위해 술을 빚었다. 옛적과 다른 점은 누룩 한 조각을 아는 분에게 얻어 와서 전기밥솥으로 한 밥으로 작은 독에 술을 빚는 것이었다. 어머니와 나 둘이니 동동주는 넉넉했다. 어떤 때는 맑은 동동주(밥알이 없다)를 맛보기도 했다.

어느 날이었다. 어머니께서 차려 주신 동동주를 연거푸 마시고 취했다. 팔순의 어머니 얼굴이 주름지고 머리는 하얬다. 손은 거칠고 손목은 억세고 굵었다. 그런데 어머니 옷깃 사이로 보이는 가슴골은 뽀얬다. 깊고 높다. 나는 내 머리를 그곳에 파묻고 말았다.
"내 애기가 술에 취했네. 고놈이 앉은뱅이 술이 맞긴 맞네. 내 아들마저 요롷게 만드니."
오늘은 작정하고 술을 마셨다. 얼른얼른하다. 목 넘김이 좋다. 요놈의 술이 안주도 없이 술술 잘도 넘어간다. 내 앞에 이렇게도 좋은 음식이 있건만 나는 빈속에 술만 마신다. 핑 돈다. 친구들이 자꾸만 따라 준다. 기분이 너무나 좋다. 그만 나는 취하고 말았다.
그런데 문득문득 초점 흐린 눈으로 나는 무엇인가를 찾고 있었다. 상 위에는 그때와 같이 비슷한 동동주와 박산이 보이지만 나를 지긋이 쳐다보는 어머니를 찾을 수가 없다. 떠들썩하다. 술 취한 눈을 부릅떠 본다. 대신 정다운 친구들이 보인다.

6 내 삶의 끈은 무엇일까

2006년 6월, 내가 캐나다로 이민을 떠날 때에 나의 어머니는 87세였다. 그때 시골에 사시는 어머니를 뵙고 작별 인사를 했다. 어머니는 한 달 전 이민을 가겠다고 찾아뵀을 때와는 사뭇 달랐다. 그때 어머니는 근엄하셨다. '에미가 막을 수 있는 일이 아니다. 잘했다.'라고 하셨다.

그런데 막상 떠난다고 인사를 하니 어머니는 흐느끼면서 "네가 없으면 나는 어떻게 살꼬?" 하고 내 손을 잡고 놓아 주시지 않았다. 평소 약한 모습을 보이지 않는 분이었다. 어떻게 하든 나는 내가 알아서 한다고 하시며 겉으로는 강한 척하시는 대가족의 맏며느리였다. 흐느끼는 어머니의 모습은 처음이었다.

내가 이민을 하고 1년도 안 되어 어머니는 돌아가셨다. 어머니께서 돌아가셨다는 말을 듣고 나는 한국행 비행기표를 만들지 않았다. 불효 자식은 갈 자격이 없다는 버릇없는 내 고집이었다. 그 대신 죽어라 양주만 퍼마셨다.

막내가 영원히 어머니 곁을 떠났다는 생각으로 어머니께서 삶의 끈을 놓으셨다는 것을 나는 잘 알았다. 그때부터 내 이민 때문에 어머니께서 돌아가셨다는 죄책감이 생겼다. 그 죄책감은 아직도 여전하다. 사람들은 노모가 88세에 혼자 주무시다가 돌아가셨으니 호상이라고 하였으나, 그 말은 내 죄책감을 줄이는 데는 전혀 도움이 되지 않았다.

나는 어머니를 보내고 난 후 불효자식이라는 죄책감과 함께 하나의 확실한 삶의 태도를 알았다. 사람은 삶의 끈을 스스로 놓으면 죽는다는 것을……. 자기가 갈 때를 안다고 하는 것은 이런 것이 아닐까? 즉 자기가 지금 삶의 끈을 잡고 있다면 계속 살 수 있음을 느끼고, 지금 그 끈을 놓고 있다면 곧 자기는 죽는다는 것을 안다.

어머니는 평소 자주 말씀하셨다.
"나는 혼자 살다가 혼자 그냥 몰래 죽으면 좋겠다. 내 죽으면 나를 화장해 다오."

그 말씀 때문이었나? 가족은 어머니를 화장하여 문중 산에 모셨다. 그 당시에는 문중 가족분들에게는 매장이 대세였다. 돌아가신 후 장례는 후손의 의지에 따른다. 내 마음대로 되는 것이 아니다. 어떻게 죽을까도 마찬가지다. 그런데 정말로 어머니는 원대로 혼자 주무시다가 돌아가셨다. 좋게 말하여 그렇지, 사실은 짐작건대 노환과 마음의 아픔을 견디다 그냥 그때 스스로 삶의 끈을 놓아 버렸을 것이다.

만약 내가 공부하기 위해 유학을 가서 2년 후에 돌아온다고 하였더라면, 어머니는 삶의 끈을 놓지 않았을 것이다. 외롭고 아프더라도 어떤 때는 콧노래를 부르면서 끈질기게 견디며 살았으리라. 어머니께서 돌아가시고 난 후 나는 '사람은 삶의 끈을 스스로 놓으면 돌아가는구나, 원하는 대로…….'라는 생각을 하게 되었다.

그 이후로 나는 어머니를 생각할 때마다 삶의 끈에 대하여 많은 고민을 하게 되었다. 그때 어머니에게 살아야 하는 이유가 없었나? 스스로 끈을 놓았나? 초연했나? 다 사람 마음먹기에 달렸나? 그렇다면 나는 어떤 끈을 잡고 살며, 무슨 일로 언제 그 끈을 놓을까? 나는 살아가야 하는 이유는 무엇일까? 하는 생각과 함께 말이다.

   자식을 공부시킨다고, 자식을 잘 살게 한다고 그렇게 억척스럽게 살아가셨으나 어느 날 갑자기 늙고 아픈 몸을 억지로 끌면서 살아가야 할 이유가 없다는 생각에, 그렇게 살가운 막내를 다시 볼 수가 없다는 생각에 어머니는 살아야 할 이유를 억지로 고집하기가 어려웠을 것이다. 당연 어머니는 그랬을 것이다.

   나는 어머니를 떠나보내고 한동안 방황하였다. 동시에 캐나다 생활도 무척이나 어려웠다. 나도 술을 퍼마시고 이국의 땅에서 한강만큼이나 큰 강 다리 위에서 강물을 내려다본 적이 있었다. 그런데 정신을 차려 보니 나에게는 삶을 이겨 내야 한다는 이유가 있었다. 가족이었다.

   많은 세월이 흘렀다. 이제는 내가 챙겨야 할 부모나 가족, 어떤 사람도 없다. 애들은 다 커서 내 곁을 떠났고, 아내도 내 곁을 떠났다. 나에게 무엇인가 원하는 사람도 별로 없다. 있다 하더라도 응할 능력이 안 되면 무시하면 된다. 타인에게 피해를 주지 않기만 하면 된다. 그래서 매우 홀가분하고 자유롭다. 무엇이든 해도 그만 안 해도 그만이다. 그래서일까? 어떤 때는 내가 나를 대충 대하는 경우가 생긴다. 내가 살아가야 할 이유가 있을 때는 목적을 위하여 나를 단련시키거나 준비하거나 절제를 하였다. 지금은 힘들면 '안 하면 되지', 단순히 싫어도 '내일 하면 되지', 하고 싶으면 '그냥 하면 되지', 혹은 '모두 다 괜찮겠지' 하는 안일함으로 그때에 안주하며 산다.

   친구가 소주 한잔하자고 하면 분위기가 좋고 기분 나면 안 할 이유가 없다. 그래 마시자 한다. 대충 놀고 대충 시간을 보낸다. 이렇게 좀 대충이다. 물론 오늘의 행복을 위해서 즐길 필요는 있다. 비리비리하게 지킬 것 다 지키고 오래 살면 뭐 하노? 가족이든 재물이든 너무 많이 있으면, 너무 아까워서 어떻게 떠나지? 다 보내고 다 쓰면 몸과 마음이 가벼워서 좋지. 그럼 지금 가도 안타까울 것이 없지. 막살아 보자는 것이 아니라 오늘 행복하면서 삶에 대하여 초연해 보자는 것이다.

2020년 가는 해가 아쉬워 절에 가서 10일간 밤낮으로 참회하며 지냈다. 중간중간에 스님의 말씀이 있었다. 그중 가장 머리에 남는 것이 있다.

"마음이 몸을 이끌어야지, 몸이 마음을 이끌면 안 된다."

쉬운 일은 아니다. 그렇게 하려면 본래 마음을 찾아 그 마음을 다잡아야 한다. 그 마음 찾기와 마음 다잡기에는 철저한 연습이 필요할 것이다. 그것보다 더 중요한 것은 그렇게 해야 하는 이유를 찾는 것이다. 삶의 이유 같은 것이다.

불교에서는 본래 나를 알면 모든 것이 해결된다고 하였다. 우리 중생에게는 쉽지 않은 문제다. 쉽고 간단한 방법으로는 그냥 '관세음보살'을 중얼거리든가, 혹은 그냥 '하나님'을 믿는 것이다. 내가 보기에는 늙어서 살아가는 이유 중에는 이것이 가장 좋고 가장 편한 방법이 아닌가 한다. 이렇게 하면 초연한 삶도 되기 쉽고 초연한 이별도 쉽게 될 것 같다. 그렇지만 나는 그냥 믿고, 그 믿음을 내 삶의 끈으로 만들기가 어렵다. 노력해도 안 되었다. 믿음이 부족해서인가? 너무 머리로만 살아서 그런가?

사람들은 어떻게 자신만의 삶의 끈을 만들어 그 끈을 단단히 쥘까? 누구는 돈을 벌기 위해서, 누구는 자식을 위해서, 누구는 부모를 위해서, 누구는 명예를 위해서, 누구는 돌보아야 할 사람을 위해서, 누구는 사랑하는 이를 위해서, 누구는 복수를 위해서, 누구는 노래를 위해서, 누구는 그림을 위해서, 누구는 권력을 위해서, 누구는 사랑을 베풀기 위해서, 누구는 천국이나 내세를 위해서, 누구는 도인이 되기 위해서 등등.

　어떻게 하든 마음 다잡기에는 다 좋고, 삶의 끈으로서도 다 좋아 보인다. 이렇게 다양한 삶의 이유가 있겠지만 그 일이 얼마나 본인에게 보람되고 행복한가, 그 결과 얼마나 마음이 가볍고 초연해질 수 있겠는가가 중요할 것 같다. 설령 어떤 이유를 만들면서 보람되고 행복하면서 오래 살았다고 하더라도 조금이라도 몸과 마음이 무거워 죽음을 초연하게 받아들이지 못한다면, 죽을 때는 정말로 큰 후회가 될 것 같다. 그때는 이미 늦다.

　나의 삶의 끈은 무엇일까? 무엇으로 삶을 만들어 갈까? 돈을 벌어 볼까? 괜찮아 보이지만 몸이 성하지 않아 영 내키지 않는다. 그래도 마음이 몸을 이끈다면 좋은 끈이 되겠지? 사랑도 좋겠다. 사랑은 나를 행복하게 만든다고 하였다. 그래, 사랑을 베풀어 볼까? 그것은 더 좋은 방법이다. 내가 기뻐지니까. 내 본래 마음을 찾아 볼까? 글쎄 찾을 수 있을지 의문이지만 물같이 바람같이 최소한 삶에 초연할 수 있을 것 같아 좋아 보인다. 그동안 해 왔던 예술에 더 몰입해 볼까? 그래, 그것이다. 내가 창조자가 되니 그중 가장 매력적이다.

　무엇보다 중요한 것은 몸이 마음을 끌고 가면 헛된 인생이 된다는 점이다. 결국 내 것이 아닌 따라가는 허수아비 삶이 된다. 그것은 한낱 몸뚱어리 굴리기가 될 뿐이다. 내가 수레를 끌고 가야지, 내가 수레가 되면 안 된다. 즉 마음이 몸을 이끌어 나가야 한다. 그냥 굴러가는 삶이 아닌 마음먹은 대로 굴리는 삶이어야 한다. 그래야 진정 내 삶이 되는 것이다. 빈 마음이면 좋겠고 빈 몸이면 좋겠지. 그런데 그 수레에 짐은 내가 실었으니 내가 수레를 비워야겠지.

다 사람 마음먹기에 달렸다. 그렇게 하기는 쉽지 않아 보인다. 그럼 어떤 마음을 먹을까? 어떻게 마음을 굴릴까? 나를 행복하게 하는 내 삶의 끈은 무엇일까? 마음을 비우고 한번 고민해 보아야겠다. 내가 마냥 붙잡고 가야 할 가볍고, 의미 있고, 질기면서 단단한 끈을…….

7 내 의지로 살고 싶다

　인도 서북부 히말라야 고산 유목민 로파족에게는 이런 풍습이 있다. 그들은 매달 양 떼를 몰고 수십 킬로미터를 옮겨 다녀야 한다. 그런데 걷지 못하는 늙은 부모를 데리고 다닐 수가 없어 텐트 안에 한 달 치 양식과 늙은 부모를 홀로 두고 떠난다. 한 달 후에 돌아올 때 살아 계시면 다시 한 달 양식을 두고 떠난다는 것이다. 홀로 남은 늙은 부모의 말이다. "나도 내 부모를 그렇게 했다. 울 일이 아니다." 불교를 믿는 그들은 죽으면 극락세계로 간다고 믿지만 그래도 자식들은 울면서 절을 하고 떠난다.

　오늘 우리는 늙은 부모를 노인 요양원에 보낸다. 그곳에서 부모는 요양원의 보호 아래 쓸쓸히, 힘없이, 말없이, 조용히, 급히 세상을 하직할 것이다. 아마도 그들의 자손도 똑같으리라. 그러면서 그들도 그렇게 생각하고 말할 것인가? "나도 내 부모를 그렇게 했다. 울 일도 아니다." 라고…….

　친구의 아버지는 90대 후반이다. 국가 유공자라는 신분 덕분에 국가가 운영하는 노인 요양원에서 지낸다. 시설은 국내에서 최고다. 아버지는 그 요양원에 들어갈 때까지는 아들 집 근처 아파트에서 혼자 밥해 먹으면서 살았다. 그 이후 여러 가지로 불편하여 요양원에 입소했다. 물론 무료고 시설이 좋고 모두가 선호하는 시설이라는 장점이 작용했다.

처음에는 매우 좋아 보였다. 내가 친구와 함께 그의 아버지를 뵈었을 때는 아들과 아버지가 장기를 둘 정도였다. 직원 아주머니 도움으로 보조기를 타고 다녔으며 너무나 평화로워 보였다. 1년이 지났다. 이곳은 매 끼니도 자동, 아프면 치료도 자동, 움직이는 것도 자동이다. 그야말로 모든 것이 원하는 대로 자동이었다. 움직일 일이 없었다.

그러나 본인 의사가 아닌 자동 덕분에 혼자 마음대로 다니지 못했다. 혹여 다니다 넘어지거나 다칠 수 있다는 이유로 직원들이 허락하지 않았다. 그냥 가만히 있는 것이 최고였다. 직원이 원하는 것도 그것이었다. 편리성과 안전 문제 그리고 책임 문제 때문이었다.

자기 집에서 혼자 지낼 때는 본의 아니게 걷기도 하고, 밥을 해 먹기 위해 움직이기도 하고, 밖에 나가 산보하기도 했다. 물론 간혹 다치거나 넘어질 수가 있다. 그러나 여기서는 그런 것을 전혀 할 수 없었다. 하려면 직원이 못 하게 했다. 다친다고…… 위험하다고…… 큰일 난다고…… 규성에 어긋난다고…… 이렇나고…… 서렇나고…….

팔이 시원찮으면 먹는 것도 자동이고, 보조기와 직원의 도움으로 걷는 것도 자동이다. 몸이 자유롭지 못할 때 침대에서 내려 화장실에 갈 경우, 소변과 대변을 직접 어렵게라도 해결하려 해도 다칠 수가 있다고 그 자리에서 도움을 받아 처리하도록 강요 같은 서비스를 받는다. 그로부터 1년이 지나자 모든 것이 퇴화되었다. 몸도 정신도……. 아버지는 이제 살아 있는 시체가 되어 버렸다.

친구가 하소연했다. 차라리 집에 있었으면, 혹은 불편하더라도 혼자 살아 나갔더라면 그 정도는 아니었을 것이라고 말이다. 최소한 혼자 걸어 다닐 수는 있었으리라. 혼자 씩씩하게 밥을 해 먹고 정리 정돈도 할 수 있었으리라.

내가 물었다. 친구가 요양원에 매일 가서 같이 걷기도 하고 같이 말동무도 하지 했더니, 요양원에서는 혹여 사고가 날 수가 있어 자식이 와도 마음대로 요양원 내부에서 그렇게 할 수 없다고 하였다. 같이 무엇을 하다가 다치거나 사고가 나면, '자식이 책임을 지겠습니다.'라고 하여도 요양원에서는 손사래를 쳤다. 그래도 요양원의 책임이 되니 그럴 수는 없다는 것이다. 참말로 이제 와서 아버지를 데리고 나올 수도 없고……. 정말로 친구 아버지는 그럴듯해 보이지만 사실은 시체 같은 고려장이 된 것이다.

친구 아버지가 있는 곳은 국가 유공자가 머무는 국립 요양원이다. 시설이 좋고 대우가 최고라는 국립 요양원이 이렇다면 사설 요양원은 어떨까? 매우 비슷할 것이라는 생각이다. 아니다. 더 나쁘겠지, 그럼 사설 요양원에 가는 것은, 고급이든 저급이든, 내 돈으로 스스로 우아한 고려장을 하는 것이다.

한창 젊었을 때 이야기다. 어머니께서 늙어서도 계속 농사와 가게 장사 일을 하셨다. 농사와 가게 일을 그만두고 '어머님, 이제 편히 쉬시라.'라고 권했다. 그 후 내가 철이 들었을 때 과거 어머니에게 한 그 말을 매우 후회했다. 내가 편하자고, 내가 보기 좋다고 그 말을 했다. 상대를 전혀 생각하지 않고 내 잣대로 생각하였다. 아마 그때 어머니는 매우 낙심하였을 것이다.

어머니는 그 일마저 안 하면 무슨 낙으로 살 것인가? 그 일이 어머니 건강을 유지시킨다. 손수 끼니를 준비하여 손수 드시는 것도 그분에게는 하나의 낙이고 인생살이다. 누가 이래라저래라 할 권리가 없다. 삶의 의지인 것이다. 그런 의지는 아름답다.

그 이후로 어떤 노인이 무슨 일을 하든, 혹은 종이를 주워 생계를 이어 가든, 동전 동냥으로 끼니를 이어 가든, 나는 그분들을 보면 참으로 잘하신다는 생각을 하게 되었다. 스스로의 삶을 향한 의지가 그들을 건강하게 만들고 삶의 이유를 만들기 때문이다.

친구 아버지의 일을 보고 다짐했다. 물론 친구 아버지의 경우가 아니었더라도 나는 요양원에 가지 않겠다는 것이 과거 내 생각이었다. 친구 아버지의 경우를 보고 그런 생각이 더 굳어졌다. 변하지 않는 단단한 바위같이……. 늙어 죽을 때까지 내 의지로 살다가 더 이상 스스로 견디지 못 하면 그때 그냥 죽겠다고.

혼자 끼니를 해 먹을 힘이 없더라도 혼자 해 먹으리라, 병이 들어 병원에 갈 힘이 없더라도 혼자 해 나가리라. 그런 의지가 살 동인은 나를 건강하게 만들 것이다. 태어날 때는 어찌 태어났는지 모르지만 내 자유 의지로 떠날 때까지 견딜 것이다. 물론 남에게 피해를 주지 말아야지. 그러다가 언젠가 그런 의지마저 작용되지 않을 때가 있다. 그때 혼자 조용히 갈 것이라는 생각이다. 그래도 요양원에 가는 사람보다 훨씬 건강하고 오래 살 것 같고, 살 동안만이라도 영혼과 몸이 자유롭지 않겠는가?

늙어서 죽을 때까지라도 규정이나 관습 혹은 조직에 의해 내 영혼과 육체를 가두고 싶지 않다. 늙어서 젊은이들의 잣대로 좌우되고 싶지 않다. 그들의 잔소리를 듣고 싶지 않다. 늙어 죽어도 내 의지로 떠나고 싶다. 타의로 답답하게 죽고 싶지 않다. 룰(Rule)에 갇혀 죽을 날만 기다리는 요양원의 늙은이가 되기보다 차라리 인도 유목민 로파족과 같이 혼자 남은 늙은 부모가 되리라. 사람의 의지(나는 마음이라 표현한다)는 그런 것이다. 내 마음도 그렇다.

8 누이의 외로움

추석이 다가오면서 고향 방문이 기대되었다. 그러나 방송은 코로나로 고향 방문을 자제하라고 매번 겁을 주었다. 고향에 가는 것이 그리 큰 대수인가? 추석 전에도 여러 번 일 보는 겸에 고향을 방문했었다. 그러나 별일 없었다. 가서 어떻게 지내는가가 중요했다.

고향 어른들의 방에는 TV가 항상 켜져 있다. 사람 소리가 그리워 TV에서 나오는 사람 소리라도 듣고자 하루 종일 틀어 놓는다. 고놈이 앵무새처럼 연속극 아니면 코로나 관련 뉴스로 하염없이 하루를 채운다. 별것 아니라도 같은 말을 매일매일 많은 시간을 통하여 듣다 보면 정보가 차단된 상태에서 판단력이 흐려진다. "코로나가 전염되면 노인에게는 치명적이다." 이런 내용으로 방송에서 자주 들으면, 특히 노년에게는 극한의 공포감이 생길 수밖에 없다. 그럼 일 년에 한두 번 볼 수 있는 자식일지라도 보고 싶어도 자식을 밀어 내야 한다.

"얘들아, 오지 마라."

추석 이틀 전 큰누이로부터 전화가 왔다. 80이 넘은 노년의 누이는 작년에 남편을 여의고 혼자 시골에 산다. 인근에 아들딸들이 살고 있어 그리 외롭지 않다. 갑자기 혼자가 되어서, 또한 나이 탓에 외로움과 몸의 노쇠로 인한 아픔이 어느 때보다 절실하게 느껴지는 모양이었다. 남편을 보살피고 있을 때는 외로움과 아픔이 더했지만 삶의 무게 때문에 느낄 여유와 틈이 없었다. 이제 혼자가 되고 시간이 역수같이 밀려오니 감추어졌던 그 고통이 생색을 내는가 보다.

"동생아, 와 이렇게 몸이 아프노? 하루 괜찮다 보면 다음 날은 몸과 마음이 천근만근이야? 동생 이번 추석에 내려올 거지? 내려와라. 보고 싶다."

한 달 전에 찾아뵈었는데 보고 싶다고 한다. 자식들과 손자들을 자주 보는데도 막내 남동생이 보고 싶은 것이다. 아마도 자식 보는 것과 형제 보는 것이 다른가 보다. 사실 자식에게 '보고 싶다.', '아프다.'라고 대놓고 말하기는 힘들다. 표현하더라도 빙빙 돌려서 말한다. 그런데 막냇동생인 나에게는 있는 그대로 말을 한다. 내가 누이에게 허물없이 대하고, 엄니같이 친구같이 대하기 때문이다.

내가 태어나기 전에 누이는 시집을 갔다. 그럼 보통 별 정이 없다. 그러나 나는 내 꼬치 내놓고 다니던 어린 시절에 시집간 누이 댁에서 많이 지냈다. 그래서 나는 누이에게는 다정하고 특별한 정을 느낀다. 누이도 나를 동생처럼 자식처럼 정을 준다. 아마도 부모와 자식은 우리의 문화 특징인 상하 관계 혹은 종속 관계여서 서로의 대화가 많이 경직되기 때문일 것이다. 지금 노년의 세대에서는 특히 더 그렇다.

그뿐만 아니라 자식이 부모의 정서를 이해하고 다독거린다는 것은 쉽지 않다. 세대차가 큰 우리나라 환경에서는 더욱 더 그렇다. 그러나 형제간에는 정서의 공통성이 있어 대화가 상대적으로 쉽다. 그래서 나이가 들면 형제를 찾는가 보다. 누이는 나보다 20살이 더 많아 나에게는 엄니 같은 누이다.

추석날에 고향에 계시는 형도 내려오지 말라고 했다. 그런데 그 말이 말 액면 그대로인지를 헤아려 보아야 했다. 진짜 안 오면 섭섭해하거나 삐친다. 어른들은 보통 이렇게 표현하고 저렇게 마음 상하는 것을 많이 보았다.

누이께서 나 보고 싶다고 내려오라고 하니 내려가야지 하고 마음을 바꿔 먹었다. 그리고 내려갈 준비를 했다. 그러나 만만치 않았다. 그래서 누이에게 추석날 전화를 하여 '누님 추석날 못 내려가지만 대신 한 달 이내에 꼭 경주 방문하여 찾아뵐게요.' 하니 좋아하셨다. 누이와 대화를 하고 난 후 한동안 누이의 말씀이 가슴에서 떠나지 않았다.

"동생아, 엄니 나이가 지금 내 나이일 때 엄니를 찾아 보면, 엄니는 가끔 이런 뜬금없는 말을 했다. '얘야 왜 이렇게 아프노? 팍 죽었으면 좋겠다.' 나는 그때 그 말을 듣고는 엄니를 이해 못 했지. 지금이 내가 딱 그런 심정이야. 나도 그때는 나이가 많은 축에 들었는데 나는 왜 엄니 심정을 몰랐지. 지금 생각을 해 보니 엄니 생각이 많이 난다."

나는 그때 어머니와 생활을 좀 같이했었다. 나도 그런 어머니 말씀을 들은 적이 많았다. 같이 생활하다 보니 혼자 중얼거리는 어머니 말을 들은 것이다. 나이 차가 나지 않는 큰딸도 진정 부모의 외로움과 몸 아픔을 이해 못 하는 것을 보면, 이것만은 혼자 이겨 내야 하는 인생의 숙명이 아닌가 생각되었다. 그런 누이에게 이겨 낼 수 있는 힘이 생겼으면 하여 한마디 드렸다.

"누님, 그때 어머니는 장날에 빨간색 신발을 사서 신고, 연두색 치마도 사서 입었지요. 어떤 때는 그 옷을 입고 춤도 추었지요. 누님도 시골집에만 있지 말고 빨간색 바지 하나 사서 입고 빨간 루즈도 바르고 다녀 보세요. 기분이 훨씬 좋아지고 갑자기 젊어질 것 같아요. 누님은 그래도 엄니보다 많이 신식이고 배웠잖아요."

9 누이가 남긴 사진첩

　누이를 마지막으로 뵙기 위해 영안실로 갔다. 잘 차려입은 누이를 보니 또 한 번 통곡했다. 내가 할 수 있는 것은 절밖에 없었다. 두배를 하고, 삼배를 하고, 또 십팔배를 했다. 잘 가시라고 바닥에 엎드려 합장하고 빌고 또 빌었다.

　경주 시내에서 화장장으로 가는 길은 30분 거리였다. 장례 버스에서 갑자기 딸들이 울었다. 무슨 일인가 보니 누이가 남겨 둔 유품 중 일기장을 읽고는 대성통곡이었다. 누이는 20년 동안 하루하루 일을 적어 놓았다. 딸 이야기, 아들 이야기, 손자 이야기가 있었고, 친정집 이야기, 그리고 내 이야기도 있었다. 삼촌, 삼촌……. 삼촌 이야기도 있다고 하면서 나를 보고 딸네들이 울음보를 터뜨렸다. 갑자기 내 눈에도 눈물이 났다.

　경주 건천에 있는 경주하늘마루공원에 도착했다. 화장과 공원 묘원이 일원화된 최신식 시설이었다. 화장을 하고 항아리에 누이의 유골 가루를 받아 자형 고향인 경주의 작은 마을에 도착했다. 그리고 작은 야산에 유골 가루 봉지를 묻고 비석을 세웠다. 비석에는 한문으로 "유인영일정씨옥이"가 새겨져 있었다.

일장춘몽이다. 인생 다 그렇다. 그것도 모르고 오늘도 자기 생각에 얽매여 우리는 마냥 달리고 있다. 어느 산소에는 여자는 성만 표시한 경우가 많다. 누이의 경우 이름이 있으니 그나마 다행이었다. 그런데 여자라는 이유로 하나의 비석에 남편 이름 옆에 여자의 이름이 있다. 죽고 나서도 우리는 유교의 풍습에 내 몸을 맡긴다. 죽어도 여자는 남자의 일부분이다.

각자 비석이 있으면 얼마나 좋으리. 이민을 끝내고 한국에 돌아왔을 때 내가 제일 먼저 찾은 곳은 부모 산소였다. 이민을 한 후 처음이었다. 아버지와 어머니는 합장되었고, 비석은 하나였다. 아버지 비석을 보면 아버지가 떠오르고, 어머니 비석을 보면 어머니가 연상된다. 아버지 비석을 붙잡고 울면 아버지 생각이 나고, 어머니 비석을 붙잡고 울면 어머니 생각이 난다. 이는 매우 자연스럽다. 그런데 아버지와 어머니를 옆으로 같이 모시고 그 앞에 비석은 하나이다. 하나의 비석을 보고 아버지와 어머니를 한꺼번에 연상하라는 것이다. 아버지와 어머니를 한 몸으로 보라는 것이다. 혹여 어머니가 보고 싶으면 어머니 비석을 끌어안을 수 없다. 난 이때만큼은 어머니 비석을 끌어안고 어머니와 단둘이 만나고 싶었다.

비석은 돌아가신 분의 기념비면서 돌아가신 분의 형상이고 이미지다. 여기서도 마찬가지다. 내가 혹여 누이가 보고 싶으면 누이와 자형을 함께 모신 비석을 끌어안아야 한다. 누이와 자형을 함께 뵙고 차 한잔을 하여야 하지만 가끔은 누이만 뵙고 이야기를 나누고 싶을 때가 있다. 이와 같이 누이 영혼을 붙잡고 단둘이 이야기하고 싶고 울고 싶을 때가 있다. 그런데 누이의 이미지를 만드는 비석은 없다.

비석 설치 작업은 2시간 정도 걸렸다. 모든 작업이 마무리되니 오후 5

시 정도가 되었다. 우리는 다시 장례식장으로 돌아갔다. 이제 상주와 가족들과 서로 헤어질 시간이었다. 나는 서울에 사시는 둘째 누이를 경주역에 태워 주고 되돌아오는 길에 큰누이 집으로 갔다. 그곳에 이미 4명의 생질들과 그 가족끼리 모여 저녁 식사를 하고 있었다.

  나는 그날 새벽 2시까지 생질들과 이야기를 했다. 누이와 생질 이야기 그리고 내 이야기, 어릴 때부터 지금까지 모든 우리 이야기였다. 우리 어릴 때 같이 놀았지, 외갓집에서 그리고 누이 집에서……. 그 많은 이야기를 하면서 엄마 혹은 누이를 생각하며 우리는 어떤 때는 울고, 어떤 때는 깔깔거리며 웃었다.

  집으로 돌아와서 조금 눈을 붙이니 아침이었다. 머리는 띵하고 몸은 찌뿌둥하였다. 아침을 대충 해결하고 밖으로 나갔다. 후배 사무실에서 커피를 한잔하고 있으니 큰생질에게 전화가 왔다. 누이의 큰딸인 생질은 현직 교장이며 나보다 1살 아래다. 3살 밑으로 남동생은 불국사 근처 아파트에 살고 있었다. 그곳으로 와서 저녁을 같이 먹자고 하였다. 그리고 전해 줄 사진이 많다고 하였다.

  점심을 대충 먹고 바로 그곳으로 갔다. 48평 아파트에 식당이 제법 넓었다. 누이의 큰딸과 큰아들 내외, 그리고 둘째 딸과 막내딸 내외, 이렇게 나를 포함하여 9명이었다. 며느리와 사위를 빼면 어찌 보면 우리는 가족과 같았다. 아주 어릴 때부터 함께 놀고 웃고 울었던 사이였고, 큰딸과는 대학 공부를 같이하였던 사이였다. 누이는 나의 어머니 같은 존재였으니 나와 생질 관계는 삼촌과 조카 사이라기보다 형제 사이 같았다.

  식당에서 모여 먹으면서 이야기하고 놀았다. 누이가 살아 계실 때는 서로 바쁘다는 핑계로 이렇게 다 모이기가 어려웠다. 누이가 돌아가시니 이제 우리 다 모여서 서로의 정을 나눈다. 남자가 3명이지만 술잔 비우는 속력은 여자가 빨랐다. 어쨌든 산사람은 살아야 하지 않나.

큰딸이 어머니(내 누이) 유품 중 사진첩과 일기장을 가져왔다. 사진첩은 잘 정리가 되어 있었는데 그곳에는 내 아버지 청년기 사진도 있었다. 나도 처음 보는 사진이었다. 잘 빼입은 20대의 아버지가 어머니와 함께 있었다. 사진에서 보이는 나의 아버지는 나보다 훨씬 똑똑하게 보였고 신사였다. 아버지 출생일을 미루어 보면, 아마도 사진의 그 때는 1940년 정도로 보였다. 어머니는 참으로 미인이었다.

대부분 불 속에 들어갈 물건이다. 누이가 남긴 사진첩은 내가 챙겼다. 큰 사진첩 한 권은 나를 비롯한 우리 집 가족 역사가 담겨 있었다. 가만히 보면서 생각해 보니, 그 사진첩은 바로 내 젊은 시절 고향에서 요양차 머물 때 내가 손수 정리하였던 앨범이었다. 이민을 가고 어머니가 돌아가실 때 나는 어머니 장례에 오지 못했다. 그때 누이가 어머니 유품 중에 그 사진첩을 챙겨 보관하었던 깃이다. 내 젊었을 때 사진들이 그대로 있었고, 내가 이민을 가면서 까맣게 잊어버렸던 내 과거가 여기에 그대로 있었다.

누이의 일기장을 하나하나 넘기며 읽었다. "아들이 왔다 가다.", "딸이 선물을 보내오다." 이렇게 사실 관계를 현재형으로 써 나갔다. 힘들 때나 남편이 돌아가신 후부터는 사실 관계보다 감정의 표현이 많았다. "왜 이리도 아플까?", "산다는 것이 왜 이리도 힘들까?", "너무 외롭다." 라는 식이다.

돌아가신 분의 일기장을 본다는 것은 참으로 큰 실례지만 누이의 일기장은 하나의 수필이고 수채화였다. 사실과 자신의 감정을 단순한 단어로 표현하였고 누더기가 없었다. 그렇게 고생하였건만 누구를 폄하하거나 평을 하는 내용도 없었다. 한 권의 일기장에는 아름다운 일상의 내용들로 가득했다.

  매일은 아니지만 이렇게 지속적으로 글을 썼다는 것은 매일 하루를 마무리하면서 책상에 앉았다는 뜻이다. 참으로 존경스러웠다. 그래서 큰딸이 나에게 보여 주었는지도 모른다.

  누이는 그 당시 노래 부르고, 시를 적고, 글을 쓰는 지성인이었다. 한문도 하고 영어도 했다. 시집을 갔을 때 누이의 나이는 20살이었다. 6.25 전쟁이 끝나고 복구 시절인 1958년이었다. 내가 태어난 해기도 했다.

  여자는 집에 있다가 시집을 가야 하고, 출가외인이며, 참아야 하는 존재였다. 자기 자신을 돌아볼 존재가 못 되었고, 여건도 못 되었다. 내 울타리 너머 세상이 있다는 것조차 간과하고 살아야만 했다. 그 울타리를 넘어서면 큰일 나는 줄로만 알았다. "감성 풍부하고 똑똑한 한 여인이 풍습에 묻혀 닳아 해어져서 그냥 사라지다." 나는 오늘 이렇게 표현했다. 넓은 세상으로 나갔더라면 한가락 했을 여인이었는데 말이다. 도시에 태어났더라면 누이는 훨훨 날았으리라. 누이 고향이 산골짝 안의 막힌 세상이었다는 것이 한이 될 뿐이다.

  누이가 남긴 사진첩과 사진들을 쇼핑백에 넣어 들었다. 생질 가족들이 노는 모습을 뒤로하고 나는 저녁 10시에 나왔다. 며칠 잠을 못 잤더니 많이 피곤했다. 오늘만이라도 일찍 눕고 싶었다.

10 누이의 일기장

　오늘도 사진을 본다. 내 기억에 없는 사진이다. 내가 태어나기 전의 한 장면이다. 나는 생질(누이의 자녀)들과 같이 자랐다, 누이 집에서 혹은 내 집에서. 그래서 사진을 보면 마구 울고 싶었다. 막상 울고 나니 내 모습이 영화의 한 장면 같았다.

　큰누이는 내가 태어나던 해에 시집을 갔다. 남편의 실직으로 평생 가족을 부양해야 했던 누이였다. 생활고에 마음과 정신은 돌같이 굳어 버렸다. 살아야 하고 가족을 지켜야 했다. 평생 차라리 없었으면 좋았을 것, 그것은 남편이었는지 모른다. 그런 남편이 1년 전에 세상을 떠났다.

　그런데 누이는 그 후로 방황했다. 왜 이리도 우울하고 허전하며 외로울까? 그러면서 누이는 스스로 일어서려고 부단히 노력했다. 나는 누이가 금방 일어설 것이라 생각했다. 아니었다. 사랑하는 이를 잃고 방황하는 모습과 같았다. 삶에 대한 고뇌였나? 평생 가족을 위하여 자신을 구속했고, 이제 갑자기 긴장이 풀려서 그랬나? 이제는 굳을 대로 굳은 마음이고 정신이다. 육체는 노약하고 아프다. 다시 자신으로 돌아가야 하는데, 자신을 조금이라도 돌아보아야 하는데 이제 나이는 80대 중반이고, 몸은 성한 곳이 없다.

자형이 돌아가시고 누이가 혼자 힘들어할 때, 나는 누이와 자주 통화를 했다. 어떤 때는 1시간을 넘겼다. 남동생하고 무슨 할 말이 그렇게 많다고 1시간을 넘겼을까? 누이의 아들딸이라는 가족 속에 동생인 나도 있었는가? 내가 생질과 함께 누이 집에서 혹은 내 집에서 자랐기 때문인가? 어머니 같은 누이다. 자식과 할 말이 있고, 형제와 할 말이 따로 있는가 보다.

보통 어른들은 자식들에게 말을 조심스럽게 한다. 애들이 걱정할까봐? 그러나 누이는 동생인 나에게는 그런 부모의 우려보다는 그냥 순수한 감정으로 대했다. 나에게는 "아프다.", "외롭다.", "엄마가 생각난다!"라는 말을 자주 하셨다.

내가 귀국하여 쓴 책(수필집, 『내 마음의 힐링 드라이브』, 2016)을 드렸을 때, 하룻밤 사이 다 읽고는 나에게 전화하셨다.

"야야, 동생, 잘 썼네!"

"근데 읽어 보았어요?"

사실 내가 쓴 책을 누군가에게 드릴 때는 그분들이 내 책을 읽을 것이라고 기대하지 않는다. 특히 나이 80세를 넘긴 누이다. 눈도 침침하고 마음도 침침하다. 언제 책을 읽었겠어? 그것보다 그 나이 할머니가 요새 나온 수필집을 이해할 수나 있나? 이런 생각이었다.

"동생아, 하룻밤에 금방 다 읽었어!"

나는 믿기지가 않았다. 읽는 것도 놀랐지만 그것을 하루 만에 다 읽었다는 것이 믿을 수가 없었다. 요새 젊은 사람도 책을 안 읽는데.

"진짜 정말, 어떻게? 이해해요?"

"저녁부터 읽다가 밤을 넘겼지."

얼마나 놀라고 얼마나 고마운지. 그래서 누이에 대하여 알아보았다. 누이가 젊었던 때는 1950년대였다. 그때 누이는 신여성이었다. 형들이 누이에게 한문을 배웠다고 하였다. 배울 것은 다 배운 여성이었지만, 누이는 그 당시 풍습 속의 보잘것없는 여자일 수밖에 없었다.

큰누이의 유품 중에 일기장과 사진첩이 있었다. 오랫동안 써 온 일기장이었다. 큰 생질(조카딸)이 나에게 보여 주었다. 사진도 필요하다면 가져가라고 했다. 일기장은 누이 자신의 이야기만 있었다. 그렇게 힘든 일생이었지만 누이의 글 대부분은 "고맙다." 혹은 "잘했어야 했는데."라는 내용이었다. 그때 경제적으로 보편적인 인생이었더라면 글을 쓰거나, 정치를 하거나, 혹은 사회 활동을 하거나…… 무엇인가 했을 거라는 생각이 든다. 1950년대 사진 속에 양산과 핸드백을 들은 누이의 모습을 보면 신여성의 멋이 났다.

2018년 5월 30일, 누이의 일기장에 있는 시다.

우리 집엔
여러 꽃나무들이 많다
초봄부터 차례로 꽃이 핀다

일찍이 옥매화가 피고
목련이 피고 목단화가 피고
앵두꽃이 그다음 핀다

또 개나리꽃이 피고

또 박태기나무 꽃도 피고
또 오월 초에 작약이 피어 보기가 좋다

장미꽃이 활짝 피었다, 일년초 꽃이 너무 곱다
장에 가서 사 온 꽃, 이름 모르는 꽃
만발하니 너무 곱다

노란 꽃, 빨간 꽃, 흰 꽃
왜 그렇게 예쁜지 볼수록 귀엽다
달맞이꽃도 곱다

꽃만 들여다보아도 행복함을 느낀다
노로에 즐거울 일이 뭐 있겠는가
꽃 보는 게 유일한 낙이다

  참으로 아름다운 시였다. 그런데 이런 시를 쓴 누이라는 신여성은 왜 그렇게만 살아야 했을까? 무서운 관습이 누이를 그렇게 만들었다. 관습은 그 시대에 사람들이 만든 것이다. 인간보다 관습이나 관행이 우선할 수 없는데 말이다.
  누이는 나에게 어머니 같은 존재였다. 그런 누이가 이 봄날에, 내가 무심코 경주를 찾은 날에 사고로 돌아가셨다. 돌아가신 후의 울음과 예법이 무슨 필요가 있나? 좀 자주 찾아뵈었어야 했다. 말로만 하지 않고 함께 바람을 쐬고, 함께 쇼핑도 하고, 함께 밥도 먹고 했어야 했다.

5부 은퇴의 길목에서

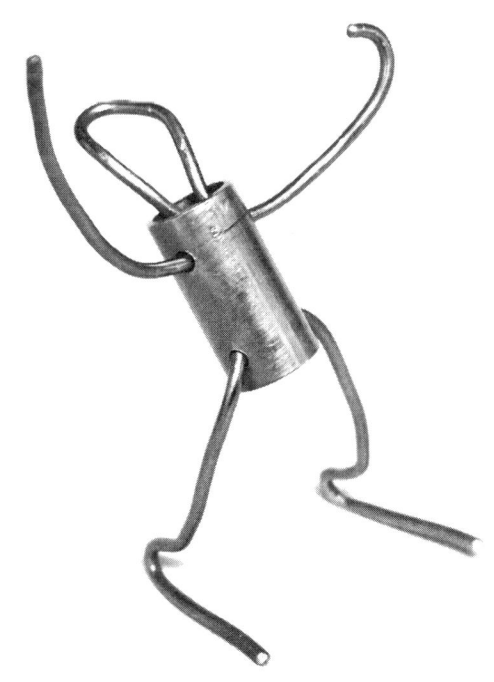

1 화사하게 핀 들꽃처럼, 지저귀는 새처럼

　7월 말이다. 참 무덥다. 습기에 고온이니 짜증까지 난다. 아침에 일어나 1시간 스트레칭과 마사지로 몸을 깨운 후 산에 올랐다. 아침 9시다. 이미 햇살은 중천이다. 모자와 마스크를 덮어썼기에 산행 중에 눈에 보이는 것도, 귀에 들리는 것도 별로 없다.

　입가에 수증기가 차고, 몸은 덥고 답답했다. 산행 중 잠깐 마스크를 벗고 모자 챙을 올렸다. 웬일일까? 평소에 무심코 보았던 들꽃이 유난히 눈에 들어온다. 들꽃이 작은 벌판을 꽉 메웠다. 무슨 꽃일까? 모르겠다. 그런데 갑자기 귀도 열렸는가? 산새 소리는 매우 요란하다. 평소 산행 때 무심코 듣고 외면했던 소리다. 시끄러울 정도다. 무심코 나에게 물어본다.

　"들꽃은 왜 이리도 화사하게 피었을까? 산새는 왜 이리도 지저귈까?"

　화사하게 핀 들꽃과 지저귀는 산새, 어찌 보면 여기만 그런 것이 아닐 것이다. 7월 말 이 무더위에 들꽃과 산새들은 한창때가 아니던가. 꽃은 그들의 종족을 번식하기 위하여 온몸을 화사하게 벌리고 있고, 산새는 짝짓기를 위해 저렇게 요란하게 지저귀리라. 자연스러운 현상이다. 참으로 아름답고 평화롭다.

우리에게 내려오는 전통적인 것들 중에 가면이라는 것이 있다. 바로 '탈'이다. 웃는 모습이 해탈하고 소박한 느낌을 준다. 우리는 그 탈을 쓰고 노래를 부르고 춤을 춘다. 탈을 쓰고 대중 앞에서 광대가 되는 것이다. 그런데 왜 탈을 쓰고 공연할까?

한반도는 도망하기 어려운 멀리 외떨어진 대륙의 끝이며, 반도의 끝이다. 씨족·부족·농경 문화 속 봉건 사회가 만든 양반과 천민이라는 엄격한 신분 세계에서 살았다. 하층민들은 막 대놓고 말할 수 없었다. 웃는 탈을 쓰고 울고, 욕하고, 따지고, 애원하고, 소리 지르면서 연극해야 그나마 웃음으로 넘길 수 있었다. 노예나 다름없는 평민과 천민은 단지 대리 만족으로 그것을 즐겼다.

탈이라도 써야 본연의 자아로 조금 돌아갈 수 있다. 탈을 쓰면 위선을 조금이라도 벗을 수 있다. 자연스러운 내 본연으로 돌아가는 여정이다. 모자를 덮어쓰고 마스크를 쓰면서 하는 산행에서 이와 같이 나도 내 본연으로 돌아가고 싶은 걸까? 자연이 아름다운 것처럼 나도 그렇게 아름다워지고자 하는 몸부림을 치고 싶은 걸까? 보이지 않는 것이 보이고 들리지 않는 것이 들리는 것을 보면 말이다.

아메리카 원주민(American Indians)은 아주 원시적으로 살았다. 그들에게도 탈이 있다. 마스크(Mask)라고 한다. 그들은 지금도 원시 영혼을 나무에 조각한다. 그리고 벽에 걸어 둔다. 자유롭고 원초적인 영혼으로 살지 못하고 가식으로 사는 현대인은 그것으로부터 매혹적인 느낌을 받는다. 그리고 감동한다. 그들의 Mask를 보노라면 그들의 원시적인 영혼이 그곳에 있음을 느낀다. 무엇인가 말을 할 듯한 마스크, 그것은 마치 내 본래 영혼 같다. 화사하게 핀 들꽃이 아름답듯이 지저귀는 산새 소리가 감미롭듯이, 그 원시적인 영혼은 아름답고 감미롭다. 사람들이 Indian Artist's Mask를 좋아하고 구매하는 이유이다.

나는 캐나다 공예 디자인 대학교에서 Mask를 조각해 보았다. 한 땀 한 땀 정과 끌로 나무를 깎았다. 내가 깎아 내는 Mask의 형상에는 본연의 내 혼이 깃들었을까? 가식과 틀이 없는 자유로운 본연의 내 영혼 말이다. 내가 깎은 Mask를 보고 그들은 무엇을 느꼈을까? 아마도 잘 포장되고 가식적이었을 것이다. 아직까지 나는 그렇게 살고 있으니까. 당연 내가 깎은 Mask는 아름답지 못하고 감미롭지 못했다.

1900년대 초에 활동한 화가 나혜석(1896~1949)이 있다. 우리나라 최초의 여성 서양화가라 한다. 그녀가 젊었을 때는 엄격한 조선 시대 유교 사회였다. 미술 공부를 하면서 그녀는 자아를 발견하기 시작했다. 그리고 가부장 제도를 부정하고 여성의 성적인 금기를 스스로 깨부쉈다. 그녀와 남편 모두 금수저 출신이었다. 그녀는 남편이 다른 여자를 만났다고 이혼했다. 그리고 그녀도 불륜을 저질렀다. 그것을 세상에 당당하게 고백했다. 삼종지도(여자는 아버지, 남편, 자식 순서로 따름), 현모양처, 모성애 등등 유교적 제도는 여성을 노예로 만들기 위한 것이라 하면서 평생 항거했다.

세상은 발칵 뒤집혔으나 이슈로만 끝났다. 기성세력은 너무나 거대하고 오만했다. 그녀의 시도는 바위에 계란 치기였다. 결국 그녀는 영양실조로 길거리에서 죽었고 무연고자로 처리되었다. 그리고 모든 것은 잊혔다.

나혜석은 진정 원시적인 영혼이 되고 싶었을 것이다. 자연스러운 자신을 원했을 것이다. 활짝 핀 들꽃처럼, 지저귀는 산새처럼.

우리는 오랫동안 유교로 겉치레가 엄격한 씨족·부족·농경 사회에서 살았다. 강한 권력이고 경직된 문화였다. 마스크가 아니라도 좀 자신을 가리고 싶었을 것이다. 그런데 코로나 시대에 마스크로 나를 좀 가린들 어떠하리? 얼씨구나 좋다. 그러나 어떤 때는 마스크를 벗는다. 은밀한 곳에서 몰래 말이다, 들꽃처럼 산새처럼 대놓고 벗지 못하고.

거추장스러운 옷으로 온몸을 가리고, 단장하고, 갓 쓰고, 머리 땋고……. 남녀칠세부동석, 순결, 열녀, 부부유별, 여필종부, 남자는 이렇게 해야 하고, 여자는 저렇게 해야 하고……. 콩 볶아 대는 소리 하며 너무 따지니, 나도 차라리 얼굴을 가리기 위해 마스크가 필요했는지 모른다. 얼씨구나 좋다. 코로나 방지에도 좋단다. 사실은 숨어서라도 들꽃처럼 산새처럼 살고 싶었는데 말이다.

코로나로 어디를 가나 시도 때도 없이 모두 마스크 차림이다. 산행을 할 때도 운동을 할 때도 마스크를 한다. 야외에서 운동을 할 때는 눈만 내놓는다. 우리에게는 이상할 것이 없다. 코로나가 유행하기 진 야외 휠동을 할 때도 일상으로 햇빛 가리개 마스크를 하였으니까 말이다. 코로나가 아니라도 진정 얼굴을 가리고 싶었으니까 말이다.

북미에서 한인 여성들이 햇빛을 가리기 위해서 햇빛 가리개 마스크를 하고 야외 활동을 하는 경우가 있었다. 현지 사람들이 놀랐다고 했다. 나에게 당연할 수 있는 것들이 그들에게는 놀라운 것이었다.

높은 곳에서 나를 다스리고 구속하기 위해서 만들어진 것이 문화고 제도다. 그런데 막상 그 문화와 제도에 젖어 살게 되니 내가 진실 속에 살고 있다고 자부한다. 만약 남이 그렇게 하지 않으면 가차 없이 재단한다. 마치 영원한 진리라고 믿으면서 말이다.

산에 오른다. 들꽃이 지천에 제멋대로 만발이다. 산새는 시도 때도 없이 지저귄다. 무더위 산속의 전경이다. 자연이다. 아름답다. 그런데 들꽃처럼 산새처럼 살지 못하는 난 어떤가? 아름답지 못하다. 추해 보인다. 나도 자연의 일부분일진대, 나는 왜 그럴까?

2 들국화 향기처럼

나는 아침마다 인근 산에 등반을 한다. 왕복 2시간 거리다. 가는 도중에는 촌가도 있다. 가는 여정에는 경사도 있고 평지도 있어 다양한 경험을 얻는다. 등반 코스는 햇빛을 볼 수 없을 정도로 산림이 우거진 곳이 대부분이다. 아침을 이렇게 보내고 하루 일과를 시작하면 급할 것이 없고 하루가 여유롭다.

매일 등반을 하다 보면 동행인이 생기기 마련이다. 요즈음 코로나 시기다. 산행에서도 누구나 마스크를 하기 때문에 사람들은 서로 눈인사 같은 것도 없이 무심히 지나친다. 누가 누구인지 모른다. 알아도 모른 척 지나간다.

이곳은 세종시 아파트 지역에 가까운 산이다. 아파트 도시민이 많이 찾는다. 나는 외지인이기 때문에 도시민이든 현지인이든 아는 사람은 거의 없다. 아는 사람이 있어 같이 걸으면 등반이 많이 재미있지만 아침 운동이라 생각하고 무심코 혼자 등반한다.

세종에서 오래전에 알던 친구 하나가 있다. 그는 여기 현지 토박이다. 그는 공사 현장에서 일을 하다가 손을 다쳐서 당분간 쉬고 있다. 내가 매일 아침 등반을 하려면 그의 집 앞을 지나가야 한다. 내 등반 이야기를 듣고 그도 함께했다.

추석 며칠 전날이었다. 그가 등반을 하면서 돌아가는 길에 솔잎을 구하였다. 송편을 찌기 위해서는 솔잎이 필요하다는 것이었다. 아마도 마누라가 부탁을 한 모양이었다. 나도 송편을 찔 때 솔잎이 필요한지는 알고 있었지만 구체적으로 어떻게 채집하는지는 몰랐다.

그와 함께 소나무 하나를 찾았다. 양송이나 일본송이 아닌 순수 국산 소나무가 좋다고 한다. 부드럽고 솔잎이 짧고 굵어서다. 우리는 소나무 하나를 찾아 가지를 꺾어서 손에 한 무더기로 하여 쥐고 내려왔다. 하산하는 도중 등산객 중 아주머니들이 우리 손에 있는 소나무 솔잎을 발견하고 좀 나누어 주기를 원했다. 아마도 추석날 송편을 빚을 모양이었다. 우리는 다시 산으로 들어가서 소나무 가지를 꺾어 주기도 했다.

보통 꺾은 소나무 가지에서 솔잎만 별도로 분리해서 채취하여(마치 콩나물 묶음같이) 하산하여야 하나 일이 많아 우리는 작은 가지로 정리하여 손에 쥐었다. 소문으로는, 솔잎만 따서 한 매듭으로 하여 장날에 5,000원에 파는 할머니들이 많다는 것이다. 바로 추석 며칠 전날에 말이다.

내가 등산을 하면서 밤을 줍게 된 것도 그 친구가 일러 주었기 때문이다. 그 친구는 등반길에 무엇인가 발견하면 그냥 지나치는 경우가 없다. 눈에 보이는 대로 밤을 줍는다. 심지어 숲속까지 들어가서 줍기도 했다. '아하, 그렇게도 밤을 줍는구나!' 하고 나도 같이하게 되었다.

어느 날 그 친구가 다른 등산로를 권했다. 갑자기 야생 들국화가 필요하다는 것이었다. 왜 필요하냐고 물어본즉, 마누라와 다투어서 들국화 한 다발을 갖다주려고 한다는 것이었다. 그리고 덧붙여 말했다. 야생 들국화 향기가 강하고 매혹적이라고 했다. 그는 들길에서 야생 들국화 가지를 꺾기 시작했다. 나도 그냥 기다리기가 무엇해서 따라 했다. 그는 많이, 나는 적당한 양으로 꽃가지를 손에 쥐고 산에서 내려왔다.

나는 들국화 묶음을 작은 병에 넣어 책상에 두었다. 이때까지도 정말 이 꽃의 향기를 제대로 몰랐다. 사무실에 출근하고 일을 하고 있는 중에 그가 약간의 들국화 가지 묶음을 들고 사무실로 들어왔다. 그리고 그 꽃다발을 병에 꽂아 사무실 선반에 얹었다. 마누라에게 꽃다발을 전하고 남은 몇 줄기를 내 사무실로 가지고 온 것이다. 그때 갑자기 표현할 수 없는, 강하고 매혹적인 향기가 내 코를 자극했다. 무척이나 황홀했다. 무어라 설명할 수가 없었다.

"으흐, 이 향기가 그것이야."

사람 냄새가 배고 세상 냄새에 젖은 사무실에서 그 진하고 별스러운 향기가 갑자기 퍼지니, 누구이든 크게 느끼고 취했으리라. 그런데 강하면시 매혹직인 그 향기가 시간이 지나면서 내 감각에서 조금씩 멀어졌다. 나중에는 향기보다 그냥 내 눈앞에 들국화가 있구나 하는 정도였다. 아마도 들국화 향기가 계속 퍼지고 있는데도 불구하고 시간이 지나면서 그 향기에 젖은 코가 조금씩 무감각하게 되었던 모양이다.

처음 들국화를 꺾어 향기를 내 코 가까이에서 느끼고 취하였으나 그 다음으로 집에서 꽃병에 담을 때는 그 향기를 처음만큼 못 느꼈다. 그 이후 집에 머물 때는 더 그랬다. 아마도 꽃병이 눈에 띄지 않았더라면 내 집에서 들국화 존재를 몰랐으리라. 아마도 이 역시 처음 들국화 향기에 젖은 내 코가 조금씩 무디어졌겠지.

이틀 후였다. 다시 책상 위의 꽃을 바라보았다. 향기는 있지만 느끼지 못한다. 단지 꽃이 좀 더 피었음을 알게 된다. 병 속의 물도 반으로 줄었다. 향기를 느끼지 못해도 아름답다. 향기는 본래 있는 것이다. 내 코가 너무 젖어서 제대로 못 느낄 뿐이다.

꽃잎이 매우 작은 흔하디흔한 야생 들국화이지만 이에 걸맞은 꽃병과 어울려지니 생각 이상으로 보기가 좋다. 짙은 노란색이 특별하고 그 자태가 요염하다. 가까이 보면 볼수록 너무나 매혹적이다.

삶에도 향기가 있다. 그리고 본래 그 느낌이라는 것이 있다. 그런데 우리는 보면 볼수록, 시간이 지나면 지날수록 그 느낌은 무디어진다. 사람 향기도 그렇다. 처음에는 감동적이다가 시간이 가면서 우리는 그 존재를 조금씩 잊어 간다. 나중에는 '있으니 있구나' 한다. 어떤 때는 마구 대하기도 한다.

부부와 가족 사이도 그렇고 친구 사이도 그렇다. 내 자신의 삶도 그렇다. 가끔씩은 떨어져 다른 환경에 있어 보고, 다른 시간을 가져 보고, 그리고 다시 다가가면 삶의 향기와 느낌이 더 새로울 수 있다. 그럼 다시 대하는 사람의 향기와 느낌도 새로울 것이다.

들국화 향기처럼 내 삶의 향기와 본래 아름다웠던 내 삶을 새로이 느끼는 동기가 되었으면 하는 바람이다. 동시에 오늘 친구가 들국화 한 다발로 아내의 향기와 모습, 본래 매혹적이었던 그녀의 향기와 모습을 새로이 느끼는 기회가 되었으면 하고 기대해 본다.

3 내가 만든 애호박고추탕

매일 아침 등산로가 매우 즐겁다. 동행하는 친구가 있기 때문이다. 아침 일찍 일어나 걸음을 재촉하면 산 입구에서 그를 만난다. 그리고 함께 이 이야기 저 이야기 하면서 간다.

그는 주로 가정, 아내, 그리고 직장에서 힘든 이야기를 한다. 막일을 하면서 겨우 가정을 꾸려 가니 그렇고, 삶의 피로도가 젊었을 때보다 지금이 더 크니 그렇겠지. 나이도 60을 넘겼으니 그럴 만했다. 그는 자주 삶의 무상함을 느끼고 자연 속에서 홀로 사는 자연인을 꿈꾼다고 말한다. 아마도 그러고 싶은 모양이었다. 지금 사는 것이 힘이 드니 괜히 불평으로 하는 말이 아닌가 한다.

홀로 사는 자연인은 피치 못할 사연이 있기에 그렇게 살 것이다. 하나의 도피인 셈이다. 나도 간혹 그런 생각을 해 본 적이 있기에 그를 다독거린다.

"친구가 변하면 좋겠지. 남이 변하기를 바라는 것은 어려워. 남을 변화시키는 것보다 나를 변화시키는 것이 훨씬 쉽고 부작용이 적은 것 같아. 아내에게 그렇게 해 보게나."

나도 못 하였을 것을 친구에게 권하니 속으로 따끔했다. 어쩌나. 말은 살갑게 그렇게 해야지.

　전에 혼자 산행을 할 경우에는 나름대로 혼자만의 즐거움을 만들었다. 자연을 감상하고 자연이 만든 열매를 감상하였다. 촌 동네에는 보통 대추나무가 많다. 대추나무를 심으면 자손이 번성한다고 하여 마당에 많이 심는다. 다니는 골목길 변에 대추나무가 몇 그루 있다. 나무는 그리 크지 않은데 대추열매는 정말로 주렁주렁 많이 달렸다. 색깔이 갈색으로 변하기 시작하면서 대추는 바닥에 떨어진다. 길바닥은 대추로 포장이 될 정도이다. 누구 하나 관심을 두는 사람이 없다.
　산에서 내려오면 이곳을 지난다. 볼 때마다 대추 하나를 따 먹어 본다. 달고 먹을 만했다. 이때가 아침 9시 30분 전후다. 아직 내 배는 빈속이다. 이렇게 빈속으로 매일매일 대추 하나를 따서 깨물어 자근자근 씹어 먹어 보면 이는 마치 작은 보약을 먹는 것 같다.
　마을과 들판에 이런 대추나무만 있는 것이 아니다. 요즈음 건강에 좋다는 블루베리(초코베리)를 심은 밭도 있다. 처음에는 주인이 수확을 하더니 별로 이득이 없는가? 대부분이 열매가 달린 채 그대로 낙과한다. 그대로 두면 결국 스스로 모두 낙과하거나 새들의 먹이가 된다.
　내가 한두 개 따 먹는다고 큰 대수인가? 지나가면서 두세 개(한 알이 콩알만 하며, 색깔은 짙은 포도색이다)를 따 먹어 본다. 자근자근 씹는다. 육질만 있고 과즙이 없어 별맛이 없다. 약간의 쓴맛과 떫은맛이다. 항산화 성분이 많아 건강에 좋다고 한다. 이렇게 적은 양이지만 두세 알을 아침 하산 때 먹어 본다.
　시골집 어느 집에 포도나무도 있었다. 농약을 뿌리지 않은 정말 자연산이다. 지나가면서 한 알을 따 먹어 본다. 한 송이가 아니고 정말로 몰래 한 알만 따는 것이다. 그리고 입에 넣고 깨물면 한 알이라도 그 향기가 특별하다. 그 포도나무도 사람의 손길이 없어 결국에는 낙과하거나 말라비틀어져 있음을 발견한다. 이 모든 것이 다 가을의 풍요로움이다.

산에서 내려오면 동네 입구에 들어선다. 입구 앞은 고추밭이 있다. 밭 절반은 고추 줄기가 있는 채로 갈아엎어져 있다. 밭 귀퉁이에는 여전히 고추가 달랑달랑 달려 있는 고추 줄기가 많다. 넓지 않은 밭은 아마도 팔기 위해서 농작물을 경작하는 것은 아니고 농부가 밭뙈기가 있으니 놀리지는 못하고 제철 작물을 심은 것 같았다.

평소 이곳을 지나가면서 나는 그것을 보고 그냥 지나쳤다. 친구는 이곳 토박이다. 그는 밭 주인이 누구인지 안다. 언젠가 파헤쳐질 고추 농사가 아닌가. 그는 밭으로 들어가서 고추 몇 개를 땄다. 나도 따라 했다. 그래서 긴 것, 짧은 것, 비틀린 것(상품 가치는 없지만 이런 것이 맵고 맛있다)으로 한 30개가 내 주머니에 채워졌다.

동네 안으로 들어왔다. 촌가 뒷마당에 애호박이 나무에 걸쳐져 있었다. 친구가 보고는 자대기로 후려쳤다. 잘 되지 않았다. 내가 후려쳤다 주먹보다 더 큰 애호박이 바닥에 떨어졌다. 나뭇가지에 걸쳐져 있는 놈은 크게 자라낸 결국에는 그 무세를 이기지 못하고 땅에 처박힌다. 호박은 애호박일 때가 맛있다. 그때 따야 한다.

이렇게 하여 내 다른 주머니에는 애호박이 들어가게 되었다. 오른 주머니는 고추, 왼 주머니는 애호박이 있다. 어쨌든 이런 짓은 혼자 할 일은 아니다. 농부가 그냥 땅에 파묻는 일이 있다 하더라도 외지인이 그렇게 하다간 도둑놈으로 취급받기 때문이다.

집에 와서 요놈을 어떻게 할까 궁리하였다. 사실 내가 제일 좋아하는 애호박이다. 부드럽고, 향기 좋고, 특히 소화가 잘되기 때문이다. 애호박을 얇게 썰어 프라이팬에 노릇노릇 구우면…… 그 맛을 나는 평생 잊지 못한다.

고추가 있으니 다른 요리를 생각하였다. 고추는 굉장히 좋은 천연 향신료다. 고추와 애호박을 이용하여 맑은 탕을 만들어 보기로 했다. 냄비에 물을 붓고 쌈장(이것밖에 없다) 한 숟가락과 게 간장 국물(먹고 남은 것이다) 다섯 숟가락을 넣었다. 그리고 끓였다. 간이 있는 듯 없는 듯했다. 나는 평소 싱겁게 먹으니 괜찮았다. 그곳에 애호박을 썰어서 넣고 끓이다 약간의 양파와 고추 3개를 총총 썰어 넣었다. 그리고 끓는 마지막에 계란을 하나 넣고 라면 스프 1/5분량을 첨가했다.

옛적 어머니가 자주 해 주었던 애호박조림에 새우젓이 안성맞춤이지만 있는 재료로 해 보았다. 냄비의 김을 빼고 난 후 쟁반에 담아 먹어 보았다. 게 간장 맛과 고추의 칼칼한 맛이 더하여 애호박 맛이 가을 하늘을 날았다. 국물이 맑고 청명하고 깔끔하였다. 애호박에서 깔끔한 야채 맛이 났다.

나는 음식을 가리지는 않으나 찌개나 국을 선호하는 편은 아니다. 찌개나 국 요리는 복잡하고 간단히 만들기가 쉽지 않기 때문이다. 그런데 오늘 애호박고추탕 국물까지 싹 비웠다. 내가 먹어 본 음식 중에 최고였다. 내가 만들어서 그랬나? 재료는 오늘 딴 고추와 애호박이다. 그 맛은 깔끔, 담백, 부드러움이었다.

4 봄비에 추해 보이는 마른 떡갈나무 잎

　겨울철 산에 들어서면 제일 먼저 푸른 소나무가 눈에 들어온다. 낙엽송은 옷을 벗었고 가지는 앙상하다. 그 사이 소나무 푸른 솔잎만 보이기 때문이다. 그런데 낙엽송을 자세히 보면 겨울철이라 해도 나뭇가지에 마른 잎을 달고 있다. 대부분이 떡갈나무(도토리나무)다. 특히 경사진 곳에 떡갈나무가 많다.

　떡갈나무는 재질이 치밀하고 단단하여 특수 목재로 사용되기도 하나 주로 땔감으로 사용된다. 이런잎으로 떡을 싸서 먹었다 히여 떡갈나무로 불렸다고 한다. 열매인 도토리는 청설모와 다람쥐 같은 야생 동물의 귀중한 먹이가 된다. 도토리는 옛날 굶주림에서 벗어날 수 있는 구황 식물이었고, 도토리를 이용한 도토리묵은 우리의 전통 음식이다. 목재는 표고버섯을 재배하는 데 사용된다. 떡갈나무는 새싹이 나올 때까지 마른 잎이 떨어지지 않아 예부터 자손의 번창을 상징했다.

　그런데 이놈의 떡갈나무는 내가 보기에는 별로 쓸모없어 보였다. 도토리 열매는 다람쥐 같은 야생 동물의 먹이가 되기도 하지만 대부분 땅바닥에 떨어져 썩는다. 나무는 참나무과에 속하여 재질은 단단하나 보통 목재로 사용되지 않는다. 큰 재목감이라 하더라도 요즈음은 가져가는 사람이 없다. 나뭇가지는 옛날 어려울 때는 땔감으로 유용했지만, 지금은 인건비가 더 많이 들어 산속에서 그냥 썩고 뒹군다.

떡갈나무 같은 참나무 종류가 우리나라 산에 많이 자생한다. 경사지에 자생을 잘하기 때문에 산비탈을 보호하는 정도다. 쓸모도 없고 경제성도 정말 없다. 캐나다 동부에도 이런 참나무과 나무가 많다. 주택지에서도 쉽게 볼 수 있다. 다른 점은 나무가 곧고 굵다는 것이다.

캐나다에서 살 때 본 경험이다. 겨울 초입에는 낙엽송의 잎은 바닥에 다 떨어진다. 사람들은 낙엽을 쓸어 모아 깨끗이 치운다. 그런데 그놈의 떡갈나무는 마른 채 나뭇가지에 붙어서 폭풍우가 몰아치면 조금 떨어지고, 눈보라가 치면 조금 떨어지고, 결국 봄이 되어 새싹이 나면 그때 우수수 다 떨어진다.

남들은 가을이나 겨울 초입에 동시에 물들면서 낙엽이 된다. 우리는 그 아름다움에 낙엽을 보고, 그림을 그리고, 시도 적는다. 그리고 낙엽을 쓸고 모으고 청소한다. 쓸쓸하지만 추억을 회상하며 낙엽을 불태우기도 한다.

그런데 떡갈나무 잎은 남들이 다 떨어질 때 떨어지지 않고 끝까지 붙어 있다. 그놈들은 남들이 떨어지는 가을철에 떨어지지 않고 겨울을 견디며 봄날에 가야 그때 우수수 떨어진다. 그래서 겨울 내내 치워지지 못한 채 바닥에 제멋대로 뒹굴거나 눈 속에 파묻힌다. 봄날 눈이 녹으면 그때 젖은 많은 낙엽들이 보인다. 그 빛바랜 색깔의 축축하고 찌글찌글한 낙엽을 봄날에 치우기란 정말 성가시다. 사람을 골탕 먹이는 놈이다.

견디고 견디다 새싹이 나는 봄날에 떨어지면 그때는 누구 하나 거들떠보지도 않는다. 아주 귀찮은 존재다. 캐나다 겨울은 매우 길다. 봄날에 기다렸던 아름다운 새싹을 보지, 누가 누렇게 마른 쭈글쭈글하고 볼품없는 그놈에게 눈길을 보내겠는가? 귀찮고 더러운 존재다. 봄날에 참으로 지저분한 놈이다.

요즈음 매일 집 근처 세종에서 겨울 산을 오른다. 산행 중에 눈에 주로 비치는 것이 떡갈나무다. 벌써 봄을 알리는 3월 중순인데도 떡갈나무 잎은 마르고 빛바랜 갈색으로 대부분 나뭇가지에 남아 있었다. 축 처진 모습이다.

겨울비가 올 때였다. 비를 맞은 그놈은 더 축 처진 채 가지에 매달려 있었다. 처량했다. 봄이 되어 새싹이 날 때면 어쩔 수 없이 떨어질 텐데, 겨울바람이 불어도 끝까지 나뭇가지에 모가지를 매고 마른 몸을 흔들고 있었다. 더구나 겨울 눈비가 올 때도 축 처진 채 눈비를 맞으면서 가지에 고집스럽게 모가지를 달고 있었다.

보통 낙엽송은 겨울이 다가오면 물들면서 가지에서 떨어진다. 그리고 낙엽이 되어 흙으로 돌아간다. 생하면 다시 흙으로 돌아가는 것이 자연의 이치이다. 그런데 요놈의 떡갈나무 잎은 끝까지 자기 자리를 고집하며 겨울 내내, 그리고 봄이 올 때까지 진드기같이 가지에 붙어 있다. 나뭇가지에 푸른 새싹이 나고 꽃봉오리를 만들 때면 그때 그놈들은 떨어진다. 찬 바람에도 눈보라에도 끄덕 않던 마른 떡갈나무 잎이 봄기운에 움트려는 새싹의 힘에는 맥없이 떨어지는 것이다. 마르고 쓸모없게 되어도 갈 때까지 끈질기게 붙어 있다가 어쩔 수 없을 때 그때 떨어지는 것이다.

오늘 봄을 여는 비가 내렸다. 그래도 아침 산행을 쉴 수가 없었다. 나의 하루 일과였기 때문이다. 우산을 쓰고 산을 올랐다. 봄비에 말라비틀어진 떡갈나무 잎이 가지에 목을 매고 축 처져 있었다. 곧 새싹에 밀려 떨어질 텐데, 그래도 봄비에 악착같이 붙어 있는 모습이 애처롭다 못해 매우 추해 보였다.

　오솔길이었다. 모가지를 가지에 간간히 매달고 있는 마른 갈색 잎이 산길의 허공을 가로막고 있었다. 봄바람이 빗물에 젖은 나뭇잎을 흔들자, 차가운 빗물이 나에게 흩날렸다. 나는 움찔했다. 이놈들이, 이 봄날에 갑자기, 차가운 빗물을…….

　겨울철에는 그러려니 하며 보아 주었는데, 봄의 입구에서 모가지만 나뭇가지에 걸고 축 늘어진 채 주변을 막고 있는 그놈들을 매일 보니 이제는 너무 싫었다. 쭈글쭈글하고 마른 빛바랜 그놈의 추한 모습 때문일까? 아니면 그놈의 끈질긴 집착 때문일까?

　가을 낙엽은 모아 주고 쓸어 주면서 아름다운 색깔과 추억으로 관심을 모은다. 그러나 이 찬란한 봄날에 말라비틀어진 누른 떡갈나무 잎에 누가 관심을 주겠는가? 보기 싫은 존재이다. 더구나 이때 떨어지는 낙엽은 귀찮고 더러운 존재가 된다.

　모두 다 떠날 때가 있는 것이다. 떠날 때 떠나야 한다. 끈질기게 고집스럽게 보기 흉하게 남아 있는 것은 집착이다. 우리 사람도 늙어 가면서 끈질기게 추하게 살면 그럴까? 길가 깊숙한 곳에 막 피어오르는 작은 꽃봉오리가 보였다. 나도 모르게 너무나 반가웠다.

5 한계령의 추억

 우리 일행은 오색 약수에서 주전골과 용소 폭포로 이어지는 계곡으로 들어갔다. 계곡과 계곡, 산과 산이 어우러지는 전경은 한마디로 절경이었다. 말로 표현할 수 없었다. 내가 신선이 된 기분이었다. 콸콸 흐르는 계곡물과 물소리, 첩첩이 산과 산봉우리, 산 능선 따라 하늘과 닿는 곳에 점점이 꽂힌 소나무 하나, 둘, 셋, 넷……. 산과 산이 만나 만드는 그 깊숙하고 은밀한 계곡 사이로 물이 흐른다. 내 눈은 수채화 물감으로 흠뻑 젖었다.

 계곡을 빠져나오면서 우리 일행 중 한 사람이 특별히 나에게 물었다.
 "한계령에는 가 보셨어요?"
 "아뇨."
 그래서 그분은 우리를 싣고 탱크 같은 자동차를 한계령으로 몰았다. 차창으로 설악산의 절경이 스쳐 지나갔다. 꼬불꼬불한 길은 수없이 반복되었다. 멀미가 났다. 어느덧 자동차는 한계령 휴게소 주차장에 올랐다. 순간 내 눈에 한계령 휴게소 건물이 들어왔다. 우뚝 솟은 돌 바위 아래 산장 같은 건물이 내 눈에 익었다. 처음 보는 곳이 아니었다. 갑자기 희미한 기억이 떠올랐다.

"아, 그랬구나……. 그때 내가 여기 왔었지. 그녀와 함께……."

신음 같은 작은 소리가 내 목구멍을 타고 나왔다. 내가 왜 가 본 적이 없다고 했을까? 내가 왜 기억을 못 했을까? 기억을 다시 더듬어 보았다. 기억 깊은 곳에 흐릿한 한 장의 사진만이 겨우 보였다. 가물가물했다. 그런데 아무리 보아도, 느낌도 이야기도 생각나지 않았다. 그냥 우리가 여기에 왔었다는 사실만 겨우 알아차렸다.

그녀와 결혼하고 몇 개월 후 어느 휴일, 우리는 자동차를 몰고 설악산을 찾았다. 그리고 꼬불꼬불한 길을 넘고 넘어 한계령에 도착했다.
"여기가 한계령이야."
"시원하고 좋네."
우리는 주차장 끝 난간에 서서 저 멀리 보이는 첩첩 산을 잠깐 보고 그곳을 떠났다. 그것이 전부였다. 그녀와 커피 한잔을 하면서 이야기를 한 적도 없었다. 32년 전 일이었다. 어떠한 추억도 없었다. 그녀에게 무엇을 보여 줄 것인지, 그녀가 무엇을 원하는지 내 안중에는 전혀 없었다. 나는 그녀와 함께 여기에 한 번 와 본 것으로만 족했다. 젊었을 때의 단순한 생각이었다. 젊었을 때의 자기 본위였다.

난 그때 그녀와 함께 그 아름다운 설악산 계곡에 가 보지도 않았다. 갈 생각도 없었다. 갈 놈도 아니었다. 갔다 하더라도 그냥 폼만 잡고 돌아갔으리라. '난 등산하러 왔노라.' 하고, 그리고 '설악산 대청봉을 정복했노라.'라고 하면서. 그녀가 무슨 생각을 하는지, 무엇을 좋아하는지, 어떤 기분인지, 무엇을 원하는지 아무 관심도 없이 말이다.

오늘 다시 한계령에 섰다. 그리고 한계령 휴게소 찻집에 들렀다. 저 아래 산 너머 산이 내 눈 아래 펼쳐졌다. 느긋하게 진한 커피를 마시고 싶었다. 떠오르는 그 추억을 찾고 싶었던 것이다. 아니 있지도 않는 기억을 억지로 찾고 싶었는지 모른다. 그러나 하나도 없었다. 추억 속에 제대로 된 기억의 사진이 하나도 없었다. 문득 커피 맛이 밋밋해졌다. 향기는 없고 쓰기만 했다. 마시던 커피를 그냥 두고 그곳을 나왔다.

만약 지금 그녀와 둘이서 하는 여행이라면 32년 전의 나와는 완전히 다를 것이다. 그녀가 무엇을 원하는지, 무엇을 좋아하는지, 그녀의 기분은 어떤지를 생각할 것이다. 그리고 최고의 분위기로 그녀와 추억을 만들리라.

그녀가 계곡의 절경이 보고 싶은가 보다. 그녀의 눈빛을 보면서 손잡고 걷고 또 걷는다. 그녀는 커피를 마시고 싶은 모양이다. 경치 좋은 찻집으로 가서 향기 좋은 커피와 브런치를 즐기며 그녀의 이야기를 듣는다. 이제 그녀는 배가 고픈가? 분위기 좋은 레스토랑에서 맛 좋은 스테이크와 와인을 주문한다. 아마도 잔 부딪는 소리와 함께 웃음과 이야기로 밤은 깊이 갈 것이다.

우리 일행은 소금강 야영지로 돌아왔다. 바비큐 그릴에서 구운 삼겹살이 식탁에 올랐다. 그 촉촉함과 풍미에 기가 막혔다. 소주 한 잔을 입에 부었다. 왠지 쓴 소주가 달달했다. 핑 돌았다.

오늘 정말 좋았다. 많은 추억을 만들었다. 그토록 아름다운 주전골 계곡이었다. 그토록 눈이 시원한 한계령이었다. 눈을 감으면 동영상처럼 지금도 생생하다. 아직도 눈 속은 수채화 물감으로 흥건하고, 가슴은 재미있는 이야기로 가득하다.

그런데 32년 전 그때, 그녀와 함께 여행한 한계령에서 기억은 나에게 하나도 없다. 오늘 이렇게 좋은 시간을 보내고, 캠핑장에서 별빛을 받으며 좋은 분들과 잘 구운 삼겹살과 소주를 즐긴다. 너무 좋다. 그런데 말이다. 왠지 그만큼 마음이 아파 온다. 나는 32년 전 그녀와 함께 설악산 계곡도 가 보지 않았고, 더욱이 한계령에 왔었다는 기억조차 떠올리지 못했기 때문이다.

6 바다와 호수가 있는 고성 화진포

한반도는 동고서저 형태다. 동쪽은 높은 산으로 이루어져 있고, 서쪽은 평야가 많다. 그래서 동해안은 수심이 깊고, 서해안은 수심이 얕다. 동해에는 해안선이 단조롭고 강줄기가 짧은 반면, 서해는 오밀조밀하고 섬이 많으며 강줄기도 길다. 아마도 동쪽 육지가 솟아올라 산이 되었고, 서쪽은 가라앉아 평야가 되었나 보다. 산이 높고 바다가 깊으니 당연 동해안에는 호수가 없다. 부산에서 강릉까지 달려 보아도 동해안에서 호수를 본 적이 없고 또한 큰 강을 본 적이 없다. 동해안 가까이 섬도 없다.

솟아오른 동해안 산줄기는 바다로 향한다. 그 산줄기와 산줄기 사이가 계곡이 되고, 그 계곡에 동해 바닷물이 든다. 그곳이 얕으면 백사장으로 발달하고, 수심이 깊으면 항구가 되고 포구가 된다. 즉 동해안은 마치 U자 형태의 만이 반복되는 형태이다. 즉 U자 안은 포구가 되고, U자 끝은 해송이 무성한 산 능선 끝이 된다. 그래서 바닷가 사람은 그곳을 송대, 혹은 송대말(송대끝)이라 부른다. 보통 이곳에 등대가 있다.

이러한 동해안에 예외가 되는 곳도 있다. 바로 강원도 고성군(북한)에 있는 해금강 지역이다. 동해안 다른 지역과 다르게 산과 섬, 호수와 강이 해안선을 따라 들쑥날쑥 오밀조밀하게 어울려 있어 천하절경을 이룬다. 남한 지역에서는 해금강 바로 밑에 있는 화진포가 그렇다. 화진포는 호수와 동해 바다가 서로 마주 보고 있고 작은 섬도 있다. 개발이 안 되어 자연환경도 좋다.

확 트인 동해 바다 끝에 태양이 떠오른다. 큰 파도와 짙푸른 동해의 수평선을 보면서 사람들은 야망을 꿈꾼다. 슬플 때는 출렁이는 파도를 보고 아우성친다. 나 역시 그랬다. 서해안 얕은 물가 백사장에서 야망을 품었다는 말은 들어 본 적이 없다. 설령 그랬다면 분위기가 좀 어설프다. 또한 잔잔한 호수를 보고 그런 생각을 하기에는 분위기가 맞지 않다. 동해는 격정, 율동, 동적이고, 반면 호수란 평온, 차분, 서정적이기 때문이다.

이 두 가지를 다 가진 곳이 바로 화진포다. 동적인 동해와 정적인 호수 공간이 지척에 서로 마주 보고 있기 때문이다. 수심이 얕은 긴 백사장도 있고, 바로 앞에는 작은 섬도 있다. 이곳 전체는 군사 보호 지역이다. 그래서 개발이 되지 않아 자연 환경이 잘 보존되어 있다. 잘 조성된 소나무 숲이 일품이다. 다른 곳과 다르게 여름 휴가철에도 다소 한산하고 조용한 것도 큰 장점이다.

이곳에 김일성 별장, 이승만 별장, 그리고 이기붕 별장이 있다. 김일성 별장은 백사장 끝 송대말에 있다. 송대말은 U자형 해안의 끝 부분의 산봉우리이다. 별장은 해송으로 둘러싸인 봉우리 중턱에서 동해안을 바라보고 있다. 반면 이승만 별장은 그 반대편의 호수가 보이는 구릉 중턱에 있다. 이곳에 서면 잔잔한 호수 면이 보인다. 이 두 별장은 높은 곳에 있다. 김일성 별장은 동해를, 이승만 별장은 호수를 내려다보고 있다. 다가가려면 산비탈에 만들어진 계단을 이용해야 한다. 내 생각에 김일성 별장은 동적이라 하면, 이승만 별장은 정적이다. 다만 높은 곳에서 아래로 내려다본다는 점에서 둘 다 권위적이라 할 수 있다.

김일성 별장(1938년 선교사 셔우드 건축)과 이승만 별장(1954년 건축)과의 거리는 400~500m정도로 걸어가서 관람할 수 있다. 그 사이에 이기붕 별장(1920년대 외국 선교사에 의해 건축)이 있다. 이기붕 별장은 다른 별장과 다르게 소나무 숲 안의 평지에서 호수를 바라보고 있다. 규모가 다소 작다. 김일성 별장과 이승만 별장은 권위적이며 업무적인 성격의 공간이라면, 이기붕 별장은 사람이 사는 주택 같은 소박한 냄새가 난다.

단체로 7월 13일 화진포를 방문하였다. 백사장은 조용했다. 코로나 때문이겠지만 개발이 안 된 이유라는 생각이다. 백사장 옆의 소나무 숲은 일품이었다. 그 건너 잔잔한 호수가 있고 트레일(Trail)이 호수 변을 따라 길게 있었다. 호수 변을 걷고 싶었고 맨발로 백사장을 걷고 싶었다. 그리고 돌 바위에서 낚시를 하고 싶었고 수영을 하고 싶었다.

나는 동해 바닷가에서 어린 시절을 보냈다. 그래서 과거 제주도를 여행할 때 바닷가에서 구경은 흥미가 별로 없었다. 내가 살았던 동해안이나 제주도나 별반 차이가 없었기 때문이다. 그런데 여기는 많이 색달랐다. 내가 하고 싶은 것이 너무 많은 것을 보면 그만큼 여기가 특별한 모양이다. 역대 최고로 유명한 세 사람의 별장이 여기에 있는 것만 보아도 그렇다.

바다와 호수가 있는 고성 화진포, 다음에는 사랑하는 이와 함께 오고 싶다. 한 번은 호수를 바라보고, 한 번은 백사장에서 동해를 바라보면서 걷고 이야기하고 싶다. 그대와 커피를 마시고 싶을 때는 바다가 아닌 호수가 보이는 찻집으로 데려가고 싶다. 배가 고플 때는 바다도 호수도 아닌 숲속의 레스토랑에서 와인을 곁들인 해산물 스파게티를 먹고 싶다. 밤이 깊어 별장 세 개 중 하나를 선택하라면 이기붕 별장에서 그녀와 함께 하룻밤을 보내고 싶다.

7 나는 자주 깜빡한다

캐나다 이민 생활이 대부분 그랬겠지만 우리는 월세 아파트에 살았다. 아파트라고 해 봐야 띄엄띄엄 지어진 넓은 잔디 위의 3층 6~8호 아파트였다. 빌딩 속의 아파트가 아닌 주변 자연환경이 좋은 전원형 저층 아파트였다.

이민 초기에는 이국이라 모든 것이 낯설었다. 그래서 출타 중에는 아파트 문을 꼭꼭 잠그고 다녔다. 중고 자동차를 구입하였다. 자동차 운전도 원칙대로 하고 주차도 잘하고 자동차 문도 꼭꼭 잘 잠갔다.

조금 시간이 지났다. 이국 생활이 눈에 익자 경직된 생활이 느긋하게 되었다. 내 성격이 급하고 어떤 때는 대충대충 하는 성격이라 아파트 문을 잠그지 않은 채로 나가거나, 혹은 자동차 문을 잠그지 않는 채로 일을 보곤 했다. 뭐 집 안에 돈 되는 물건이 없었고, 있어 봐야 가라지 세일에서 구입한 중고 물품 정도였다. 자동차도 중고였다. 자동차 안에도 가져갈 만한 물건도 없었다. 그리고 남이 보기에 가져가고 싶을 정도의 물건도 없었기에 신경을 쓰지 않았다.

처음에는 복사한 아파트 문 열쇠 여러 개를 준비하여 애들에게 주면서 나갈 때는 반드시 꼭 잠가야 한다고 다짐을 받았지만, 애들은 따르지 않았다. 학교 가기가 급하다 보면 그럴 수 있었다. 애들이 아닌가? 심지어 아파트 문이 열린 상태로 있는 경우도 많았다.

어느 날 오후 집에 돌아와 보면, 집에는 아무도 없고 문만 덜렁 열린 채 있었다. 애들에게 잔소리를 여러 번 하였지만 효과는 없었다. '에라, 모르겠다.' 하고는 나도 신경을 껐다. 살다 보니 나도 외출할 때 아파트 문만 닫고는 잠그지 않게 되었다. 이것이 버릇이 되어 자동차 문도 잠그지 않았다. 집에서 혹은 시내에 주차할 때 그냥 문만 열면 되고 문만 닫으면 되었다. 집 문도 그랬다. 얼마나 편한지.

아파트에서 단독 주택을 구입하여 이사를 했다. 이런 버릇은 계속되었다. 내 단독 주택은 다운타운 안에 있었다. 사람들이 들락날락하기가 매우 편했다. 매일 애들도 들락날락하였고, 애들 친구들도 들락날락하였다. 이건 통제 불가능했다. 문을 잠그고 다니는 것은 불가능하다 생각하고는 한 가지만 부탁을 했다.

"얘들아, 제발 외부 문이라도 닫고 다녀라, 만약 그 문이 계속 열려 있으면 보기에 이상하지 않겠니? 도둑이 그냥 들어와."

집 안의 국보 1호는 55인치 TV였다. 아니 내가 그린 벽에 걸린 그림 액자도 있었지. 누가 이런 것을 가져가겠어. 그래서 그랬는가? 캐나다 작은 도시에서 오랫동안 그렇게 살았지만, 사는 동안 분실된 것은 없었다. 매우 편했다.

가만히 생각해 보면 이민 가기 전 한국 생활에서도 그런 나의 생활 습관이 있었던 것 같았다. 아파트 문이야 꼭꼭 잠그고 다녔지만, 자동차 문은 잠그기도 하고 안 잠그기도 하였다. 현장 출장을 자주 가야 하는 직업 때문에 문을 안 잠근 채 자동차를 대충 주차하고 일을 보는 경우도 허다했다. 내 자동차가 중고차였고, 그 당시에는 느슨한 사회 분위기 때문에 큰 문제는 없었다.

아마도 이런 나의 습관과 성격 때문에 이민을 한 후에도 계속 행동했지 않나 하는 생각이 들기도 하고, 캐나다 이민 생활에서 뭐 그리 내 것이라고 챙겨야 할 것이 없어서 대충 생활한 것 같기도 하였다. 이런 일도 있었다. 시내에 나가서 급히 자리를 뜰 때 내 가방을 챙겨야 하는데, "잠깐이면 돌아오는데." 하고는 가방을 자동차에 그냥 두고 내 볼일을 보곤 했다.

내 치밀한 성격에 이렇게 덜렁대고 대충 하는 것을 보면 나도 이해 불가능이다. 그렇게 생활해도 하나의 문제도 발생하지 않았기 때문에 계속 타성에 젖었지 않나 생각된다. 2016년도 캐나다를 떠날 때까지 내 습관은 고쳐지지 않았다.

한국에 귀국하여 1년이 지났다. 자동차에 중요한 서류 박스를 둔 채 귀가했다. 아마도 그때 자동차 문을 잠그지 않았던 모양이었다. 그곳 아파트 단지에는 많은 사람들이 오락가락하였고 저소득층이 많이 살았다. 짐을 정리하나 보니 서류 박스가 없있다. 그 박스 안에는 중요한 이민 서류와 여권 서류, 그리고 나의 개인 서류가 있었다.

그 당시 아파트에는 군데군데 CCTV가 있었다. 경찰서와 아파트 관리사무소에 도움을 요청하였지만 소용이 없었다. 그들에게는 별로 중요하지 않은 남의 일이었다. 그들은 그런 일로 장시간 CCTV를 확인할 의욕이나 성의가 없어 보였다. 민원이니 표 나게 거부할 수는 없어 건성으로 대하는 것 같았다. 여러 번 찾아가 부탁을 해 보았지만, 그때마다 '예, 알았어요.' 하는 말 한마디만을 듣고는 나는 돌아서야 했다.

그 이후로 나는 자동차에 중요한 물건을 두지 않았다. 자동차를 홀로 둘 때는 꼭 문을 잠갔다. 그러나 일을 보고 자동차에 돌아와 보면, 자동차 문은 잠갔지만 자동차 창문이 열려 있거나 자동차 문 자체를 잠그지 않은 때도 종종 있었다. 어떤 때는 자동차를 대충 주차하다가 딱지를 떼기도 했다.

지금 내가 사는 아파트는 문을 잠글 필요가 없다. 요즈음 다 그렇겠지. 얼마나 편한지. 그냥 나오면 문은 자동으로 잠긴다. 아파트 창문도 그렇다. 환기하다가 닫기만 하면 자동으로 잠긴다. 내 덜렁대는 성격에 딱 맞다. 그런데 자동차를 그렇게 해 놓았다가 낭패를 본 적이 있어 자동차를 잠글 때는 그렇게 하지 않는다. 자동차에서 내린 다음 손수 키로 잠그도록 한다. 이때 또 깜빡할 때도 있었다. 집에 들어와서 쉬고 있으면, 관리 아저씨로부터 '자동차 문이 열려 있으니 잠그세요.'라는 전화를 간혹 받는다.

사무실에서는 나 혼자 근무한다. 출장을 가서 돌아와 보면 문이 그냥 열린다. 나갈 때 문을 잠그지 않았던 것이다. 1시간 정도의 잠깐이니 그냥 넘어갔다. 며칠 전 고향을 다녀왔다. 1박 2일 여정이니 사무실을 비운 기간은 2박 3일이다. 그 사이 택배가 오기로 되어 있었다. 그때 택배원으로부터 전화가 오면 옆 사무실에 두라고 부탁할 생각이었다. 그런데 아무런 연락도 소식도 없었다.

여행을 마치고 다음 날 출근했다. 문이 그냥 열린다. 사무실 안에는 택배 물건과 여러 광고지 그리고 누군가 들락거렸던 흔적도 있다. 아뿔싸, 무엇이 없어졌으면 어째? 그런데 내 여러 은제 공예품들이 책상 위에 그대로 있었다. 가격을 따지면 대단한 물건이었다. 그런데 대충 훑어 보니 별문제가 없어 보였다. 그렇다고 하나하나 다 그대로 있는가 하고 따져 볼 수 없었다. 대충 보니 이상이 없었다. 다행이었다.

요즈음 쉽게 남의 물건에 손대는 경우는 없어 보인다. 특히 세종시는 그렇다. 최근에 조성된 신도시기 때문이다. 구석구석에 CCTV가 설치되어 있다. 한마디로 "꼼짝 마"다. 아마도 나는 이런 환경을 즐기고 있는지도 모른다. 그러나 사고가 나면 경찰이 내 일처럼 해결해 주는 것은 아니다. 확인하는 데 엄청난 시간과 노력이 필요하기 때문이다. 항상 조심해야 되지만 또 나는 그냥 깜빡한다, 문 잠그기를.

나는 간혹 이마나 얼굴을 잘 다친다. 문이 있는지 모르고 그냥 나가다가 이마와 문이 서로 충돌한다. 생각 중이거나 손이 무엇인가 하고 있는 중에 고개를 들다 보면 머리를 찧곤 한다. 밖으로 나가다가 앞에 단이 있는지 모르고 발이 걸려 넘어진다. 캐나다 공예 디자인 대학교에 다닐 때는 심했다. 주변이 항상 있는 그대로가 아니면 나에게 심심찮게 문제가 발생했다. 프레스에 손가락을 넣고 스위치를 켠다든가, 뒤통수를 박는다든가, 머리를 문짝에 박는다든가, 카메라를 들고 다니다가 넘어진다든가…….

평소 머리에 좋은 디자인이 생기면, 내 눈에는 그것만 보인다. 이민 전에 설계업을 할 때도 그랬다. 내 머릿속에서는 항상 선과 면으로 구성된 공간과 건물이 있었다. 그러다가 갑자기 "꿍" 하고 보면, 내 눈 앞에 벽이 있었다.

무엇인가 할 때는 나는 생각에 젖어 주변 상황을 간과하는 모양이다. 남들은 눈치가 없다고 핀잔을 준다. 나쁜 말이겠지. 그때는 바로 앞의 문을 못 보고 이마를 박지만, 나는 문 너머 세상도 간과하는 것 같다. 사람을 보지만, 몰입할 때는 사람 마음을 못 보는 것이다. 순간 깜빡했겠지. 그래서 문제가 생긴다. 사람들이 눈치가 없다고 하고 상대에 대한 배려나 생각이 없다고 한다. 이기주의자 혹은 실없는 놈이 된다. 내가 노망기가 있나? 건망증이 심한가? 하고 스스로 의심하면서 "그래 그럴 수 있지 뭐." 하고 스스로 변명한다.

 눈에 보이는 현상보다 머릿속의 현상으로 행동하는 경향이 많아서 그런가? 아마도 집 문을 잘 잠그지 않는 것도, 자동차 문을 잘 잠그지 않는 것도, 그리고 사무실 문을 간혹 열어 둔 채로 출타하는 것도 나의 게으른 성격이나 혹은 타성에 젖은 나쁜 습관이라기보다 어떤 행동을 할 때 내 머릿속에 또 다른 깊은 생각이 있기 때문인지도 모른다. 즉 눈앞에 있는 현상을 보지 않고 '머릿속의 환상'에 몰입하다 보니 생기는 문제가 아닌가 한다.

 한 곳에 몰입한다. 어떤 일에 몰입할 때는 다른 것을 못 본다. 성격은 급하면서 자주 깜박한다. 상대의 눈치를 많이 보는 습관마저 있다. 상대 마음을 읽기보다 상대를 피하는 것 같다. 이래저래 나쁜 버릇만 있다.

8 노년에 능동적으로 산다는 것

　요즈음 무엇이 가장 유행하고 있을까, 지금 고객은 무엇을 원할까, 혹은 가까운 내일은 어떻게 변할까를 고민하는 사람이 있고, 반면 지금까지 보지도 듣지도 못한, 지금까지 유행하지 않았던, 혹은 아무도 해 본 적이 없는 것에 온 정성을 기울이는 사람도 있다. 전자는 현재 결과의 열매를 따 먹는다면, 후자는 알 수 없는 미래의 열매를 얻는다. 전자는 경제성을 기반으로 한다면, 후자는 창조성에 기반을 두는 일이다.

　어느 부분이 더 중요한지는 사람마다, 살아가는 방식마다, 처해져 있는 환경마다 다 다르다. 경제성을 추구하는 사람은 현재의 흐름을 타고 당장의 이익을 추구한다. 그리고 소비함에 만족한다. 창조성을 추구하는 사람은 먼 미래에 기반을 둔다. 유명한 예술가들이 사후에 빛을 발하는 이유기도 하다.

　한창 일할 나이에는 당연 경제성이 우선이지만 은퇴할 나이에는 그래야 할 이유가 없다. 아내와 애들도 모두 독립하였다. 과거와 같이 경제적 활동을 계속할 필요성을 못 느낀다. 화려하게 먹을 일도 없고 근사하게 자동차를 몰거나 큰 집에 살 일도 없다. 소박하게 살고 단순하게 사는 것이 최고라는 생각이다.

　은퇴하여 그냥 쉰다면 대충 시간을 보내게 된다. 그럼 무의미한 삶이 된다. 은퇴 후에도 돈을 벌면 얼마 남지 않는 미래의 삶을 좀 풍요롭게 하지만, 이마저 정해진 미래가 아니기 때문에 불확실하다. 은퇴하여 내일 또 내일을 위해서 살아가면 결국 내일은 없다. 있다 하더라도 그때 늙어서, 돈을 못 벌 정도로 몸이 늙어서, 얼마나 유용한 소비가 될지도 의문이다. 자고 먹고 쉬는 시간을 제하면, 실질적으로 내가 유용하게 쓸 시간은 얼마 안 된다. 얼마 안 되는 그 시간이 너무 아깝다. 그냥 보내기가 싫다. 이 남은 시간만이라도 의미 있는 시간이 되었으면 한다.

　보통 젊었을 때는 직장을 낭만적으로 생각한다. 능동적이다. 그러나 가족이 생기면 현실적으로 변한다. 수동적이다. 은퇴 무렵에는 어떨까? 다시 젊었을 때와 같이 능동적으로 사는 사람이 있다. 그대로 사는 사람들도 있다. 은퇴 후에도 경제적 수준을 유지하기 위해서 수동적으로 살아야 할 형편이라면 어쩔 수 없지만, 그럴 이유가 전혀 없는데 은퇴 전과 같이 계속 수동적으로 산다면 자기 인생을 너무 하찮게 다룬다는 느낌이 든다.

　평소 일하면서 저녁 시간에 혹은 주말에 시간을 내어 그림을 그려 보고 디자인하여 무엇인가 만든다. 매일 잠자리에 들 때 '오늘 내가 무엇을 했을까?' 하고 내 자신에게 물어보기도 한다. 오늘 그냥 시간을 축내기보다 무엇인가 창조적인 일을 하였다면 만족하면서 잠을 청한다. 그냥 시간만 때우는 하루였다면, 진정 나는 잠을 청하기가 매우 섭섭하다.

　캐나다 작은 도시에 정착하여 살 때 내가 할 수 있는 직업을 찾아보았다. 겨우 구한 것이 택시 운전이었다. 이것만 하기에는 시간이 아까워 공예 디자인 대학교에서 공부와 작품 활동을 병행하였다. 처음에는 어려웠지만 조금씩 두 가지 모두를 즐기기 시작했다. 탐구한다. 그림을 그린다. 글을 쓴다. 디자인한다. 금속으로 형태를 창조한다. 이런 능동적인 삶이 너무나 즐거웠다. 아마도 오랫동안 해 왔던 건물 설계 디자인이라는 직업상 습관 때문인지도 모른다.

일을 하면서 많은 시간과 정성을 들여 금속 공예 작업을 해 왔었다. 경제적인 여건 때문에 본업으로 하지 못했지만, 내 작품이 휴지가 되고 쓰레기가 되면 무엇 하나 하는 생각도 들었다. 안 팔려도 괜찮아, 최고의 작품을 만들자. 마음을 비우고 그렇게 해 보면 만족과 자존감이 생겼다. 아마도 창작 활동이 내 삶을 윤택하게 해 주었고, 또한 나의 즐거움이 되었던 모양이다.

요즘 사무실에서 아무 생각 없이 작은 돈벌이를 위하여 시간을 죽이고 있다. 오래되니 지루해진다. 이렇게 살다가 가면 무엇 하나 하는 생각이 든다. 돈 더 벌어서 노후에 잘 써야지 하는 생각으로 열심히 일하지만 그것이 내일 다시 내일로 반복되고 연기되면, 떠날 때 무척이나 후회가 될 것 같다. 그렇다고 도중에 마음을 다잡고 돈벌이를 중단하고 은퇴를 하면, 많은 시간 속에서 어쩔 줄 몰라 하기도 하고 돈이 없어서 노년에 힘들어할 수도 있다. 돈을 많이 가지고 있다 하더라도 습관과 관념 때문에 내 의지대로 소비를 하지 못하는 경우를 나는 많이 보았다.

아침마다 오늘은 무슨 신기한 것을 해 볼까? 하고 들뜨고, 저녁이 되어 잠자리에 들 때가 되면 오늘은 무슨 뜻깊은 일을 했지? 하고 하루를 아쉬워하는 나 자신을 보게 된다. 그때마다 가 본 적 없는 곳에 가 본다거나, 누군가 그린 적이 없는 것을 그린다거나, 누군가 하지 않은 것을 해 보아야지 하고 다짐한다.

저녁이 되면 조용하게 그림을 그리고, 오늘을 보낸 느낌을 글로 쓴다. 떠오르는 디자인이 있으면 얼른 그림으로 남겨 둔다. 다음 날 사무실에서 쉬는 시간에 그것을 꺼내어 보고 실물로 만들어 본다.

살다가 어려울 때는 수동성으로 살면 참으로 좋을 것 같다는 생각을 한 적도 많았다. 그러나 어려울수록 나는 능동적으로 산 것 같다. 현실을 마냥 그대로 따르는 것이 아닌, 깨지면 붙이고, 터지면 뭉치고, 누르면 일어서면서 내 의지대로 살아왔던 것 같다. 물론 미리 의도하여 실행한 것은 아니었다. 그때그때 자주 주저했지만 그때마다 스스로 생각하고 내 의지대로 움직였다.

나는 준비된 은퇴가 아니어서 경제적으로 살아가기가 궁핍하다. 그렇지만 배 안 고프고 잠자리만 있어도 만족할 수 있기 때문에 은퇴하여 본격적으로 창작 활동을 할 수 있다. 나의 경우 이전부터 조금씩 창작 활동을 해 왔다. 은퇴를 하여 본격적으로 작품 활동을 하면서 시간을 보낸다면 의미 있는 노년 생활이 되겠다는 생각이다. 무엇보다 창작 활동은 나에게 삶의 의미와 재미를 준다. 이것이 노년에 능동적으로 살아가는 방법일 것이다.

9 내 꽁지머리

지금 나는 꽁지머리를 하고 있다. 어쩌다 보니 그렇게 됐다. 처음 머리를 길러 뒤로 묶고 다닐 때는 많이 어설펐지만 지금은 좋아한다. 거울을 보고 머리 뒤로 머리카락을 손으로 묶으면 가끔 저절로 웃음이 나온다. 내가 어쩌다가 이런 꽁지머리를 하게 되었을까 하고.

캐나다 이민 생활을 그만두고 고국에 귀국했을 때 일이다. 머리를 자르기 위해 미장원에 들렀다. 보통 남자들이 많이 이용하는 남성 헤어 전문점이었다. 그곳에서는 가격이 저렴했다. 앉기만 하면 알아서 현재 유행하는 남자 머리 스타일로 잘 깎아 주었다. 이민 15년 전인가? 그때를 기억해 보면 지금의 남자 머리 스타일은 더 짧아지고, 더 세련되고, 더 단정하다. 마치 짧은 장교 머리 비슷하다.

김정은 헤어스타일과 비슷하게 앞머리는 나풀나풀하게 뒷머리는 면도하듯 말끔히 깎는 사람도 많았다. 유심히 보니 이발사가 같은 높이로 윗머리를 들고 아랫부분을 사정없이 바리캉으로 밀어 버린 후 윗머리를 내리고 손질하는 것이었다. 원장에게 물어보았다. 이것이 더 깎기 쉽다고 했다. 유행에는 북한 김정은도 한몫을 했다.

남자들은 보통 짧은 머리 스타일을 한다. 깔끔함이 필요하기 때문이다. 깔끔함을 유지하기 위해서는 최소 1~2달에 한 번은 머리를 손질해야 했다. 나는 직장인이 아니다. 자유업을 하고 있다. 먹고 노는 주제기도 하다. 깔끔을 떨기 위해서 2개월마다 남성 헤어 전문점이나 미장원에 들락거릴 이유가 없었다. 그래서 머리를 안 깎고 그냥 지냈다. 대충 머리를 관리하다 보니 주변에서 잔소리가 많았다. 사실 옷도 대충 걸치고 보니 그럴 만했다. 나는 캐나다 스타일이라고 우겼다. 사실 그것은 변명에 불과했다.

 캐나다에서 지낼 때도 대충 입고 대충 머리를 관리하고 다녔다. 길어서 불편하면 한꺼번에 싹둑 잘랐다. 캐나다에서 이발비가 다소 비쌌고 팁을 주어야 했기 때문에 그런 곳에 돈을 쓰기가 쉽지 않았다. 좀 자주 깔끔하게 차려입고 깔끔하게 머리를 깎고 다녔더라면, 아마도 나를 만나는 캐나다인들이 좀 더 나를 멋있는 놈으로 보았을 것이다.

 한국에 머물면서 머리를 장발로 하고 다니니 점점 머리카락 관리가 어려웠다. 그렇게 기를 바에 차라리 머리를 묶어 다녀 보지 하는 주변의 비아냥조 같은 충고가 있었다. 그래서 머리를 묶어 보았다. 얼굴이 곱상하게 생겼더라면 보기가 좋았을 텐데, 야수 같은 얼굴에 꽁지머리가 붙으니 정말로 어색했다. 그래도 내가 보기에 그렇게 나쁘지 않았다. 그러나 꽁지머리를 하고 있는 동안 내내 불안했다.

 가끔 마음이 상할 때나 울적할 때는 이놈의 꽁지머리 때문인가? 하고 꽁지머리에 시비를 걸 때가 있었다. 무엇이 생각대로 아니 되거나 무척 스트레스를 받을 때, "이놈의 머리를 싹 잘라 버려!" 하고 성질부릴 때도 있었다. 사춘기도 아닌데 말이다. 아 그래서 여성분들이 어느 날 머리 스타일을 확 바꾸는구나! 하는 생각을 하면서, 그때마다 그동안 용감하게 기른 노고가 아까워 참고 또 참고 길렀다.

　그때 머리를 자르지 않고 고집을 부린 이유가 하나 더 있다. 내 주변에 나보다 나이 어린 많은 사람들이 대머리를 가지고 있다는 사실이다. 어린 조카도 그렇고 아는 주변 사람들도 그렇다. 이마가 넓게 까진 젊은이들을 보는 것도 그리 어렵지 않았다. 내가 대머리가 아니니 대머리가 별 대수인가 하고 생각하였지만, 대머리인 사람에게는 큰 고통인 모양이었다.

　요즈음 가발이나 심는 머리가 크게 유행을 하고 있다. 미모와 외모를 매우 중시하는 현대인에게는 대머리라는 것이 큰 하자가 되는 것이다. 이렇게 남들은 머리카락이 없어 난리인데 나는 머리가 길어서 고민이라, 흠 이것 참 쓸데없는 고민이야!

　까짓것 대머리 사람보다는 못생겨도 머리카락이 길어서 좋지……. 남들은 큰돈 들여 가발을 심기도 한다던데. 꽁지머리라면 특별해서 더욱 좋은 것이 아닌가 하고 생각을 바꿔 먹고는 계속 꽁지머리를 고수하게 되었다.

　처음에는 머리가 짧아 뒤통수에 고무줄 묶기가 어려웠으나, 이제는 충분히 길어서 머리를 묶는 것은 아주 쉽다. 아침에 툭 한 번만 묶으면 오후까지 그냥 유지가 된다. 아주 편하다. 주변 내 또래 사람들을 보면 몇몇은 백발이 무성하다. 아마도 검은 머리를 가진 친구들이라고 해도 분명 염색을 했을 것이다. 나는 흰머리는 좀 있어도 전체적으로는 검은색이다. 이 또한 얼마나 다행인가? 그런 맛에 꽁지머리를 하고 다닌다. 나중에 백발이 되더라도 염색은 안 할 예정이다.

　살아가면서 꼭 해 보아야 알 수 있는 것이 더러 있다. 그중 하나가 꽁지머리다. 옛날 어머니께서 이른 아침에 일어나 머리단장을 했다. 물론 부지런해서 그렇기도 하지만 긴 머리를 뒤로 묶는 사람은 아침에 머리단장을 하지 않으면, 마치 머리가 헝클어진 귀신처럼 되기 때문이다. 그런 모습을 아침부터 사람들에게 스스로 보인다는 것은 상상할 수가 없다. 나도 꽁지머리를 해 보니, 여인네가 아침부터 머리단장을 그렇게 꼼꼼하게 하는 이유를 이해하게 되었다. 물론 상투를 매는 남자들도 그랬겠지.

나는 혼자 방에 머물 때는 머리를 풀기도 한다. 잠자리에 들 때는 대부분 풀어 버린다. 아침에 일어나 씻은 후에는 제일 먼저 머리단장부터 한다. 나의 머리단장이라고 하는 것은 별것이 아니다. 고무줄로 꽁지머리를 묶는 것이다. 쓱 하고 묶으면 끝이다. 매우 간단하다. 그렇지만 하고 안 하고는 하늘과 땅만큼이나 차이가 난다. 단정한 낭자 모습과 야수 같은 귀신 몰골의 차이다. 머리를 풀고 거울을 보니 정말 그랬다.

과거를 생각해 보면 나의 머리 스타일은 순탄치 않았다. 70년대 그때야 까까머리 학생이었다. 중학생 시절 때에는 당연했다고 치고, 고등학생 시절에는 남들은 폼 나게 앞머리도 조금 길게 하고 다녔지만 나는 항상 까까머리였다. 그때는 순둥이였고 공부만 할 줄 아는 좀생이였다. 그것이 그대로 대학교까지 연장되었다. 사실 머리 깎을 돈도 없고 촌놈이었기 때문에 한번 깎을 때 박박 밀었던 것이다.

대학 초기에는 까까머리를 하다가 그 후 줄곧 머리를 깎지 않으니 당연 저절로 머리가 길어졌다. 대학 생활 1년이 지났나? 친구가 가펀클(Simon & Garfunkel)의 올백 스타일을 흠모하여 올백에 열을 올리는 것을 보고, 나도 따라 한 적이 있었다. 촌놈이 사이먼과 가펀클이 누구인지도 모르고 말이다.

　대학 친구들은 나보다 최소 2~3살 많았다. 심지어 나보다 4~5살 많은 경우도 있었다. 그들은 재수, 삼수, 혹은 사수로 대학교에 들어왔고, 나는 바로 고등학교를 졸업하자마자 대학교에 들어왔으니 그랬다. 까까머리 촌놈에다 동료보다 어렸기 때문에 대학 생활이 쉽지 않았다. 외관상 어려 보이기도 하였지만 사실 몸과 마음도 많이 어렸다. 더욱이 깡촌 촌놈이 서울에 처음 왔으니 마치 북한 간첩이 내려와 서울 생활을 하는 것 같았다. 거대하고 화려한 서울과 순진한 어린 촌놈의 만남이었다. 그래도 용기 하나는 기특했다. 나는 '서울' 요놈을 한 손아귀에 넣고 주무르겠다는 꿈을 가졌다.

　그러나 아쉽게도 계속 대학교을 다닐 돈이 없었기 때문에 대학 2년을 겨우 마치고 군대에 지원했다. 사실 군대에 안 갈 수 있었는데 말이다. 입영할 때 나는 머리를 미리 박박 밀고 논산 훈련소에 들어갔다. 다른 놈들을 보니 죄다 머리가 길었다. 어떤 놈은 장발을 그대로 하고 들어왔다. 내가 정말로 순진하구나, 정말 말 잘 듣는구나 하고 그때 좌절했다. 아! 안 가도 되는데, 아! 미리 머리를 박박 안 밀어도 되는데. 이렇게 말 잘 듣는 놈은 어니 써먹을 데가 없었다는 것을 알기에는 많은 세월이 필요했다.

　군대를 제대하고 복학하여 다시 대학교를 다닐 때였다. 친구가 동료들에게 파마를 해 보자고 권했다. 아무도 관심이 없었으나 나는 과감하게 해 보기로 했다. 나는 완전히 빠글빠글 파마 아주머니가 되어 버렸다. 모든 친구들이 웃었다. 그 시절에는 장발이 유행했는데, 대학생 남자가 파마를 그렇게 하는 것을 본 적이 없었기 때문이었다. 같이 파마한 친구는 부유했다. 잘 손질하면 파마가 보기 좋았는데, 나는 계속 그대로 두었다. 빠글빠글 파마가 길어지니, 그 모양은 가관이었다. 그 모습으로 고향에 가니 "너 뉘고?" 했다.

그 이후로는 다시 스포츠머리를 주로 했다. 연애와 멋보다 시간과 돈이라는 경제성에 우선을 두었기 때문이다. 이번에는 예기치 못한 불편함이 생겼다. 그때는 반공과 민주화를 외치던 시절로 검문이 심했다. 한창 장발이 유행하던 시절이었다. 그런데 젊은이 한 놈이 스포츠머리를 하고 다녔다. 당연 눈에 띄었다. 경찰관 눈에는 수상하게 보였던 것이다. 거리에서 혹은 버스를 탈 때에 수시로 경찰관이 나에게 다가와서 검문했다. 좋은 점 하나 있었다. 버스를 탈 때는 어려 보여서 매번 고등학생 요금을 내었다. 아니 내가 대학생이라고 우겨도, 신기하게도 운전수는 고등학생 요금을 적용하여 계산했다.

대학교를 졸업한 후 직장 생활을 할 때에는 별로 생각나는 것이 없다. 아마도 그때 스타일에 잘 맞추었던 것 같았다. 직장인의 머리 스타일이 별것인가? 뻔했지 뭐…….

이민을 갔을 때는 처음에는 머리를 좀 관리하다가 사업이 엉망이 되면서 머리 스타일도 엉망이 되었다. 머리는 그냥 있는 그대로 자랐다. 이민 중후반기에는 어린 학생들과 캐나다 대학 생활을 하였기에 좀 신경을 썼다. 자주 깔끔하게 머리를 깎고 다녔다. 가끔 단정하게 파마도 했다. 그러나 작품 활동에 몰입할 때는 시간이 너무 없어 머리는 엉망이었다. 대충 입은 옷에 손질하지 않은 머리카락은 가관이었다.

이민을 마감하고 한국에 귀국하였으면 좀 눈에 잘 안 띄고 평범하게 표 안 나게 살 것이지, 별스럽게도 이제는 꽁지머리를 하고 살고 있다.

한국 스타일은 좀 특별하다. 옷을 입는 스타일이나 머리 스타일, 그리고 눈에 보이는 생활 스타일은 다 비슷비슷하다. 유행한다 하면 사람들은 부나비같이 따른다. 모두 비슷하다. 그래서 좀 색다르게 하고 다니면 남과 다르게 눈에 띈다. 남다름은 사람들의 소주 안줏감이 되고 커피 잡담거리가 된다. 그런 것을 모르는 바는 아니지만, 특별히 의도해서 남다르게 하는 것은 아니다. 하다 보니 그렇게 된 것이다. 특히 내 꽁지머리는 그렇다.

사실 옛날에는 '머리 스타일을 어떻게 하는가?'가 신분을 결정했다. 머리 볼륨이 크면 클수록 신분이 높았다. 그곳에 장식을 하면 장식만큼이나 신분이 높았다. 비슷한 예로 장닭의 벼슬은 붉고 크다. 그것은 권위를 상징했다.

가끔 낯선 사람을 만나면 꽁지머리를 하고 있는 나에게 선입견을 갖는다. 뜬금없이 '무엇 하시냐?'고 물어본다. 이때 나는 칭찬으로 받아들이지 않는다. 어떤 때는 '미술 하시느냐?' 하고 물어본다. 이때 역시 나는 헷갈린다. 좋은 말인지 아닌지. 내가 우아하게 옷을 차려입고 우아한 장소에 있었다면 좋은 뜻으로 받아들일 수 있지만, 작은 내 사무소에서 대충 입은 내가 그런 말을 받을 때는 헷갈릴 수밖에 없다. 분위기에 안 어울린다는 뜻일 게다. 아닌가? 글쎄다.

사람은 잘되면 내가 잘나서, 조금이라도 잘못되면 '네 탓이야.' 한다. 여기서 좋은 일은 기억 안 하고 그냥 넘어간다. 나쁜 일은 쉽게 기억되고 생각난다. 그때 "꽁지머리 한 그 사람"이 있었다면, 바로 쉽게 '아 꽁지머리 그 사람' 하고 기억을 뽑는다.

남다르게 보이는 꽁지머리는 이렇게 부자연스럽고 불편하다. 그러면 어때, 이 나이에 그것 때문에 업무에 지장이 있다 해도, 이제는 '괜찮아' 하고 무시한다. 내 사무실에서 나 혼자 내 주관대로 소신껏 일을 한다.

그런 선입견에 신경 쓸 필요가 없다. 그것 때문에 영업에 방해가 된다고 해도 이제는 무시한다.

순하고 푸근한 얼굴 형상은 적당히 말해도 영업 활동에는 별 상관이 없다. 그러나 내 인상은 날카로운 형상이라 조금만 잘못 말하면 상대방에게 불쾌감을 줄 수 있고, 가끔 오해를 일으키기도 한다. 나는 이 점을 잘 안다. 그래서 말을 삼가거나 말을 할 때 항상 조심한다.

꽁지머리를 한 사람은 평범하게 보이지 않으니, 조금만 잘못해도 상대방이 오해할 수가 있다. 그래서 내가 꽁지머리까지 했으니 선을 넘었다고 할 수 있다. 반면 나쁘게 이용할 수도 있다. 강직하다는 선입견을 잘 이용하면 그런 분야에서 사기 정도는 쉽게 칠 수 있다.

한번은 가끔 가는 홈플러스(HomePlus) 매장에서 어슬렁거렸다. 한 코너 판매원이 나에게 와서 인사를 했다. 각자 마스크를 쓴 상태니 서로 알아보기는 쉽지 않았다. 그런데 그 판매원 아주머니는 금방 나를 알아보았다. 어떻게 저인지 아세요? 물어보니 그분은 내 꽁지머리를 보고 알았다고 하였다.

이를 미루어 보면 꽁지머리는 많은 사람들과 구별되는 특이함이 있기에 사람들의 기억에 쉽게 남을 수 있다는 것을 알 수 있었다. 좋은 일을 할 때는 모르지만 조금이라도 좋지 않는 일에 관련된다면 이는 치명적인 불편함이 된다. 그래서 나는 항상 밖에서는 언행을 조심해야 한다는 부담감을 갖고 있다.

그러나 앞으로 은퇴하여 고향 시골 주택에서 시간에 파묻혀 살 예정이니 그때는 사람 만날 일도 별로 없다. 뭐, 잔소리할 누군가가 있는 것도 아니고, 나를 성가시게 할 누군가가 있는 것도 아니다. 이래도 그만이다. 저래도 그만이다. 그래도 혼자 살면 나에게 관심을 둘 만한, 혹은 말을 건넬 수 있는 화젯거리 같은 뭔가 있으면 좋을 것 같기도 하다.

사람 모습이 참으로 중요한가 보다. 머리가 짧으면 남자들은 거울을 자주 보지 않는다. 보더라도 건성으로 본다. 나는 머리를 뒤로 고무줄로 묶어야 하니 좀 더 자세히 거울을 보게 되고, 좀 더 자주 거울을 접한다. 머리를 묶을 때마다 귀신에서 단정한 모습으로 변화하는 내 모습에 문득 놀란다. 이때마다 거울에 비치는 내 얼굴을 본의 아니게 자세히 보게 된다.

머리카락이 깔끔하게 뒤로 나란히 줄지어 넘어간 내 얼굴을 보면, 저절로 나도 모르게 조금이라도 내 마음에 거슬리는 언행을 하지 말아야지 하는 생각이 든다. 나의 잔소리꾼이 되는 것이다. 그런 면에서 보면 꽁지머리는 괜찮기도 하다. 또 다른 이유를 붙여 보면 이렇다. 관리하기 쉽다. 예쁘다.

그래서 앞으로 계속 꽁지머리를 하고 살련다. 아니 이것은 내 가치관대로 내 시으로 살겠다는 옹고집의 표현일 수 있다. 어쩌면 어때. 내가 생각하는 삶의 가치관이, 확실히 이렇다고 말하기는 어렵지만, 그리 틀리지 않다고 생각하기 때문에 꽁지머리가 어떤 선입견이 있든 말든, 이제 이 나이에 그렇게 사는 것도 좋으리라 생각한다.

10 '나는 무엇인가'를 찾아서

2020년 한 해가 넘어가는 12월 중순이었다. 또한 2020년 12월은 내가 만 62세가 되는 달이다. 1998년 IMF 경제 환란으로 직원 없이 혼자 설계 사무소를 꾸려 나갔다. 그렇게 몇 년을 견디어 나가다가 갑자기 이민을 결정하고 태평양을 건넜다.

그 후 캐나다 10년은 나에게 너무나 많은 인생 이야기를 만들어 주었다. 캐나다 생활은 나를 시험하는 시간이었고, 나는 그 시험을 극복했다. 캐나다 생활은 힘들었으나 알찼다. 나의 인생을 돌아보는 귀중한 시간이 되었다. 그때부터 나는 조금씩 마음을 비우기 시작했다.

2016년 다시 한국으로 돌아왔다. 2006년에 한국을 떠났으니 꼭 10년 만이었다. 그러나 한국 생활이 시작되자, 캐나다 생활에서 얻은 만족과 비움은 조금씩 탈색되기 시작했다. '남들은 다 달리고 있는데'라는 강박감과 '남들은 다 잘 사는데'라는 상대적 빈곤함이 내 마음속에서 자라나기 시작했다. 이런 강박감과 빈곤함이 나도 모르게 마음속에서 번민이 되었다. 이렇게 그냥 무위도식을 할 수 없다는 생각이 조금씩 들기 시작했다.

나는 작은 설계 사무소를 개설했다. 그러나 그것만으로 먹고사는 문제가 해결되지 않았다. 서울로 올라가서 게임방 가게를 시작했다. 그러나 박근혜 대통령이 물러가자마자 불경기가 시작되면서 내 가게는 내리막길에 처박혀 버렸다. 나는 가진 것마저 다 잃고 말았다. 하는 수 없이 세종으로 되돌아왔다.

돌이켜 보면 캐나다 생활에서는 삶의 무거운 짐들이 많았지만 무심하게 지낼 수 있었다. 한국 생활에서 지금은 상대적으로 내 삶의 짐이 가벼웠지만 어찌 된 일인지 오히려 마음은 더 불안했다. 이런 티끌이 쌓이고 이런 먼지가 번지면서 나도 모르게 한 덩어리의 고민과 번뇌가 자주 나를 힘들게 만들고 있었다. 캐나다에서 단순한 삶으로 마음을 비웠다고 생각하였지만 막상 한국 생활에 잠기자마자 그것들은 어디론가 사라져 버리고, 조금씩 이민 전에 내가 젖어 있었던 한국 생활로 다시 돌아가고 있었던 것이다.

벌써 한국 생활이 4년째다. 지금 2020년이 다 지나가고 있다. 2020년을 그냥 보내기에는 너무나 아쉬웠다. 나는 무엇인가? 있고 없음에 무관할 수 있을까? 너와 내가 다름에 달관할 수 없을까? 나는 고요의 세계에서 머물 수 없을까? 2020년 12월에 스스로 이런 물음을 나에게 던지고 있었다.

세종에 한 친구가 있다. 그는 내가 세종에서 일을 시작하면서 만난 건축업자였으며 나를 많이 도와줬다. 사무소를 열 때 그가 권했다.
"정 형, 한번 내가 가는 절에 같이 가 보자고."
"어디 절? 뭘 하러?"
"인천인데, 공부하러."
그의 간곡한 권유였다. 도움을 받는 처지기에 무작정 거절하기가 어려웠다. 그래서 그의 요청에 따라 그와 함께 인천에 있는 절에 하루 머물렀다. 처음으로 가는 절 생활이 무척이나 생소했고 불편했다. 그날따라 무척이나 더운 날씨 때문에 나는 한숨도 못 잤다. 힘든 경험이었다. 그 이후로 그는 계속 절에 갈 것을 권유하였으나 나는 이리저리 거절했다.

　세종에서 너무 멀다. 가까운 곳에도 절은 많다. 굳이 먼 곳까지 갈 필요가 있을까? 캐나다에서 큰 교통사고를 두 번이나 당한 이후로부터는 장시간 자동차에 내 몸을 싣는 것 자체가 공황 장애가 되었다. 막상 절에 가서 불공을 드리고 절을 해 보았지만, 이렇게까지 내가 해야 하나 하는 생각도 났다. 갇힌 공간에서 엄한 규율을 따르기가 너무 어려웠고 생소하였다. 그 이후로 절이라는 것은 예스럽다, 전통적이다, 아늑하다는 건축적인 의미만 부여하였다. 사찰을 자주 방문하였지만 그때마다 구경하는 시간이었고, 개인적이고 감성적인 시간이었다.

　사무실에서는 다양한 고객들을 만날 기회가 많다. 어느 날 한 여성 사장과 그녀의 고객인 은행 지점장을 알게 되었다. 함께 차를 마시고 밥도 같이 먹었다. 그들은 열성적인 교회 신도였다. 같이 교회에 다녀 보자는 권유에 그들이 다니는 대전의 큰 교회를 나가게 되었다. 코로나가 한창 유행하던 때였으나 개의치 않고 나가 보았다.

　몇 번 다녀 보았지만 내 몸과 마음은 건성이었다. 어릴 때부터 종교를 가지지 않았던 내 영혼이 쉬이 꺾이지 않았다. 과학적인 이론과 무신론에 가까운 내 정신세계는 쉬이 변하지 않았다. 그냥 믿으면 된다는 것을 알고 있으나 머리로만 알 뿐 마음으로는 되지 않았다. 몇 번을 다니다가 코로나 핑계로 교회 다니기를 그만두었다.

　일요일 교회에 나가서 예배를 하고, 교인들과 차를 마시고, 그리고 점심도 같이 하면서 하루를 보내면 얼마나 좋으리? 그렇게 사람들을 사귀면 내 사무실 일에도 엄청 도움이 된다. 일요일 사무실에 박혀 있는 것보다는 백배 천배 낫다. 그래, 맞다. 목사님의 설교는 생활의 나침반이 된다. 그러나 그렇게 하고 싶지만 마음은 쉬이 끌리지 않았다. 마음의 바다는 여전히 바람 따라 출렁이지만 한 곳을 향하여 몰아치지 않는다. 어떻게 하리?

 2020년도 12월이 지나가고 있었다. 그냥 보낼 수가 없었다. 친구 따라 절에서 공부를 해 보기로 했다. 내 자신을 한번 돌아볼 기회가 될 것 같았다. 내가 찾아다니면서 만든 기회가 아니고 그냥 내가 응하면 생기는 기회였다. 건성으로 절과 교회를 가 보았다. 아무래도 나에게는 평소 절이 교회보다 더 공감이 갔고 살가웠다. 불교에 더 끌렸다.
 교회는 많이 자유롭고 우리 일상과 비슷하다. 반면 절은 그 반대였다. 엄한 규율과 빈약한 환경 때문에 절에 적응하기에는 힘들겠지만, 마음만 접으면 다가가기에는 더 쉬우리라 생각되었다. 그렇다, 사무실은 한가하고 별일도 없으니 가 보자는 생각이 들었다. 지금 이렇게 평소와 같이 2020년 마지막 달을 보내는 것보다는 백배 낫겠다고 생각했다.
 그럼 도대체 그곳에서 나는 무엇을 해야 할까? 무엇이 나를 기다릴까? 하고 궁금했다. 미리 아는 것은 도움이 되지 않는다고 생각하고 상세히 묻지 않았다. 그냥 해 보자는 생각이었다.
 "그래, 가 보자."
 나는 그가 다시 요청하기를 기다렸다. 처음 그가 권유했을 때 나는 은근히 거절했다. 난 그를 잘 안다. 그는 한 번 더 나에게 권할 것이다. 나는 그때 정답게 응하리라 하고 기다렸다. 그때부터 매일 산행을 할 때마다 반야심경을 외웠다. 천수경이 무엇인지 읽고, 이해해 보고 쉽게 독송할 수 있도록 입 근육도 단련시켰다. 12월 중간을 지나고 며칠 후 떠나기 이틀 전, 내 예상대로 친구로부터 전화가 왔다.

"정 형, 모레 떠나는데 한번 나하고 가 봅시다."

"예, 알았습니다. 모레 몇 시에?"

"사무실 앞에서 아침 7시에 출발하려고요."

"알았습니다. 그때 사무실에서 뵙겠습니다."

나는 간단명료하게 답했다. 이런저런 말은 사족이었다. 내 의지를 분명하게 전달하기 위해서였다. 고맙다는 표시였다. 그래야 그도 기분이 좋아질 것이고, 권유하는 맛이 클 것이다. 나의 의지를 알 것이라는 생각이기도 했다.

이틀 후 아침 7시에 그의 차에 올라탔다. 자동차 안에는 혼자가 아니었다. 그의 형이 있었다. 친구는 우리 남자 셋이서 절에 공부하러 가는 것이라 하였다. 마침 그의 형은 나와 동갑이었다. 비슷한 사람끼리 같이 동행하는 것은 마음이 든든하기도 하고 하나의 즐거움이기도 하였다. 그와 나는 고향 친구는 아니다. 그러나 4년 동안 같이 어울리다 보니 친한 사이가 되었다. 그의 자동차를 내가 운전하기도 했다. 고속도로 휴게소에서 밥을 같이 먹었다. 인생이라는 전장에서 함께 전진하는 동지 같은 느낌에 가는 길은 정겨웠다.

우리는 인천 도심의 ○○산 중턱에 있는 ○○사에 도착했다. 주지 스님과 절 관리하는 분들이 반갑게 맞이해 주었다. 이미 서로 구면인 그와 그 형 덕분에 초면인 나까지 대우를 받았다. 평일 절의 공식적인 행사는 오전 6시에 시작하는 아침 예불과 오전 10시 30분에 시작하는 오전 예불이다. 우리가 도착한 시간은 오전 10시였다. 우리는 바로 오전 예불에 참석했다.

처음으로 하는 예불이라 나는 얼떨떨했다. 정신을 바짝 차리고 주변을 살피며 옆 신도가 하는 대로 따라 했다. 절에 개인적으로 여러 번 갔었지만 이런 공식적인 예불은 처음이었다. 엄숙하고 절도가 있었다. 스님의 염불 소리가 우렁찼고 매우 길었다. 옆 신도를 따라서 흉내 내느라 법당에서 무슨 일이 일어났는지 전혀 기억이 없을 정도였다.

오전 10시 30분에 시작한 예불은 12시쯤에 끝났다. 모두 공양실(식사실)로 들어갔다. 그리고 스님, 거사(남자 불자), 보살(여자 불자) 순으로 줄을 서서 밥그릇에 먹을 만큼 음식을 담았다. 식탁에 좌불 자세로 앉아 점심 공양(절에서 식사)을 했다. 모두 10명 정도였다. 앉고 보니 나는 스님 바로 앞이었다. 대충 허리를 펴고 먹었다. 허리를 반듯이 펴라는 스님의 불호령이 떨어졌다. 나도 모르게 순간적으로 허리를 반듯이 폈다. 밥을 먹을 때도 좌불 자세에 허리를 반듯이 펴고 말 한마디 못 했다. 너무 엄숙하니 정말로 밥을 넘길 때마다 숨이 막히는 듯했다.

점심 공양을 마치자마자 스님은 우리 셋을 자기 방으로 불렀다. 스님의 간단한 인사와 소개가 있었다. 끝나고 일어설 때쯤 스님은 나를 불러 세웠다.

"정 거사님은 친구 권유로 왔나 봅니다. 여기에 이틀 있다가 집으로 가셔도 됩니다."

나는 공양실 옆에 붙은 작은 방(자유로이 휴식하는 방)으로 돌아왔다. 스님의 말씀에 갈등이 생겼다. 그 말은 집으로 가라는 것이 아닌가? 해 보지도 않고 퇴짜라는 생각에 내 마음은 요동쳤다. 한편으로는 마음이 축 가라앉았다.

오후 5시에 저녁 공양을 마치고, 스님은 우리 셋을 불러 놓고 설법(스님의 가르침)을 주었다. 설법이 끝나고 일어설 때 나는 스님에게 말했다.

"스님 말씀대로 이틀까지 지내 보고 나갈까 합니다."

"잘 생각하셨어요. 그렇게 하세요."

사실 나가라고 하니 난 나갈 생각이었다. 표면적으로 보면, 친구의 권유를 뿌리치지 못하여 왔다고 보였을 것이다. 그러나 나는 내가 여기에 올 때는 내심 작정하고 왔었다. 나는 친구의 권유를 핑계 삼아 내 의지대로 작정하고 왔다. 친구의 권유에 한번 와 본 것은 아니었다. 난 이런 결심으로 왔는데, 내일 나가도 괜찮다 한다. 이는 가라는 것이다. 아니면 무엇이야? 해 보아야겠다는 용기가 사라지면서 괜한 자존심이 욱하였다.

"스님이 싫어하면 난 하지 않아. 그래 나가지, 뭐."

분위기를 파악했는지 친구는 그렇게 생각하지 말고 스님에게 간청해 보라고 했다. 공양 보살님(절에서 식사를 준비하는 불자)과 다른 보살(여성 불자)들도 이왕 왔으니 해 보라고 충고를 하였다. 그의 형도 그만두고 싶어 했다. 그는 막상 여기에 들어오니 몸 컨디션이 매우 안 좋은 모양이었다. 내가 나가면 자기도 같이 나가겠다는 것이었다.

나는 친구 권유로 왔지만 나는 진정 해 보리라 작정하고 왔다. 어떤 과정이 나를 기다리고 있는지 나는 잘 모르지만 나는 작정하고 왔다. 그런데 스님은 오자마자 집으로 가도 좋다고 했다. 한동안 생각에 잠겼다. 오기가 생겼다. 갑자기 내 마음이 변했다. 스님의 그 한마디에 그냥 돌아갈 수는 없다. 나를 시험하는가? 사정해 보고 안 되면 그때 나가도 된다. 자존심을 세울 때가 아니다. 최소 세 번까지는 할 생각이었다.

다음 날 아침 예불을 마치고 아침 공양을 하였다. 바로 나는 스님 방에서 스님과 독대를 했다. 그리고 단호히 간청했다.

"스님, 최선을 다하여 열심히 하겠습니다."

"그래? 그렇다면 머리(꽁지머리)부터 깎게."

우매 이것이 무엇이여, 웬 머리 타령이여, 이것이 아닌가? 내 머리는 번갯불보다 더 빠르게 돌아가기 시작했다.

"스님, 그만큼 더 열심히 하겠으니 머리만큼은 그대로 두고 하면 안 될까요?"

머리 긴 것이 무슨 문제입니까? 하고자 하는 마음이 중요하지요! 하고 반문하고 싶었으나 스님에게 반감을 줄 것 같아 그렇게 말을 하지 않았다. 어쨌든 나는 파투를 내고 싶지 않았던 것이다.

"안 됩니다. 하고 싶으면 깎으세요."

"예, 스님, 그럼 깎고 오겠습니다."

내가 원하면 무엇 하나를 포기해야 한다. 이왕 하려면 절연한 태도가 필요하다. 그래서 나는 흔쾌히 대답했다. 스님 방을 나서니, 스님은 친구가 이 근처 이발소를 잘 알고 있으니 친구에게 말해 보라며 은근히 관심을 보였다. 밖에 친구가 기다리고 있었다.

"잘됐어?"

"물론 잘됐지. 이발소 알지, 그리로 가자고."

그와 함께 간 이발소는 정말로 70년대 이발소였다. 외부 모습도 그랬지만 내부에 들어서니 어두침침하며 거무칙칙했다. 중년의 남자와 중년의 여자(물어본즉 그들은 부부였다), 즉 이발사 아저씨와 아주머니가 나를 맞이했다. 마스크를 했으니 그분의 얼굴을 볼 수가 없었다. 그러나 그들의 눈빛은 따스했다.

　나는 권하는 이발 의자에 앉았다. 이발사가 내 꽁지머리를 보고 나에게 조심스러운 눈빛을 보냈다. 무슨 말을 하려는지 나는 눈치를 챘다.

　"아저씨, 저기 앉아 있는 내 친구 머리는 아저씨가 깎았지요. 그런 스타일에 조금 더 짧게 깎아 주세요."

　내가 요청한 것은 짧은 스포츠 스타일이었다. 이 말은 들은 서빙하던 아주머니가 다가와서 '어머머, 아까워, 이런 스타일이 더 좋아 보이는데 왜 자르느냐?' 하고 되물었다.

　"나도 그렇게 생각하는데, 그래도 지금은 잘라야 합니다. 잘라 주세요."

　내 긴 머리는 싹둑싹둑 잘려 나갔다. 2년 이상을 알뜰살뜰 기른 머리가 한순간에 잘려 나갔다. 몇 번의 가위질로 모든 것이 끝났다. 아주 쉬웠다. 내 마음은 무덤덤했다. 이미 작심했기 때문이다. 긴 머리가 바닥에 떨어지는 것을 보고는 아주머니가 이 머리 보관하면 좋을 텐데 하는 소리에 나는 속으로 웃고 말았다. 무슨 마음으로 왜 보관해야 할까? 여자의 마음은 참으로 섬세하고 솔직한 모양이다.

　아저씨가 내 머리를 깎고 난 후 바로 아주머니가 나를 의자에 눕혔다. 그리고 따뜻한 수건으로 내 얼굴을 감쌌다. 이런 과정을 여러 번 반복한 후 그녀는 면도를 시작했다. 짧은 과도같이 생긴 옛날 면도칼이 그녀의 손길과 함께 내 얼굴 구석구석을 더듬었다. 눈 주위에도, 귓구멍에도, 콧구멍에도……. 그 다음 따뜻한 수건을 얼굴에 덮고 벗기고, 그리고 로션으로 얼굴에 마사지를 했다. 물론 간단한 마사지였다.

　머리를 감는 자리로 옮겼다. 아줌마가 내 머리를 감겼다. 어, 내 머리가 이렇게 간단해, 씻을 것도 없네? 내 영혼의 아쉬움인가? 내 영혼의 벌거벗음인가? 아무튼 시원함을 느끼는 순간이었다. 다시 의자로 몸을 옮겼다. 아저씨는 내 머리를 말린 후 다시 고르게 깎기를 했다. 거울 앞에 선 내 얼굴은 마치 중년의 장교 같았다. 타임머신이 작동했나? 옛날로 돌아갔다. 섭섭하였다. 다시 보니 이 모습도 괜찮아 보였다. 난 웃었다.

"어이 친구 어때?"

"정말 최고야."

스포츠 스타일 머리가 되니 정신이 번쩍 드는 것 같았다. 눈빛도 초롱초롱해지는 것 같았다. 마치 달리기 경기의 출발점에 서 있는 기분이었다. 친구가 좋아하니 나도 기분이 좋았다. 이발 요금이 12,000원이었다. 생각보다 너무 적은 금액이다. 15,000원을 건네고 고맙다는 인사를 했다.

아주머니는 기분이 좋은지 출입문까지 나와서 배웅 인사를 했다. 머리를 깎는 내내 나는 마치 80년대 도시 이발소에 온 기분이었다. 아저씨 아주머니 서빙도 너무 좋았다. 그 옛날 그때는 젊은 아가씨인 것만 달랐다.

우리는 이발소를 나와서 절로 향했다. 절로 들어가는 골목의 포장마차에서 붕어빵을 팔았다. 큰 한 봉지를 샀다. 붕어빵 하나를 입에 물었다. 그리고 붕어빵 하나를 그에게 건네면서 물었다. 이렇게 좋은 이발소를 어떻게 알았지 하고. "내가 절에 오자마자 머리 깎는 곳이 이곳이야. 정말 잘해 줘. 부부 심성도 너무 좋고. 보통 이발소는 한가한데, 여기는 항상 손님이 있어." 그는 이발소에 대한 칭찬을 늘어놓았다. 친구는 전에 이발 요금으로 얼마를 주었어? 하고 물으니 그는 만 원을 더 얹어 주었다고 했다. 나는 그의 성품을 잘 안다. 역시나 내가 예상한 대로였다.

이발을 하고 절에 돌아오니 절에 계시는 분들이 나를 보고는 환성으로 반가이 맞이했다.

"잘했어요, 훨씬 좋아요, 확 젊어졌어요, 미남인데요."

친구는 잠깐 남는 시간에 인천 시내를 들러 보자고 하였다. 우리는 시내와 연안 부두를 둘러보고 난 후 인천 차이나타운으로 향했다. 절에서 잠깐 나와 세상 속에 있으니, 우리는 어린애 같았다. 차이나타운은 알록달록하였다. 외국의 차이나타운과 다르게 여기는 아기자기하면서 정돈된 느낌이었다. 친구는 나를 근사한 데 앉혀 놓고 기념사진을 찍어 주었다. 어디 분위기 좋은 곳에 앉아 커피 향을 풍겨나 볼까? 어디 향기 나는 곳에 앉아 배갈 한잔을 해 볼까나? 그러나 우리는 빨리 되돌아가야 했다.

저녁 공양 시간이었다. 절 가족 다 해 봐야 10명 내외다. 세 사람, 즉 나, 친구, 친구 형이 스님 주위에 앉았다. '머리를 깎으니 이렇게 좋은데 말이야!' 스님이 나를 보고 웃으며 말했다. 무서운 스님 앞에서 무슨 말을 해야 할지……. 나는 열심히 하겠다고만 하고 미소를 지었다.

내일은 동짓날이다. 오전부터 절에서는 동짓날 팥죽 준비에 바빴다. 우리는 새알을 만드는 작업을 도왔다. 내일 동짓날 법회에 참석하는 불자들에게 나누어 줄 팥죽은 어마어마한 양이었다. 처음에는 한 알을 손바닥에 놓고 만들었다. 숙달이 되자 손바닥에 세 개의 새알을 한꺼번에 놓고 만들었다.

여러 명이 한방에 앉아 수다를 떨며 새알을 만드니 마치 정다운 한 가족 같았다. 옛날 가족들이 둘러앉아 새알을 만들 때가 생각났다. 그때는 어린 나이였다. 남자다 보니 한 발자국 물러서서 어머니와 누이들이 하는 일을 지켜만 보았다. 동짓날 예불을 마치고 먹는 팥죽은 별미였다.

팥은 액운과 잡귀를 물리친다고 하였다. 동짓날 예불을 마치고 스님이 팥을 직접 우리에게 뿌려 주었다.

동짓날을 보내고 우리는 정해진 규율대로 창문도 없는 아주 작은 방에 들어갔다. 이제부터 '나는 무엇인가?'를 찾는 수련이 시작되었다. 벽을 보고 참회를 하면서 좌불 자세로 명상에 들어갔다. 이것은 예불(아침 예불과 오전 예불)과 공양 시간(아침, 점심, 저녁의 3번의 식사)을 제외하고는 계속되는 수련이었고, 이런 하루 일정이 8일 이상 계속되었다. 밤낮으로 잠은 없었다.

처음에는 시키는 대로 내 몸과 마음을 다잡았다. 나를 죽이고 내 평생을 되짚어 참회를 해야 했다. 참회라는 것이 무조건 한다고 되는 것이 아니었다. 인과 관계를 찾아야 참회가 되었다. 내 탓임을 깨달아야 했다.

잠도 안 자고 하는 작업이라 죽을 지경이었다. 다리에는 쥐가 났다. 작은 방에서 장시간 계속 있으니 답답하고 숨이 막히는 것 같았다. 그것보다 정신 집중이 되는 듯하면서도 금방 망상이 생겼다. 이런 혼돈의 시간이 너무 힘들었다. 공양 시간에 잠깐 나갈 수 있었으나, 밥 먹고 바로 돌아와야 했다. 잡담도 할 수 없었다.

그런데 조금씩 변화가 생겼다. 내 의지에 따른 실천이 내 마음을 자극시켰던 것 같았다. 처음에는 뻣뻣하게 엎드려 절을 하였지만, 점점 나도 모르게 절에 마음이라는 것이 실리게 되었다. 처음에는 건성으로 참회를 하였지만, 조금씩 나를 잊는 삼매에 들기 시작하면서 어느덧 나도 모르게 참회할 때 마음이 동요하기 시작했다. 가끔이었다. 모든 일이 나로부터 나오고 나로부터 기인됐다는 것을 조금씩 느끼는 순간과 순간이 반복되면서 내 가슴은 아팠다. 감정이 북받치기도 했다.

명상을 하는 도중 졸다가 바닥에 엎어지기도 했다. 나도 모르게 잠시 쪽잠에 빠지기도 했다. 낮에는 낮대로, 밤에는 밤대로 뜬눈으로 계속 명상한다. 처음부터 이것이 가능할 수 없었다. 창문도 없는 독방에서는 무엇을 했는지 귀신도 모른다는 생각에 잠깐 자기 위해서 눕기도 했다. 그런데 잠은 쉬이 오지 않았다. 앉았다 누웠다 하다가 차라리 시키는 대로 하는 것이 낫다는 생각에 그 불편한 좌불 자세로 명상을 또 억지로 밤새도록 했다.

이렇게 여러 날 뜬눈으로 지새우고 낮에는 불공을 드리면, 과연 내 몸이 견딜 수 있을까 하는 회의감이 들기도 했다. 마음이 흔들릴 때는 108배를 했다. 매일매일 아침 공양과 저녁 공양 후 스님과의 독대에서 스님의 매서운 설법과 불호령을 들어야 했다. 볼펜을 들고 '이것이 무엇이야?' 하는 스님의 뜬금없는 질문에 어떻게 대답해야 할지 갈팡질팡할 때가 많았다. 내가 이성적으로 말하면, 잔머리를 돌려 말하느냐? 그것도 모르느냐? 하고 무서운 핀잔을 주었다. 그리고 누누이 절대로 잠을 자지 말 것을 강하게 주문하였다. 육체를 죽이고 과거를 시간순으로 사건마다 미분하여, 그 인과 관계를 진정으로 참회할 것을 요청했다.

다음 날에는 빠진 것이 있거나 스쳐 지나간 것이 있다면, 다시 참회를 해야 했다. 가족, 부모, 친구, 직장 등등 사건별로 모아 집중적으로 참회하기도 했다. 안 되면 법당으로 와서 스스로의 벌로 108배를 하면서 참회했다. 모든 참회를 끝내고 마지막으로 내 영혼을 버린 후 '나는 무엇인가?'를 생각해 보았다.

매일 밤낮으로 이런 과정을 통하여 스스로 나를 삼매에 몰아넣어야 했다. 잘 안 될 때는 108배를 하였고 어떤 때는 끙끙거리기도 했다. 한편으로는 눈물을 흘리기노 하고 신음 소리를 내기도 했다. 그렇게 힘든 독방 3일째가 지나자 다소 견딜 만했다. 이때 마음이 따뜻해지면서 용기가 생겼다. '뭔지 모르지만, 그래 해 보지 뭐.' 이런 것이었다.

어느 밤이었다. 참회의 마지막에 내 영혼을 버리고는 한층 더 몰입하면서 벽을 뚫어지게 바라보았다. 벌써 3시간째 눈을 부릅뜨고 벽에 있는 작은 점을 바라보고 있었다. 내 눈빛이 총알이 되어 그곳에 구멍이 날 정도였다. 자정을 훌쩍 넘겼다. 마침 내 눈앞에 벽이 없어지고 이상한 형상이 보이는 것 같았다. 벽은 스크린이 되어 그 너머 무엇인가 보였다.
 이때 나는 무엇인가 나타나 나에게 "너는 이것이야." 하는 소리 혹은 형상이 나오는 줄을 알았다. 그래서 그 어른거리는 스크린 너머 무언가를 열심히 구하면서 찾았다. 마치 안개 속에서 무엇인가를 찾으며 헤매는 것처럼……. 몇 시간째 눈 깜박하지 않아, 뜬 눈은 마를 대로 말라 뻑뻑했고 충혈되었다. 차라리 감정이 북받쳐 눈물을 흘릴 때가 좋았다. 다음 날 스님에게 물었다.
 "그것은 허상입니까?"
 "물론 허상이다."
 이때 나는 알았다. 내가 있지도 않는 마술 방망이를 찾고 있었다는 것을, '나는 무엇인가?'를 알려 주는 것은 없으며, 벽이 스크린이 되어 보이는 것은 허상이라는 것을…….
 그다음 날이었다. 빠진 기억이 있다면 전부 끄집어내어 철저히 참회를 하라. 대상별로 기억을 묶어서 참회를 해 보라는 스님의 엄한 말씀이 또 있었다. 나는 점심 공양을 배부르지 않게 먹고 내 작은 방으로 들어왔다. 내심 작정하고 들어왔던 것이다.
 "다시 해 보지, 뭐."

다시 내 육체를 죽이고 난 후 나는 어릴 때부터 기억을 하나하나 차례로 끄집어냈다. 가족, 부모, 친구, 사회에서 만났던 사람들에 대한 기억을 한 덩어리로 뭉쳐 보았다. 내가 그때 그곳에서 무엇을 했는가를 생각했다.

상대와 관계없이 내가 가지고 싶어서 가졌고 내가 미워서 미워했다. 내가 슬퍼서 슬펐고 내가 노여워서 성냈다. 내가 안타까워서 원망했고 내가 즐거워서 즐거워했다. 이 모든 것을 내가 하고 싶어서 했을 것이다. 내 주위 모든 것은 그냥 있었을 뿐이다. 다 내 잣대로 했음을 알게 되었다. 갑자기 눈물이 났다. 엉엉 울었다.

나를 죽이고 순간순간으로 미분하여 모든 것에 대하여 참회를 한 후 그 기억을 나로부터 멀리 버렸다. 마지막으로 내 영혼을 버렸다. 다 버리고 난 다음, 지금 남아 있는 것이 무엇인가? 그 남아 있는 것이 바로 나일 텐데……. 그때 나는 무엇인가?

생각했다. 텅 비었다. 우주 공간의 한 곳에 내가 있음을 느꼈다. 그 텅 빈 것이 바로 나였다. 어디에나 있는, 만질 수도 볼 수도 없는, 단지 느낄 수만 있는 그 빈 공간이었다, 우리가 흔히 말하는 그 우주인가? 그때 나는 희미하게나마 느꼈다. 이것이 내 마음, 본래의 마음이라는 것을. 허상을 찾고자 했던 어제저녁 그때에서 벗어나는 순간이었다.

나는 방에서 나왔다. 그리고 법당으로 들어갔다. 108배를 하면서 내 참회가 진정으로 모두에게 받아들여지기를 빌었다. 아버지 어머니에게, 아내와 두 아들에게, 형제와 친척에게, 친구들에게, 사회에서 만났던 분들에게, 그리고 모든 과거와 현재의 업에 대하여 하나하나 참회하고 하나하나 용서를 빌었다.

"모두 다 제 탓이었습니다."

시작 후 반환점을 돌 무렵, 우리는 12월 30일에 집으로 돌아갈 수 있도록 허락을 받았다. 갈 날이 지정되니 힘이 더 생겼다. 마라토너는 반환점을 돌면 그때부터 전력을 다한다. 꼭 그런 심정이었다. 왔으면 무엇인가 얻고 가야지 했다. 현재 지금 걱정거리는 없고, 간소한 음식이지만 삼시세끼 제시간에 먹을 수 있다. 남을 잡는 것이 아닌 나를 잡는 일이다. 마음먹기에 달렸다는 생각에 골인 지점을 향해 부단히 달렸다.

어느덧 마지막 날이 되었다. 우리는 저녁 공양을 마치고 스님과 독대를 했다. 스님이 각자 느낌을 물었다. 나는 이렇게 감사의 답을 했다.

"나를 돌아보는 좋은 경험이었습니다. 모든 것이 나로부터 연유했었다는 것을 알게 되었으며, 나와 네가 둘이 아님을 알게 되었습니다. 잠깐 빌린 육체였습니다. 캐나다에서 좋은 스승을 만나 대학교에서 열심히 공부한 적이 있지요. 그것은 저에게 큰 행운이었습니다. 마찬가지로 스님과 만남을 큰 행운으로 생각하며 인생의 스승으로 생각하겠습니다. 여기서 배운 것을 항상 일상생활에서 실천하겠습니다. 그러나 살다 보면 노력해도 흐트러질 때가 있겠지요. 그때마다 다시 스님을 찾아뵙도록 하겠습니다."

그러나 이 말은 하고 싶었지만 못 했다. 너무 앞서기는 말 같아 보였고 마음이 아닌 머리로 말하는 것 같아 보였기 때문이다. 맞는 말인지도 몰랐다. 마음으로 안다면 나는 이미 도인이 된 셈이다. 다 아는 것처럼 이렇게 말하면 건방지다는 생각이 들었다.

"내 몸을 죽인 후 내가 참회로 모든 것을 버리고 그때 내 영혼마저 버려 보니 그곳은 텅 비었다. 그 자체가 우주인가요? 본래 마음이 아닌가요? 이 마음을 조금 느껴 보니 마음은 있음과 없음이 없고, 변함과 크기도 없으며, 오감으로 알 수 없고, 또한 어떤 곳에 있는 것이 아닌, 어디에나 있는 것 같아요."

　참으로 엄한 큰스님이었다. 여기 머무는 내내 엄한 지시와 독한 말의 연속이었다. 공양할 때도 그랬고, 독대할 때도 그랬다. 예불할 때도 그랬고, 설법할 때도 그랬다. 스님은 우리의 행동 하나하나를 CCTV로 눈여겨보고 있었다. 한 번은 30분 동안 "관세음보살"을 말하면서 좌선할 때, 크게 말하지 않았다고 나보고 당장 집으로 가라고 했다. 물론 그 때 크게 사죄했었다. 나에게만 그런 것이 아니고 모두에게 엄했다. 무엇보다도 힘든 것은 오랫동안 바닥에 좌불 자세로 앉아 있는 것이었다.
　알고 보니 스님 스스로 그렇게 독하게 신앙생활을 하고 있었다. 물론 알아주는 생불이고 도사 스님이라고 하니 할 만했겠다 싶었고, 안 보아도 우리의 마음을 다 알겠다 싶었다. 그래도 그렇지 너무한 것 아닌가? 웃자고 하는 말로, 나와 나이도 비슷한데 말이다.
　스님은 엄한 모습 속에 따뜻한 면도 있었다. 스님 방에서 덕담을 들을 때 따뜻한 차 한 잔은 너무 좋았고, 손수 만든 커피의 향도 너무 좋았다. 우리가 열심히 할 때는 말씀이 많아지면서 스님도 즐거워하였다.
　법당에서 예불을 마치고 여러 불자에게 설법할 때였다. 스님은 독대할 때 가끔 나에게 짤막하게 불호령하였는데, 그 설법 내용이 마치 그 때 불호령을 나에게 풀어서 설명하는 것 같아 감동받기도 했다. 전에는 대놓고 야단을 쳤는데 말이다. 공양 보살(식사 준비하는 불자)과 절에서 같이 지내는 불자들의 정성과 따뜻함도 특별했다.
　아무튼 내가 적극적으로 생각하니 큰스님의 엄함이 조금씩 괜찮게 들리기 시작했다. 나 스스로 열심히 하였고 스스로 작으나마 성과가 있다고 생각하니, 몸은 힘들어도 내 마음은 조금씩 안정되었다. 중반에 들어

가면서부터 스님의 엄함에서 따뜻함을 느끼기 시작했다. 스님의 나에 대한 관심이었나? 그러자 더 열심히 해야 한다는 부담감마저 생겼다. 물론 몰래 작은 요령을 피웠지만 말이다.

 큰스님은 가끔 자기 이야기를 했다. 스님의 과거 수련 이야기를 들어 보니 상상 그 이상이었다. 죽을 고비를 여러 번 넘겼다고 하고 수련 중 칼로 자기 살을 찔렀다고 했다. 영하의 암자에서 얼은 몸으로 오랫동안 염불을 해야 했다고 했다.
 20대 그 젊은 나이에 우리나라 최고의 사찰에서 생불이 되었다면, 아마도 피나는 노력이 있었으리라. 스님은 내 나이 또래다. 지금까지 현실과 돈에 타협하지 않는 그 고집은 대단해 보였다. 내가 그런 스타일을 좋아하나 보다. 그래서 스님이 나더러 다시 올 사람이라고 했었나 보다. 마지막 날 이틀 전이었나? 스님이 나에게 물었다.
 "괜찮아요. 기분은 어때요?"
 그때 스님의 얼굴에서 옛 어른이 자존심을 세우면서 기뻐하는 모습 같은 것을 보았다. 나는 미소를 지으며 대답했다.
 "스님께서 기뻐하시니, 저도 매우 기쁩니다."

 집으로 가는 날이었다. 나, 친구, 친구 형, 이렇게 우리 셋은 한 차에 올라탔다. 스님 차가 우리를 앞섰다. 방어회를 사기 위해서 스님이 소개하는 인천 어항의 방어 도매상에 도착했다.
 친구가 대방어 두 마리를 사서 어시장에 들러 회로 쳤다. 일부는 절에 계시는 불자를 위하여 스님에게 드리고, 일부는 우리가 세종에 도착하여 마실 한잔의 술안주용이고, 나머지는 친구가 다니는 세종의 어느 절에 갖다드리기 위함이었다.

　세종에 도착했다. 우리는 자주 가는 단골 음식점에 판을 벌이고 대방어회를 펼쳤다. 2020년이 막 가고 있었다. 해를 보내기 전에 각자 우리는 대단한 무엇인가를 했다. 수고했다고 나에게 소주 한잔의 여유를 주고 싶었다. 나 역시 중생인가 보다. 오늘 이 순간만 빼고……. 소주 한잔에 방어회를 입안에 넣었다. 그 향기와 맛은 일품이었다. 소주의 쌉쌀함과 대방어회의 부드러움은 최상이었다. 두어 잔에 벌써 내 영혼이 황홀했다.

　집으로 돌아왔다. 잠이 쏟아졌다. 자고 싶을 때 자는 잠이 얼마나 달콤하고 고마운지. 좌불 자세가 아닌 의자에 앉아 지낼 수가 있다는 것이 얼마나 고마운지. 엉덩이 살이 불편했다. 보니 살이 없는 내 엉덩이가 헐고, 정강이에는 물집이 생겼다. 하루 내내 열흘 동안 좌불 자세로 앉아 있었으니 그럴 만했다. 그것을 보니 나를 낮추고자 하였던 내 자신이 떠올랐다.

　다음 날 집 근처 산에 올랐다. 2020년 마지막 날이었다. 하얀 눈이 온 세상을 덮었다. 오르는 발걸음이 예전과 달랐다. 마음도 달랐다. 무엇이 다른지는 몰라도 발걸음은 더 가벼웠고, 왠지 모르게 마음은 즐거웠다. 하얀 눈을 보는 마음도 달라졌음을 느꼈다. 눈 덮인 나무로 짠 긴 길이 보였다. 저 끝에서 갈라지는 길에는 오직 마음만이 있겠다 싶었다. 눈도, 길도, 나무도, 나도 다 같음을 느꼈다. 내 눈으로 본 것, 내 귀로 들은 것, 내 감각으로 느낀 것, 내 마음속의 것, 이 모든 것들이 허상임을 느꼈다. 다 내 탓이다. 바닥에 나를 낮추었다. 본래 마음, 그것을 느껴 보았다.

　열흘하고도 이틀의 이탈은 내 일생 동안 이리저리 끼인 스케일(여기서는 업이라 했다)을 없애는 작업이었다. 내 눈에 쓴 색안경을 벗어 버리는 것이다. 완전히 그 스케일을 없애면 본래의 내가 남을 것이다. 그러면 본래 나를 볼 수 있고, 또한 너를 볼 수 있고, 나아가 만물을 볼 수가 있다. 그때 나는 있지도 없지도 않는, 어디에나 있는 공간 같은 것일까? 그것은 내 본래 마음인가? 그렇다. 본래 마음을 알면 상대(너, 그들, 세상)의 마음을 꿰뚫어 볼 수 있다고 한다. 이런 체험도 하나의 보람이었다.

스케일, 이것을 완전히 녹이고 없애기 위해서는 진정한 참회의 시간이 필요하다. 열흘하고도 이틀은 이런 시간이었다. 이는 보람된 큰 시작이었다. 진정 '나는 무엇인가?'를 알기 위해서는 이와 같은 수련이 반복되어야 할 것 같았다. 그런데 그것을 얻은 후 다시 업을 짓지 않는 방도는 무엇일까? 또 다른 크고 깊은 삼매와 더불어 혹독한 공부가 수없이 필요하겠지. 우선적으로 나에게 필요한 것은 참회를 통하여 지은 업을 녹이는 것이다. 그러면 '나는 무엇인가?'를 조금씩 알게 되면서, 저절로 더하는 업마저 없을 것이다. 문득 절 방에 붙어 있는 시구(나옹 선사, 1320~1376)가 떠오른다.

> 청산은 나를 보고 말없이 살라 하고
> 창공은 나를 보고 티 없이 살라 하네
> 욕심도 벗어 놓고 성냄도 벗어 놓고
> 물같이 바람같이 살다가 가라 하네

11 제로 에너지 주택을 지어라

3년 전인가? 고향에 가서 살아 보고자 경주를 방문하였다. 마침 고향의 전원 지역에 작은 땅을 후배로부터 소개를 받았다. 허름한 기와집이 있는 80평 정도의 작은 땅이었다. 근처 대단위 원룸 주거지와 상가가 있고 시내버스 노선도 있어, 자동차로 20분이면 울산과 경주 시내로 갈 수 있었다. 나는 5천만 원이면 착한 가격이라 생각하고 덜컥 매입했었다.

2022년 이른 봄 그곳에 기존 건물을 허물고 새 건물을 짓기 시작했다. 철거 비용으로 1,000만 원이 들었다. 그것도 후배에게 부탁하여 최저가로 한 것이었다. 주택과 사무소가 있는 전원 건물에서 나의 꿈이었던 설계 사무소를 운영한다고 생각하니 신이 났다.

내 집을 내가 설계하는 것은 건축가만의 특권이다. 설계를 끝내자 마음이 변했다. 다시 고민하고 그때마다 설계를 또 변경했다. 작은 집이지만 모형도 만들어 보았다. 요즈음은 CAD로 설계를 한다. CAD 프로그램이 없어 그 옛날 했던 것처럼 손으로 종이에 그렸다. 내가 손수 설계하니 비용이 들지 않지만 연필로 여러 번 설계하는 것은 무척 힘든 작업이었다. 그래도 수십 번도 더 설계를 했다. 그렇게 자주 설계를 변경하는 경우는 처음 본다고 공무원이 투덜댔다.

조용하고 아름다운 자연 속의 그림 같은 집, 언덕 위의 하얀 집……. 사람 사는 곳이란 이런 곳이 최고인가? 글쎄다. 경치가 좋은 조용하고 아름다운 자연 속의 집은 딱 6개월이다. 아무리 자연이 좋아도 시간이 지나면 사람이 그리워지는 것이다. 정을 못 느끼면 아무리 미인이라 한들 6개월이 지나면 무덤덤해진다. 사람 얼굴만 보고 살 수는 없다.

내 집은 그렇지 않다. 앞으로는 작은 밭이 보이고, 좌우 뒤는 시골 마을 집이 있다. 앞으로 저 너머에 개울이 있고, 그 너머 5층 아파트가 보인다. 밤이면 불빛이 반짝인다. 저 너머 강둑 도로에는 자동차가 지나간다. 밤에는 자동차 불빛이 반짝인다. 걸어서 상가에 갈 수 있고 시내버스 정거장에도 갈 수 있다. 경주와 울산 시내는 이 시내버스를 이용하면 쉽게 갈 수 있다.

경치 좋은 전원주택이라기보다 밭이 있는 촌 동네 집이다. 막상 살아 보니 조용하고 전원 같은 곳이면서 주변에 사람 사는 냄새가 났다. 그 냄새가 좋았다. 여기가 사람이 사는 동네구나 하면서…….

설계와 시공의 기본 방향은 제로 에너지 주택이었다. '외부와 내부의 열 이동을 제로로 하고 여름에는 시원하게, 겨울에는 따뜻하게 한다.' 그래서 주요용도(안방, 작은방, 거실, 작업실)를 햇볕이 충분히 받도록 남향으로 배치하였다. 반대편 북측에는 보조용도(욕실, 안방 욕실, 보일러실, 다용도실)를 배치하였다. 햇빛을 받는 남측은 충분히 햇빛을 받고, 햇빛이 없는 추운 북측에는 보조용도 공간이 이중으로 막고 있다. 그래서 겨울에는 단열과 방음 효과가 탁월했다.

연면적 25평이라는 작은 면적에 방 두 개, 거실, 작업실, 주방, 욕실 두 개, 다용도실, 창고, 다락……. 이렇게 실은 많다. 그래서 답답함을 없애기 위해서 실마다 남측으로 큰 창문을 두었고, 실마다 천장 높이를 다르게 하여 단조로움을 없앴다. 벽, 천정, 싱크대, 붙박이 가구, 창문……. 내부는 흰색 톤으로 전체적으로 밝게 하였다. 25평이라는 넓이의 한계를 극복하기 위하여 5평 다락을 두었다. 이렇게 하니 다양하고 아기자기한 공간이 되었다. 겨울에 창문으로 들어오는 햇볕만으로도 내부는 따뜻하였고, 실면적보다 창문이 큰 실은 겨울에는 난방이 없어도 정말 따뜻하였다.

벽과 지붕 시공에서 단열 성능을 높이고 열 이동(Heat Bridge)이 전혀 없도록 했다. 보통 건물은 구조 때문에 어쩔 수 없이 내부와 외부 사이에 열 이동이 생긴다. 철골 구조라 하더라도 내부 뼈대가 외부로 연결되는 경우가 많고, 지붕 철판은 으레 내부와 외부가 서로 연결된다. 아무리 단열을 해도 철판의 열전도로 실내로 냉기가 들어온다. 창틀(단열 창틀이라 해도)에서도 마찬가지다.

그뿐인가? 바닥으로부터도 냉기가 들어온다. 아무리 시공을 꼼꼼하게 하여도 그렇다. 겨울 난방을 하면 이런 열이 빠져나가 아마도 연료비가 30% 이상 허비가 되는 것이 사실이다. 물론 시공자는 거짓말이라고 펄펄 뛸 것이다.

겨울에 난방을 하고 지내면 구석구석 이슬이 맺힌다. 눈에 보이는 곳도 있지만 안 보이는 내부 결로도 많다. 그곳에 눈에 보이지 않는 곰팡이가 핀다. 새로 지은 근사한 집에서 열 손실과 함께 곰팡이와 습기를 평생 안고 사는 것이다.

철이나 콘크리트는 열을 전달하는 데는 일등 공신이다. 'Cold Bridge(구조체를 통하여 외부의 차가운 열이 내부로 전도되는 현상)를 없애라.' 그래서 외부와 내부가 서로 연결되는 어떠한 구조체(콘크리트와 철부재)가 없도록 시공했다. 그래서 건물에 붙는 발코니, 차양, 부속 건물, 외부 바닥을 만들지 않았다. 주택에 이런 용도를 덧붙이면 일괄 시공으로 공사비를 낮출 수 있고, 주택 편익성이 매우 높아진다. 그러나 나는 모두 포기했다. 그 대신 집 완공 후 필요한 부분을 별도로 시공했다.

처마도 완전히 없앴다. 지붕 패널과 벽 패널, 벽 패널과 벽 패널이 만나는 부분은 45도로 잘라서 교차시켰다. 외부 패널 철판은 외부 패널 철판만 서로 만나고, 내부 패널 철판은 내부 패널 철판만 서로 만나도록 하여 그 사이 단열재만 있도록 했다.

그렇게 시공하니 집이 완전한 박스 모양이 되었다. 사실 건물이 복잡한 형태이면 그만큼 시공이 어렵고 열 손실도 많아진다. 가장 단순한 사각 박스형이 최고다. 아름다운 형태미도 단순한 기하학 형태에서 나온다.

겨울이 되면 기초 철근 콘크리트 판 부근 땅이 영하 이하로 내려간다. 당연 철근 콘크리트 기초 판도 영하로 내려간다. 그 기초 판 냉기가 바닥을 통하여 내부로 유입된다. 즉 밑으로 빠지는 열은 엄청나게 된다. 보통 단열재를 깔고 기초 판을 시공한다. 세월이 흐르고 나면 철근 콘크리트와 건물 무게로 단열재가 줄어들고, 또한 습기에 의해 단열 성능은 저하된다. 그리고 철근 콘크리트 기초 판은 바로 외부에 노출되어 단열 성능은 극히 나빠진다. 그것을 방지하기 위해서 나는 기초 판을 시공하고 그 위에 단열재를 깔았다. 그리고 외벽 단열재를 기초 측면까지 덮었다.

겨울에 온기가 내 집 내부에서 외부로 빠져나가는 것은 거의 없다고 본다. 겨울 햇빛으로 내부로 유입되는 온기만 있을 뿐이다. 사실 태양열 발전기보다 더 효율이 좋은 것이 겨울철 창문으로 들어오는 햇빛이다. 전체적으로 열용량이 적고 열 손실이 거의 없어, 내 집은 겨울 저녁에 조금 난방하는 것으로 충분하다.

건물 출입 방향을 고민했다. 건물 정면이 아닌 건물 뒤쪽으로 주된 출입구를 정했다. 출입구를 정면 남향으로 정하면, 귀하디귀한 남향 면적이 그만큼 없어진다. 그리고 집 앞 정원의 프라이버시가 나빠진다. 집 앞으로 출입문을 내는 것은 동양의 전통적인 방법이다. "어째 출입문이 집 뒤에 있어?" 하고 사람들이 입방아를 찧었다. 그러나 박스형의 25평의 공간은 그리 크지 않다. 남향 공간을 유용하게 사용하면서 정원의 프라이버시를 보호하기 위해서 출입문을 뒤로 배치하였다. 이 점은 서양식이다.

집 조형적인 면을 고민했다. 두 뾰족 삼각형을 겹쳐 놓는 기하학 형태를 선택했다. 그리고 앞뒤로 넓은 데크를 두었다. 농촌의 농토와 농가 주택이 수평적이다. 여기에 뾰족 솟은 삼각형이 매우 자극적이다. 활동과 창의가 넘치는 젊은 사람이 사는 집이라는 것을 암시하기 위함이었다. 건물 전체 색을 빨간색으로 하려 했으나, 그런 색상의 패널은 생산이 되지 않는다 해서 포기했다.

실내의 아늑함을 추구했다. 주택은 노는 공간이라기보다 쉬고 재충전하는 공간이다. 있으면 잠이 들 것 같은 막힌 공간을 추구했다. 작고 아늑한 공간, 그런 공간들이 오밀조밀 연결되고, 남향 창문 사이로 전원 풍경이 보이며, 뒤로는 이중으로 외부와 차단되는 아늑하고 작은 전원주택이다.

저렴한 자재로 꼼꼼하게 지은 80평 땅 위의 25평 전원주택의 별스러운 형태……. 요즈음 유행하는 아름다운 자연 속의 예쁜 집은 아니다. 그러나 내 눈에는 삼각형의 기하학 형태미와 단순미는 두고두고 보아도 신선하다. 성능 면에서 제로 에너지를 추구하였으며 내실에 중점을 두었다. 데크는 내구성을 위하여 시공비가 비싸더라도 철관으로 가구를 짜듯 시공했다. 이 방법은 복잡하고 비용이 많이 들기 때문에 공공건물에도 적용하지 않는다.

실마다 다른 천장 높이, 다채로운 공간 구성, 크지도 작지도 않는 적당한 크기의 남향 전원주택, 내가 최소 경비로 직접 지은 집이다. 최초로 내 마음대로 설계하여 지은 건물이다.

보통 설계 의뢰가 오면 집주인(의뢰자)의 생각을 설계에 반영한다. 아무리 전문가인 내가 건의를 해도 건물주의 요청에 의해 설계가 된다. 그것이 틀린 방법이라 해도……. 저것은 아닌데 하여도……. 그러나 내가 고집하면 의뢰자는 오지 않는다. 설계도 의뢰자를 상대로 한 경제 활동이다.

원칙을 바탕으로 내가 추구하는 대로 집을 지을 수 없을까? 건물주에게 의뢰를 받지 않고, 내 돈으로 땅을 사서, 내 마음대로 설계, 시공, 완공……. 그리고 판나면 얼마나 좋을까? 건물을 짓는 데는 많은 자금이 소요가 된다. 나에게는 애초에 불가능한 일이었다. 그런데 이제 늦게라도 그 한을 한번 풀었으니 여한이 없다.

캐나다 공예 디자인 대학교와 대학원(Graduated Program) 과정을 끝내고 지금 나는 금속 공예 작품 활동을 하고 있다. 작품이 다 그렇다. 재료비와 작은 인건비라도 건질 수 있으면 팔아서 다음 작업을 이어 간다. 무명의 예술가는 보통 그렇다. 다행히 캐나다는 여건이 좋아 작품을 팔면 작은 인건비 정도는 건진다. 나는 처음이자 마지막으로 지은 내 전원주택을 팔았다. 마치 내 공예 작품을 팔 듯 최소한의 인건비만 받고 말이다. 그래서 그런가? 쉽게 주인을 찾았다.

공예 작품은 팔아야 더 나은 작품을 구상한다. 계속 가지고 있을 수 없다. 전원주택도 내 하나의 작품이다. 내가 즐기면서 오랫동안 살아야 했지만 그럴 수 없었다. 다음 작품을 위해서가 아니라 돈이 필요해서다. 아쉬웠지만 정성으로 만든 내 공예 작품을 파는 것과 같다고 여겼다. 이는 결과보다 과정을 즐기는 창작가의 마음이다.

이제 다시 집을 지을 기회는 없을 것 같다. 그렇다고 그냥 시간을 보낼 수 없다. 창작은 신이 하는 일이다. 나도 A Creator(창조자)니 무엇인가 계속 창작 활동을 해야 한다. 건물이라는 창작은 돈이 많이 들고 시간이 많이 걸린다. 경제적인 형편 때문에 작은 건물을 짓는 것이라 해도 나에게는 어려운 일이고 노년에 맞지도 않다. 그 대신 금속 공예에 심취해야 할 것 같다. 금속 공예는 작은 금액으로 내 가치를 실현할 수 있다. 내 마음대로 만들어서 내 마음대로 대중에게 내놓을 수 있기 때문이기도 하다.

12 상추와 고등어조림 한상

　나는 농촌에 태어나 살았어도 평생 농사를 직접 지어 본 적이 없다. 눈으로 본 경험밖에 없다. 낫으로 풀을 벤 작은 경험과 고등학생 시절 농촌 봉사 활동을 할 때 잠깐 나락을 베어 본 경험뿐이다. 내 주위 지천에 보였던 것이 풀이고, 나무고, 과일이다. 또한 산 너머 쉽게 접할 수 있던 것이 바다와 어물이었다. 그러나 사과 따기 혹은 바다낚시 정도는 해 보았지만 내가 직접 농산물을 생산하거나 물고기를 잡아 본 적이 전혀 없다.

　경주에 전원 단독 주택을 직접 다 지었다. 그때부터 한가했다. 내 집 주위는 공터가 많다. 주위 주민들이 이곳에서 텃밭농사를 짓고 있다. 이때 농사일하는 아주머니에게 말을 걸면, 그들은 기분 좋게 받아 주었다.

　옆집 아주머니는 여러 종류의 농사를 짓는다. 내가 상추를 좋아한다고 하였더니 수시로 상추를 가져다주었다. 어느 날 그분이 상추 모종을 주었다. 빈 땅에 심으라고 하면서 말이다. 그냥 내가 손에 받아 들고 가만히 있으니 답답했던가? 얼른 직접 공터를 개간하여 상추 모종을 심어 주었다.

　"아하, 저렇게 개간하여, 이렇게 심는가 보다."

　이렇게 눈으로 상추 모종 심기를 쉽게 배우게 되었다. 다음 날이었다.

공터 옆에 사시는 할아버지께서 그것을 보고는 한마디 했다. 내가 그곳에 옥수수를 심으려고 했는데……. 어른들의 심기를 조금이라도 상하게 하고 싶지 않았다. '예 어르신 알겠습니다.' 하고 나는 바로 옆 빈 땅을 개간하여 예쁘게 다시 옮겨심기했다. 상추를 심는 방법을 보았기에 이제 옮겨심기하는 것은 별것이 아니었다. 그다음 날이었다. 건너편에 사시는 어른이 나와 보더니 '그곳에는 내가 거름을 뿌린 곳인데…….' 라고 하였다.

"아뿔싸!"

내 집 뒤에는 양지바른 작은 공터가 있다. 나의 집 주방 바로 뒤니, 위치상으로 보면 내가 사용하기에 매우 적절했다. 땅 주인은 근처 동네 할머니다. 그 할머니에게 내가 상추를 심겠노라 하고 허락을 받고는 상추를 다시 옮기기로 했다. 집을 짓고 남은 50*50 강관으로 두 개의 사각 화단을 만들어 설치하고, 그곳에 상추를 옮겨심기했다.

심고 보니 요놈들이 살 것 같지 않았다. 하루에 한 번씩 3일 동안 3번 옮겨 심어졌기 때문에 어린 상추 모종은 정말 볼품이 없게 되었다. 나는 정성껏 심고 정성껏 물을 주었다. 내가 장날에 구입하여 심었더라면 아마도 대충 심었을 것이다. 이웃분이 나를 생각하여 준 것인데 하나라도 죽일 수는 없었다.

그런데 지금 요것들이 이렇게 건강하게 자랐다. 듬성듬성하였던 것이 이제는 바닥이 안 보일 정도로 무성했다. 양지바른 곳이고, 그동안 자주 비가 오고 날씨가 따뜻했기 때문이다. 사실 나는 모종을 흙에 심었을 뿐이다. 그런데 요놈들이 이렇게 푸르고 건강하게 자라고 있다.

매일매일 점심 저녁 반찬으로 10장씩 따 먹은 지도 나흘째이다. 그래도 아직 무성하다. 옆집 아주머니가 모종을 여러 가지로 섞어서 나에게 주었나? 상추 종류도 여러 가지다. 아마도 점심에 10장, 저녁에 10장으로 따 먹더라도 올 봄여름 계속 따 먹을 수 있을 것 같다.

재미있는 것은 이 상추가 매우 부드럽고 향기가 좋다는 것이다. 입에 넣으면 그냥 녹는다. 시장에서 파는 상추는 부드러움과 향기보다 잎이 힘이 세고 매우 신선하게 보인다. 수확하기 바로 전 쉬이 시들지 말라고 강화제를 뿌렸기 때문이다.

내가 만든 화단 옆으로 부추가 난다. 전에 부추인지도 모르고 전체를 개간해 버렸다. 그래도 부추가 듬성듬성 난다. 부추 뿌리는 깊이 있는 모양이다. 지금 그놈들이 깊은 흙을 뚫고 올라온다. 동네분이 그것이 부추라고 하여 이때 알았다. 조금씩 베어서 상추와 함께 반찬으로 먹는다.

상추를 직접 심어 키워서 먹어 보니 욕심이 났다. 내 집 담장은 경사면이다. 아직 놀고 있는 공터도 주변에 좀 있다. 이곳에 내가 가장 좋아하는 호박을 심어야겠다는 생각이다. 그리고 고추, 가지, 파도 심어야겠다. 이것은 가장 심기 쉽고, 관리가 편하다고 동네분이 알려 주었다.

내년에는 동네분에게 상추 모종을 구하든가, 아니면 장날에 모종을 구입해야 할 것 같다. 상추 모종이 자라 큰 잎이 되면, 나는 상추를 따서 흐르는 물에 잘 씻어 쌈으로 먹는다. 양념과 고기에 싸서 먹기도 하고, 양념과 고기 없이 그냥 밥에 쌈으로도 먹어 본다. 어떤 때는 상추를 총총 썰어 식초, 고춧가루, 멸치젓, 설탕, 그리고 올리브오일과 함께 섞어서 먹는다. 한마디로 상추 드레싱이다. 정말 맛과 향기가 특별하겠다. 생각만 하여도 흥분이 된다.

오늘 경주 장날이다. 고등어가 매우 저렴하였다. 6마리에 5,000원에 구입하여 집에서 자르고 씻고 양념해서 고등어조림을 했다. 나는 생선, 양파, 마늘, 파, 고춧가루, 식초, 멸치젓 2숟가락, 이렇게 물기 하나 넣지 않고 살짝 조렸다. 이는 내 전공이다. 밥, 고등어조림, 상추와 쑥갓……. 이것만으로도 오늘 나에게는 최고 저녁이었다.

13 적게 먹고 살아간다면

　사람의 욕망을 크게 나누면 식욕, 색욕, 그리고 물욕을 들 수가 있다. 그중 없으면 안 되는 것이 '먹는 문제' 즉 식욕이다. 먹고살기 어려울 때는 최소한의 먹거리로 살아가지만, 생활 수준이 좋아지면 최우선으로 크게 움트는 것이 바로 식욕이다. 그다음으로 색욕이다. 여유가 생기면 그때 물욕이 생긴다.

　식욕은 어떤 형태로든 우리의 건강을 한평생 좌우한다. 나이와 건강에 좌우되는 색욕과 개개인의 주관이 많이 관여되는 물욕은 건강에 직접적인 영향을 미치지 않는다. 그러나 '먹는다'는 것은 우리 생활에 매우 중요한 원초적인 욕구이기에 건강에 미치는 영향이 매우 크다.

　건강하게 살기 위해서는 우리 몸이 필요로 하는 정도만 먹으면 된다. 필요 이상 먹는 양만큼 건강에는 해가 된다. 그만큼 몸이라는 공장을 필요 이상으로 돌려야 하기 때문이다. 만약 먹는 양이 적다면, 몸은 유기체여서 모자람을 스스로 극복하고 그 환경에 적응한다.

　즉 들어오는 양이 많다면 당연히 처리해야 할 일이 많기 때문에 몸은 그만큼 더 가동되어야 하나, 반면 모자라면 몸은 살기 위해서 그만큼 음식을 알뜰살뜰 섭취하려고 하면서 스스로 적은 양에 적응해 나간다는 뜻이다. 그래서 남는 것보다 차라리 모자람이 낫다고 한다. 그러나 식욕이 쉬이 허락하지 않는다.

음식을 먹은 후 몸이 일하는 과정을 단순화해 보면 이렇다.

소화 과정(음식을 부수고 섞어 영양을 흡수하는 기능이다. 위장)
영양 과정(영양을 보관하거나 에너지로 변경하는 기능과 그 과정에서 생기는 불순물을 제거하는 기능이다. 간과 콩팥)
순환 과정(영양과 불순물을 나르는 기능이다. 혈관)

이 세 과정의 상관관계를 설정해 보면 소화 과정을 상부 구조라 하고, 영양 과정을 하부 구조라 하며, 순환 과정을 상부와 하부를 연결하는 순환 구조라 할 수 있다. 여기서 하부 구조는 상부 구조에 종속되어 있다. 즉 상부가 일하면 그것에 맞추어 하부가 작동하는 관계이다. 상부가 일을 많이 하면, 하부도 따라 부하가 걸린다는 것이다.
상부 구조는 보통 물리적 기능이 많고, 하부 구조는 화학적인 공정이 대부분이며, 순환 구조는 반반이다. 사람의 몸은 이 세 구조가 유기적으로 잘 연계가 되어 있다. 사람은 운동을 하여 세 과정의 능력을 유기적으로 발달시킨다.
만약 필요 양보다 많이 먹으면, 상부 구조라는 공장이 필요 이상으로 가동되면서 당연히 하부 공장도 따라 필요 이상으로 돌아간다. 그런데 상부는 물리적인 기능이 많아 위장이 '나, 힘들어.' 하고 자주 불평을 하지만, 하부는 주로 화학적인 작용 덕분에 말이 없다. 그리고 상부는 시도 때도 없이 자기 하고 싶은 대로 하지만, 하부는 자기 의지와 관계없이 상부 작용의 치다꺼리를 해결해야 한다.

예를 들면 저녁에 밥을 많이 먹고 자면, 하부는 밤새도록 공장을 돌려야 한다는 것이다. 술을 많이 마시면 몸은 취하여 좋겠지만, 하부는 정신없이 정화라는 일을 해야 한다. 자기가 쉬고 싶을 때 못 쉰다는 것이다.

더구나 더 먹는 만큼 노폐물도 더 많이 생긴다. 어떤 때는 정화 장치인 간장이나 콩팥도 힘이 달려 낑낑거린다. 혹은 대충 정화시켜 버리기도 한다. 따라서 순환 구조인 혈관은 정화되지 않은 물로 오염되고, 그 찌꺼기는 혈관 벽에 달라붙는다. 그리고 점점 혈관은 좁아지면서 딱딱해진다. 자동차로 따지면 엔진 오일은 더러워지고, 배기통에서는 검은 연기가 나오는 현상이다.

상부와 하부의 다른 점은 또 있다. 만약 상부가 아파서 문제가 생기면, 그래도 하부는 돌아간다. 그 반대로 상부는 멀쩡한데 하부에 문제 생긴다면, 그때는 몸은 올 스톱이 된다는 것이다. 상부는 힘이 들면 불평하는데, 하부는 말이 없다. 상부는 물리적인 기능이 많고, 하부는 화학적인 기능이 많기 때문이다. 그래서 위장 환자는 말라 가면서도 몇 개월 더 살아가지만, 간장이나 쓸개와 콩팥 환자는 아프다 하면 바로 그것은 죽음을 의미한다. 즉 상부 구조가 탈나면 시름시름하지만, 하부 구조가 아프면 바로 간다는 것이다.

나이 65세에 위암으로 위장을 수술하였다. 2년 후 재발하여 이제는 음식을 삼키지 못했다. 그런 후로 6개월 이상 지나자 정신은 말짱한 데 반해 몸이 젓가락처럼 변하였고, 결국 굶어서 돌아가셨다는 어느 어른의 이야기가 있다.

비슷한 나이의 어른이 콩팥에 심한 부종이 생겨 입원하였다. 그 어른은 밥 잘 먹고, 말 잘하고, 멀쩡하다 싶었는데 며칠 만에 갑자기 말 한마디 못 하고 세상을 떠났다는 이야기가 있다. 상부 구조와 하부 구조의 차이를 알 수 있는 대조적인 이야기이다. 의미심장하게 들린다.

    결론적으로, 상부 구조가 일을 많이 하면 하부 구조는 그만큼 시도 때도 없이 부하가 많이 걸린다. 노폐물도 증가하고 순환 기관도 헐떡거린다. 그리고 노폐물이 온몸에 쌓인다. 그러나 사람 입은 식욕에 사로잡혀 제대로 씹지도 않고 마구 계속 삼키기만 거듭한다. 먹고 나서 앉거나 누워서 색색거리며 헐떡거린다. 입과 상부 구조는 만족하는데, 하부 구조는 구정물 속에서 말도 못 하고 허우적거린다. 말없이 묵묵히 견디어 나가다 한순간 비명 한 번 못 지르고 쓰러진다.
    정화 시설이 고장 났는데 사람 몸은 어떻게 될까? 순식간에 몸은 구정물로 오염이 되고, 바로 그것이 신경을 마비시킨다. 결국 깩소리 한마디도 못 내고 바로 저승길로 가는 것이다. 사실 이러한데, 우리는 시도 때도 없이 묵묵히 일만 하는 하부 구조를 생각해 본 적이 없다.

    반대로 적게 먹으면 몸은 어떨까? 몸은 살기 위해서 전투태세를 갖춘다. 음식 한 톨, 국물 한 방울까지 갈고 삭혀서 영양분을 추출하려 한다. 모자람에 몸은 긴장까지 한다. 또한 적게 먹는 만큼 하부 구조는 부하가 적게 걸려 적게 돌아가고, 그만큼 몸이라는 공장은 많이 쉰다. 노폐물도 적게 생기고, 정화 장치인 간장과 콩팥도 느긋하다. 평소 '필요한 것'(양과 질의 면에서)만큼만 먹고 좀 운동하는 것이 건강에 가장 좋은 이유다.
    어쨌든 많이 먹으면 몸은 많이 일하고 그만큼 노폐물도 많이 생기고,

그래서 또 더 일해야 한다. 당장 볼륨 큰 자동차 엔진처럼 힘은 세고 크나 망가지기 쉽다. 반면 못 먹어서 빌빌거리는 사람은 힘은 없고 약하나 항상 긴장하고 있다. 몸의 상부 기관과 하부 기관은 할 일이 별로 없고 순환시킬 것도 적으니 몸은 깨끗하다. 빌빌거리지만 오래 살 수밖에 없다.

그런 면에서 보면 많이 먹고 많이 운동하면 좋겠지 하는 생각을 할 수가 있는데, 이는 하부 기관과 순환 기관을 마구 닦달하는 일이니 수명 연장에는 도움이 되지 않는다.

오늘 잘 차려진 한상을 비싼 돈으로 주문하여 입과 배를 즐겁게 한다. 그럼 하부 구조는 넘치는 에너지와 영양분만큼 더 고생한다. 노폐물은 더 생겨서 더 정화해야 한다. 얼굴과 입은 여유롭고, 풍요롭고, 화사하고, 근사하지만 하부는 일에 낑낑거린다. 욕구에 미쳐 내 돈을 들여 하부를 괴롭히는 꼴이다.

학같이 산다. 그 대신 외롭고 마음을 졸이지만 몸은 편안하다. 돼지같이 산다. 그 대신 욕구대로 살고 마음을 풀 수 있지만 몸은 피곤하다. 절제인가? 아니면 충족인가? 그렇게 하여 좀 더 오래 살아 보아도, 그것도 오십보백보이니, 영속이란 세상에서 보면 아주 의미가 없어 보인다. 그러나 '조금 적게' 먹고 살아간다면, '스스로 마음을 조절하여 편안함을 얻는다.'라는 삶의 중요한 지혜를 얻을 수 있다.

14 자기를 버리고 더러움을 담는 무명옷

젊었을 때는 직장 때문에 주로 양복을 입었다. 고놈의 양복도 천이 울이면, 그때 기억으로 메리노 울로 기억한다, 겨울철용은 상쾌하면서 따뜻하였다. 반면 여름철용은 기분 좋게 시원했다. 확실히 자연의 천은 탁월했다.

실용성 때문에 화학 제품 양복을 입어 보았다. 착용 느낌이 좋지 않았다. 따뜻한 맛도 없었다. 통풍이 잘 되지 않아 땀도 찼다. 그러나 입어도 구김이 없어 다리미질할 필요도 없었고 때깔도 좋았다. 막 입어도 되었다. 가격도 저렴했다. 물을 잘 흡수하지 않으니 빨래하기도 쉬웠다.

울 양복은 입을수록 정이 갔다. 두고두고 잘 간직하면서 입게 되었다. 그런데 화학 섬유 옷은 입다 보면 영 정이 가질 않았다. 고놈은 땀이나 먼지 같은 나의 더러움을 훔치지 않았다. 고놈은 비비면 소리가 많이 나고 정전기가 생겼다. 밤에 보면 불꽃이 튀었다. 피부에 자극을 주고 겉만 번지르르했다. 값도 쌌다. 근본이 없는 것들……. 정말로 한 번 입고 버렸다.

이민을 하면서 양복 대신에 무명옷을 입었다. 청바지, 티, 속옷, 모두 무명이었다. 가라지 세일에서 구입하여 보면 대부분 무명옷이었다. 양말도 무명이었다. 추레하고 빨아도 얼룩이 있고 입으면 입을수록 구김이 많이 갔다. 결국 볼품없는 옷이 되었다. 새 옷이라 해도 색깔은 선명하지 않았다. 입어도 폼이 잘 나지 않았고 몸에 걸치면 축 처졌다.

그러나 입으면 매우 편하고 상쾌했다. 자주 빨지 않아도 입는 데는 그리 불편하지 않았다. 그리고 매우 부드러웠다. 그뿐인가, 손에 무엇인가 오물이 묻으면 쓱 하고 옷에 닦기가 아주 쉬웠다. 여러 번 닦아도 괜찮았다. 헤진 것은 꿰매어 입었다. 무명은 부드럽고 오물을 잘 품기에 매우 위생적이다. 통풍이 잘되어 끈적임이 없어 산뜻하다. 그래서 무명옷은 살갗에 직접 닿는 옷으로 많이 쓰인다. 수술용 거즈, 속옷, 아기 옷은 당연 무명옷이다.

요즈음은 많은 사람들이 화학 섬유 옷을 좋아한다. 그놈은 질기고, 색깔도 선명하고, 아주 실용적이다. 바람도 막아 준다. 그런데 맨살에 느낌이 그리 좋지 않다. 따뜻하지 않고 부드럽지도 않다. 그놈은 더러움이나 물기를 품지 않는다. 자기 모습만 뽐낸다. 정전기를 만들어 불꽃을 튕긴다. 그래서 그런가? 많은 사람들이 한 번 입고 버린다.

무명옷 같으면서 화학 섬유 제품은 없을까? 지금도 과학자들은 연구 중이다. 화학 섬유로 무명옷 같은 느낌과 성능을 만들어 보자는 연구가 끊임없이 진행되고 있다. 그래서 최근 착용감이 좋은 화학 섬유가 많아졌다. 특히 스포츠용, 산업용, 특수 용도에 많이 쓰인다. 당연 이런 화학 섬유일수록 인내의 연구가 많았기에 그나마 고급 제품이 될 수 있었다.

무명옷은 이런 화학 섬유 옷이 유행함에 따라 시장에서 겨우 명맥을 유지해 왔다. 그런데 요즈음 질기면서 바람과 물을 막아 주는 무명옷이 개발되어, 고급 패션 시장에서 화학 섬유 옷을 추월하고 있다.

오랫동안 연구실에서 인내의 연구와 개발 덕분에 화학 섬유 제품도 인기가 높고 고급 제품도 출고된다. 만약 화학 섬유가 자기 개발과 연구가 없었다면 무명옷의 장점에 밀려 이미 오래전에 세상에서 퇴출되었을 것이다. 무명옷도 부드럽고 더러움을 품는다는 장점에 만족하고 질기면서 방풍과 방수가 되는 고급 제품을 개발하지 않았다면, 무명옷 애호가로부터 외면을 받았을 것이다.

우리가 살아가는 세상도 이와 비슷하게 돌아간다. 겉으로 보기에 별 볼 일 없고 추레하지만, 부드럽고 남의 더러움을 품는 사람들이 있다. 그들은 비벼지고 걸레질되어도 별소리를 내지 않고, 그냥 부드럽게 더러움을 품어 버린다. 무명옷 같은 사람이다. 이런 사람은 자기 수양이나 계발에도 게을리하지 않는다.

그런데 보기는 좋고 때깔도 좋아도 남의 더러움을 품지 않고 바싹바싹 소리를 내는 사람들이 많다. 더욱이 부드럽지도 못하다. 아무리 비벼도 구김이 가지 않는다. 하물며 질기기조차 하다. 심지어 필요 없는 정전기를 만들어 불꽃으로 사람을 놀라게 한다. 화학 섬유 옷 같은 사람이다. 이런 사람들은 때깔 좋지, 구김 없지, 가격 좋지, 대충 입어도 괜찮지, 말 잘하지……. 몇 번 만나보고 금방 반한다. 몇 번 이야기 해보고 금방 딱 달라붙는다. 그들이 한동안 유명해지고 세상을 떠들썩하게 한다. 여론을 만들기도 한다.

남의 더러움을 품지 않고 부드럽지도 않다. 더구나 번듯하고 깔끔하고 있는 것같이 보인다. 비비면 소리가 나고, 정전기 불꽃을 튕기고, 번지르르한 말만 퍼붓고, 쓸데없이 참견하고, 비난을 일삼는 사람들이다.

서로 만나면 의견이 충돌되고 소란스럽다. 이런 화학 섬유 같은 사람들이 자기 수양이나 계발마저 없다. 더구나 사람은 늙으면 늙을수록 더 과거에 집착하거나 고집이 많아진다. 형편이 좋으면 좋을수록 더 이기적으로 변한다.

　무명옷같이 자기를 버리고 남의 허물을 담아야 대중으로부터 사랑을 받고 부드러움이 있어야 인정을 받는다. 여자도 남자도 살아 봐야 알 수 있고, 친구도 같이 오래 지내 봐야 알 수 있다. 늙어서 새로이 만난 친구는 더 그렇다. 오래 입고 보면 결국 무명이 좋다는 것을 안다. 입어 보면 알고 오래 지나 보면 안다. 사람은 더 그렇다. 자기를 버리고 더러움을 품는다. 저렴하다. 그리고 부드럽다. 무명옷만을 고집하는 이유다.

15 사랑에 빠지고 싶다

「사랑에 빠지고 싶다」는 지금 세대가 애창하는 노래다. 운동하고, 열심히 일하고, 심심하면 영화를 본다. 이런 오늘이 참으로 괜찮아 보이는데 왜 이리도 외로울까? 그 답으로는 '또다시 사랑에 아프고 싶다'는 내용이다.

이미 젊음을 멀리 보냈을 우리 세대는 이 노래를 부를까? 우리가 살아온 젊은 시절에는 열심히 공부하고, 열심히 일하고, 그리고 잘 살기를 바랐다. 결혼을 하고 애들을 낳았다. 이제 중년이 되어 지금은 참 괜찮은 삶을 살고 있지. 그런데 왜 이리도 공허할까? 왜 이리도 외로울까? 그 해답으로 또다시 인생에 아프고 싶어 할까? 이미 내 인생의 대부분은 지나가 버리고 내 몸은 쪼글쪼글하지만 지금 삶은 꽤 괜찮다. 그런데 어떻게 이룬 꽤 괜찮은 삶인데, 우린 그렇게 할 수 있을까?

중년인 우리도 그 노래를 부를 수 있을까? 우리도 다시 사랑에 아프고 싶거나 인생에 아프고 싶다는 생각으로 나 스스로 만든 틀을 깨고 나갈 수 있을까? 그런 노래를 애처롭게 부를 수 있을까? 그런데 우리는 그런 노래를 못 부를 것 같다. 정말로 못 할 것 같다. 그래서 우리는 지나간 시절을 회상하며 트로트에 열광하고 있는 모양이다.

왜 우리 중년들은 이런 노래에 감명을 못 받을까? 어떻게 이룬 지금의 꽤 괜찮은 삶인데, 어떻게 만난 지금의 안정된 삶인데, 그런데 말이다. 또다시 삶에 아프고 싶어 할까? 그래서 「한 많은 대동강」을 우리는 또다시 듣고 싶어 한다. 울면서 짜면서 부르고 듣는다.

우리 중년은 가족을 위해서 살았었다. 평생 나 자신을 위해 살아 본 적이 거의 없었다. 스스로 자신을 위해 케이크에 촛불을 밝힌 적이 없었다. 지금도 그렇게 산다. 충분히 가지고 있고 그리고 매월 연금을 충분히 받고도 그 틀에 산다. 몸은 늙었다. 그 틀이 이제는 우리를 지키는 강한 무기가 되지만, 한편으로는 강아지 목줄처럼 우리를 구속시키는 감옥이 되기도 한다. 그래서 이제 꽤 괜찮은 그 틀을 깨고 나오기가 매우 겁이 난다. 지금의 우리는 체면과 관습 때문에, 혹은 지금의 풍요가 조금이라도 훼손될까 봐, 다시 사랑하고 아파하는 것에 두려워한다는 것이다. 그렇다면 죽는 날까지 외로움을 안거나 감추며 살 수밖에 없다. 자식은 그런 겁쟁이 부모를 즐기며 산다.

지금 젊은이들이 부르는 「사랑에 빠지고 싶다」라는 노래는 오늘 사랑하며 행복하자는 인간의 본성을 잘 나타내는 노래다. 내가 오늘 사랑하지 않으면 지금 정말 괜찮은 삶도 우리 인생을 재미있게 혹은 행복하게 하지 않는다는 내용이다. 정말로 지금 괜찮은 삶이다. 그래도 또다시 사랑에 아프고 싶다는 것이다. 이는 무엇에도 구애받지 않는 내 자신의 삶에 대한 자유로운 갈망이다.

어느 가수가 불러도 이 노래는 참으로 애처롭다. 목소리를 펑 열고 부르는 것이 아니라 목소리를 꾹 닫고 부른다. 이렇게 애처롭고 답답하게 외치는 것을 보면, 풍요롭고 자유롭게 사는 요즈음의 젊은이에게도 이것은 쉬운 일이 아닌 모양이다. 삶의 큰 도전이자 갈망인 모양이다.

문득문득 이 노래가 내 가슴을 크게 후벼 댄다. 나도 그 틀을 깨고 싶다. 사랑이든 예술이든 내 마음이 가는 무엇에라도 푹 빠지고 싶다. 혹여 잘못된다 하더라도 타성이나 관습이라는 틀에 갇혀 조용히 사는 것보다 낫다는 생각이 든다. 젊은이들이야 기회가 많지만 중년인 우리들에게는, 특히 은퇴자에게는 마지막일 수 있기 때문이다. 그렇게 산다면 누군가는 말년에 비참해진다고 한다. 그것이야말로 허상이고 마르크스적 물질주의자의 생각이다. 평생 가족과 관습이라는 틀 안에서 살았다. 이제 말년에라도 자유롭게 마음이 가는 대로 살 가치가 우리에게 있다.

이제 나도 65세 고개를 넘는다. 해야 할 일도 없다. 춥지 않고 배고프지 않다. 시간은 느긋하다. 가고 싶으면 어디든 간다. 성가시게 하는 사람도 없다. 운동하고 책 읽고 여행한다. 이 정도면 참 괜찮은 삶이지. 그런데 왜 이리도 외로울까? 나도 이제 「사랑에 빠지고 싶다」를 마구 불러 본다.

16 김환기 화백 생각

　백자 달항아리가 있다. 순백색에 푸른빛이 나는, 은은한 둥근달 모양의, 좀 못생겼지만 당당함을 보이는 국보 262호(용인대학교 박물관, 높이 49㎝) 백자 달항아리다.
　"온화한 백색, 유려한 곡선, 넉넉하고 꾸밈없는 형태."
　보는 이 모두 그런 느낌이 날까? 우선 보니 순백색에 온화함을 느낀다. 정확한 기하학적인 곡선이 아닌 다소 흐트러진 곡선이 보인다. 형태기 완전하지 않고 어떠한 문양이 없다. 꾸밈이 없으니 색, 선, 형태에서 보이는 맛은 바로 순수다. 그런데 넉넉함은 매우 주관적 표현이라는 생각이 든다. 보니 좀 치밀하거나, 예리하거나, 혹은 바쁘다는 느낌이 들지 않는다. 보니 그냥 편안하다. 그래서 그 느낌을 '넉넉하다'라고 하는 것 같다.

　백자는 순순한 백토와 무색투명한 유약을 바르고 가마에서 1,300~1,350도로 구워진다. 이 백토(태토)와 유약에서 아무리 제거를 해도 철분이 조금은 남아 있다. 구울 때 그 미량의 철분 때문에 산소 유입으로 황색빛이 조금 난다. 만약 산소를 완전 차단하면 청색빛이 조금 난다. 황색빛은 중국 북방에서, 청색빛은 중국 남방에서 유행하였으며 우리나라 백자에서는 주로 청색빛이 난다. 사실 너무 약한 청색빛이라 느낌으로 보아야 할 것 같다.

 백자는 참으로 만들기가 어려운가 보다. 그리고 그 순백색을 내는 것도 쉽지 않아 보인다. 그 당시 맨몸으로 가마 불을 때면서 경험과 느낌만으로 그 강약과 시간을 조절해야 했다. 그래도 성공률이 높지 않았다. 그리고 도예가의 특별한 예술성도 필요했다.

 조선 시대 천대받는 최하류층, 그 바닥에서 살아가는 그들은 양반들 눈에는 사람같이 보이지 않았다. 그런 대우를 받으면서 겨우 숨 붙을 정도로만 끼니를 이어 가면서 몸과 마음을 던져 겨우 하나를 만들면, 그것을 누가 가져갈까? 나으리들이었다. 그들은 그것을 공물로 바쳐야 한다고 별 대가 없이 뺏다시피 가져가 버렸다.

 그런데 그렇게 될 걸 알면서도 그들은 왜 백자 달항아리를 아름답게 만들고, 그리고 최고로 만들었을까? 대충 만들면 될 일인데 말이다. 사람 대접 못 받고 짐승같이 살아도 살아가는 의미를, 자존감이라 할까, 만들기 위한 것이라 나는 생각한다.

 김환기는 뉴욕 작업실에서 그림을 그리다 사랑하는 아내를 두고 먼저 작업장에서 세상을 떠났다. 그의 그림에서 달항아리가 나온다. 그 이후 국지적이고 민족적인 작품이 아닌, 세계 모든 사람에게 감명을 주는 점화로 자기 이름을 세계에 알렸다. 그 점화는 우주 같고, 세계 같고, 우리 인간 같기도 하다.

 그의 작품을 보고 또 보아도 정확히 딱히 뭐라고 그 느낌을 표현하기가 어렵다. 국경을 초월하여 모든 사람들이 그냥 느낌으로 감명을 받는 것 같다. 우리만이 아는 것이 아닌, 우리만이 느끼는 것이 아닌, 세계 모든 지역 모든 계층 모든 사람들이 느끼는, 누구도 하지 않은 것을 세계 사람에게 그만의 세계를 표현한 것이다. 왜일까? 삶의 의미를 추구했기 때문이다.

그는 달항아리를 매우 좋아했다. 아니 사랑했다고 하는 표현이 맞다. 그래서 그의 작품에 달항아리는 언제나 강한 주제였다. 그러나 아무리 백자 달항아리가 뛰어나고 감명 깊었다 하더라도, 그것은 우리에게만 그렇다는 것을 그는 프랑스에서 작품 활동 하면서 깨달았다. 그리고 그는 미국으로 건너가서 모든 사람에게 감명을 주는 그림을 그리자 하면서 점화를 그리기 시작했다. 그 그림은 민족도, 사상도, 경계도, 상하도, 그 어떠한 범위가 없는, 모든 사람에게 감동을 주는 세계가 되고 우주가 된 것이다. 내 생각으로 그는 미국에 건너갈 때는 우리 것이라는 생각에서 벗어났다.

며칠 전 전시장에서 달항아리를 보았다. 온화함, 유려함, 넉넉함보다는 무덤덤했다. 지금 나는 순백에서 어렴풋이 비치는 그 청색빛을 보아도 별 감흥이 없다. 그뿐인가? 전시장에서 무얼 보아도 그렇다. 아니 요즈음 모든 일에 다 그렇다.

그 까닭은 무엇일까? 편안해서 그럴까? 나이 때문인가? 나를 다잡지 않아서 그럴까? 가는 세월은 무척이나 아쉬운데 말이다. 캐나다에서 힘들게 살면서 감흥으로 작품을 만들 때의 나는 어디 갔을까? 다시 해 볼까? 그래! 창작 작업에 몰입하기 위해서 내년에도 캐나다 대학교 작업실에서 몇 개월을 머물러 보아야겠다.

김환기 화백이 생각난다. 사랑하는 달항아리를 승화시켜 모든 세계 사람으로부터 사랑을 받는 점화를 죽을 때까지 그린 그가 오늘 매우 생각이 난다. 그런 그를 항상 사랑으로 변함없이 응원해 주고, 이해해 주고, 지원해 준, 그의 아내 김향안도 함께 떠오른다.

17 겨울 배추는 달고 향기롭다

　매일 아침 일어나서 조깅을 한다. 내 전원주택에서 나가면 작은 강이 있다. 나는 그 강둑 도로를 따라 달린다. 겨울 강바람이 매우 매섭다. 몸속으로 파고들어 온다. 그래도 잠을 자고 난 다음, 아침에 제일 먼저 하는 일이 이것이다. 몸을 일깨우는 일이다.

　찬 바람이 얼굴을 부딪고 몸속으로 파고들면 내 몸은 시원하다. 어떤 때는 오싹하다. 그래도 달리면 몸속에서 일어나는 열기는 차가운 냉기를 몰아낸다. 내 몸이 따뜻해지는 걸 느낀다. 팔다리가 풀리고 온기가 온몸으로 퍼진다.

　얼굴을 가렸던 머플러를 접고 겨울 점퍼의 지퍼를 내린다. 이제는 그 차가운 겨울바람을 당당하게 맞는다. 그리고 온몸으로 스트레칭을 해 본다. 온기가 올라오면서, 몸은 더 자유롭고 유연하다. 이렇게 오늘 하루도 활기차다.

　강가에 내려가 본다. 영하의 겨울에도 강물은 졸졸 흐른다. 이곳의 물은 항상 맑고 깨끗하다. 강물은 경사진 불국사 토함산 기슭에서 급히 내려오다 여기서 멈추고 쉬엄쉬엄 흐른다. 그러나 느리지 않다. 좀 더 가면 물이 고여서 가고 싶어도 쉬이 갈 수 없음을 알고 있기 때문이다. 홀로 깨끗하고 싶어도 그럴 수 없다는 것도 잘 안다. 여러 종류의 크고 작은 물길이 만나고 합쳐져 큰 강이 된다. 아마 바다와 가까워질수록 강물은 느려지고 그만큼 탁해질 것이다. 그래서 나는 여기 졸졸 흐르는 깨끗한 이 강물을 좋아한다.

물가에는 얼음이 있다. 물은 개의치 않고 흐른다. 계속 흐르면 영하의 기온에도 결코 얼지 않는다는 것을 물은 잘 알고 있다. 차가운 강물에 몸을 굽혀 쳐다보면 내 얼굴이 강물에 비친다. 차가운 물에 비치는 내 얼굴은 따뜻해 보인다. 내가 '하하 호호' 하고 웃으면, 역시나 그도 '하하 호호' 웃는다. 운동으로 따뜻해진 손을 강물에 담가 본다. 차갑지만 금방 시원함을 느낀다.

조깅을 끝내고 내 집 골목으로 들어오면 양지바른 곳에 심어 둔 여러 포기 상추가 눈에 들어온다. 이곳에 처음 와서 살 때는 이것이 상추인지 풀인지 몰랐다. 내가 텃밭에 상추를 키워 보니, 아! 이것이 상추구나 하고 알았다. 그래서 가을과 초겨울에 내 집 앞에 심은 상추를 따서 먹을 때 동시에 이 상추 잎도 따서 먹었다. 추운 겨울이었다. 내 집 앞 상추는 다 얼어서 죽었다. 당연 그놈들도 죽었으리라 여겼다.

그런데 무척이나 추운 오늘 아침에 양지바른 담 밑에 작게 핀 상추 잎을 발견했다. 크기가 작은 짙은 색깔의 상추 잎이었다. 이렇게 추운 겨울 아침에 어떻게 이렇게 살아서 있을까? 신기하였다.

손바닥 크기의 작은 상추 5장을 따서 아침 식사 때 오직 생잎만으로 입에 넣어 보았다. 정말 달고 부드러웠다. 그놈의 상추는 얼지 않기 위해서 달아야 했다. 겨울바람에 꺾이지 않기 위해서는 작고 부드러워야 했다.

집 앞 공터는 이웃집 아주머니의 텃밭이다. 고추, 무, 파, 배추가 심어져 있다. 추워지자 대부분 수확되었으나 아직도 일부는 그대로 있다. 고추는 말라 색이 바랬고, 무는 얼어서 먹을 수 없을 정도다. 파는 누른빛과 함께 여전히 푸른빛을 띠며 추운 겨울바람에도 꿋꿋이 서 있다. 아침에 조깅을 한 후 파 한 뿌리를 뽑아 와서 아침 요리에 넣기 위해 칼로 송송 썰었다. 그 진액은 정말 진하고, 그 향기는 무척이나 강했다. 영하의 겨울 온도를 견디어 나가는 방법을 파도 역시나 잘 알고 있는 것 같다.

가을 김장용으로 배추를 텃밭에 많이 심는다. 초겨울이 되면 다 수확되지만, 상품 가치가 없는 것들은 들판에 그대로 남는다. 영하의 추운 날이다. 내 집 앞 그놈들을 보면 내 느낌으로는 다 얼어 죽은 것으로 보였다. 어떤 놈은 주인에게 잘 보였는가? 끈으로 온몸을 싸맨 채로 있다. 그놈 속 알배기는 다행히 살아 있겠지.

반면 농부의 관심에 벗어난 놈들도 많다. 그놈들은 그 추운 겨울바람 속에서 자신의 잎을 모두 바닥에 펼치고 있다. 펼쳐진 배추의 주변부는 말랐으나, 그 중앙부는 노란색에 푸른빛을 품었다. 그 중앙부 잎을 잘라서 아침 식탁에 올렸다.

손바닥보다 작은 푸른빛 노란 잎이다. 먹어 보니 달고 바삭했다. 정말 향기롭고 달았다. 요놈들도 추운 겨울을 이기기 위하여 빨고 모은 땅속의 진액을 더 진하게, 또 더 진하게 만들어 얼지 않으려고 온몸으로 버티고 있는 모양이었다.

동네 입구에는 비닐하우스가 있다. 그곳에서는 배추, 파, 고추, 상추 농사가 지어진다. 가을이 되면 쓸 만한 것은 수확된다. 상품 가치가 없는 것은 파헤쳐져 버려진다. 한편에는 겨울 동안 먹을 배추와 파, 상추가 심어진다. 비닐하우스 내니 모든 잎이 야들야들하다. 먹어 보면 그냥 시원한 맛만 났다.

오늘도 아침 조깅을 하고 난 뒤 겨울 배추 맛을 못 잊어 텃밭에 들어가 겨울바람에 얼은 배추 중앙부 잎을 따서 아침 반찬으로 먹었다. 바싹바싹하고 향기롭고 달았다. 겨울을 이겨 나가는 배춧잎의 맛이다. 영하의 겨울에 자신의 몸을 그냥 바닥에 펼치고 있는, 누구도 쳐다보지도 않는, 겨울 찬 바람에 혼자 견디어 가는 배춧잎이다. 정말 초라하고 볼품없다. 그러나 그 배추는 달고 향기로웠다.

젊은 시절 고난과 어려움을 헤쳐 나갔고 중년을 지나 지금까지 어려운 세월을 꿋꿋이 이겨 냈다. 지금 설령 내가 가난하고 초라하더라도, 영하의 추운 겨울을 이겨 내면서 견디어 가는 겨울 배추가 달고 향기로울 듯 나도 그러리라. 지금은 나이 먹어 몸마저 둔하면서 아픈 곳이 생기고 외롭고 쓸쓸하고 힘이 들어도, 그런 이유로 나는 행복하다.

글을 끝내며

65세가 되었다. 은퇴 나이다. 갑자기 자유로운 시간이 많아진다. 무엇을 하면서 보낼까? 은퇴를 하여도 계속 일하는 분들도 있다. 나는 과감히 현업에 벗어나 삶의 보람을 느낄 수 있는 일에 몰입하고 싶었다. 그래서 과감히 사무소를 닫았다.

내가 직접 지은 전원주택에 머물 때였다. 금속 공예에 대한 글과 이미지를 정리하는 도중, 과거 여러 해 동안 쓴 많은 글들을 발견했다. 캐나다에서 살았던 10년 동안 그리고 고국에 돌아와서 지금까지 틈틈이 글을 써 왔다. 내 개인 블로그와 역이민 카페에 올리기도 하였다. 대부분 뒤죽박죽 정리되지 않은 글이었다.

2024년 1월이었다. 창 너머 농촌 풍경을 바라보면서 따스한 햇살이 들어오는 책상에 앉아 매일 글을 읽고 고치고 다시 정리했다. 시간 순서대로 나열하니 자서전 같은 에세이 모음이 되었다.

대단하지도 않는 평범한 삶에 대한 글이다. 이런 나의 글을 책으로 낸다는 것이 부끄럽기도 했다. 그러나 그냥 온라인 세상에 있다가 결국 사라지는 것보다는 한 권의 책이 좋겠다는 생각에 용기를 내었다.

나는 2016년 그림 수필집 『내 마음의 힐링 드라이브』를 발행했다. 처음으로 하는 것이라 멋모르고 쉽게 발행했다. 이번은 두 번째다. 그만큼 쉬워야 하는데 아니었다. 더 어려웠다. 다행히 내가 쓴 글을 다시 여러 번 정독하는 기회가 되었고, 내 삶을 되돌아보는 귀중한 시간이 되었다. "은퇴의 길목에서" 새로운 삶을 꿈꾸어 보자. 이제 내가 하고 싶은 것을 해 보자. 그럼, 나는 무엇을 할까? 시간을 어떻게 보낼까? 그리고 나의 미래는? 이런 물음을 제시하고 답을 만들어 가는 시간이었다.

무엇보다도 건강이 중요했다. 하루 종일 글을 쓰고 정리하는 일은 매우 힘들었다. 몸과 마음이 뻣뻣해졌다. 장시간 몰입하여 일을 할 때는 규칙적으로 시간을 내어 마음을 풀어 주고 몸을 단련시키는 것이 필요했다. 내 집 뒤로 저 너머 불국사가 있다. 매일 그곳까지 자전거를 몰고 가서 토함산 석굴암에 올랐다. 석굴암 입구에 서면 저 멀리 동해 바다 수평선이 보였다. 가슴이 확 트였다. 어떤 날에는 안무가 끼인 계곡과 산이 다가왔다. 자연의 신비함을 느꼈다. 그때 석굴암 대종이 크게 울렸다. 그것은 내 영혼을 불렀다. 토함산에 오르면 내 몸이 건강해짐을 느끼고, 내 마음이 맑아짐을 느낀다.

작년 봄에 경주 벚꽃 마라톤 대회에 참가했다. 봄나들이도 하고 내 건강과 체력을 확인해 보기 위해서였다. 10㎞ 달리기 코스는 벚꽃 도로를 따라 경주 보문단지를 한 바퀴 도는 것으로, 마라톤 참가는 내가 대학 시절 한 번 해 본 이후로 처음이었다. 완주 후 핸드폰으로 기록이 전송되었다. 1시간 2분 48초, 즉 약 1시간에 10㎞를 달린 것이다. 이 나이에 이 정도는 정말 괜찮아 보였다.

붉은 유니폼을 입고 만 명 이상의 사람들이 한꺼번에 달렸다. 한마디로 거대한 붉은 물결이었다. 이 물결 속에서 아직도 내가 생생하게 살아 있음을 느꼈다. 완주 메달을 받고 잔디에 앉아 먹는 국수 맛이 정말 황홀했다. 먹을 수 있다는 것에 얼마나 감사한지, 달릴 수 있다는 것에 얼마나 고마운지. 지속적으로 건강 관리를 해야 하겠다는 다짐이 저절로 생겼다. 마라톤 참가는 이렇게 큰 감동이 되었다.

마음 관리도 필요한 때이다. 괜히 외로워지고 허전해지는 중년이다. 이를 위해서는 보람되고 즐거운 일이 있어야 한다. 규칙적으로 마음을 관리하는 운동이나 모임도 필요하다. 나는 생각하고, 느끼고, 상상하고, 디자인하고, 그리고 새로운 무엇인가를 만드는 것에 매우 흥미를 느낀다. 여기서 즐거움을 얻으니, 창작 작업은 내 삶의 이유다. 마음을 관리하기 위해서는 규칙적인 요가와 명상이 좋겠다.

캐나다에서 살 때였다. 택시 기사로 일을 하면서 동시에 공예 디자인 대학교와 대학원(Graduated Program) 과정에서 공부했다. 그리고 평소 금속 공예 작업을 해 왔다. 작년 여름에 캐나다로 건너가 월세방에서 먹고 자고 지내면서 대학교 작업실에서 3개월 동안 오직 금속 공예 작업에만 몰입했었다. 은퇴를 하면 시간적으로 자유로워진다. 그냥 시간을 흘려보내고 싶지 않다. 좀 더 창작에 몰입을 하면서 틈틈이 글도 쓰고자 한다. 다음에는 금속 공예 책을 내고자 한다.

은퇴 후 건강을 위하여 매일 달리고 스트레칭하고자 한다. 그리고 즐겁고 보람된 일로 공예 작품을 만들고 글을 쓰고자 한다. 이제는 결과보다 그 과정을 즐겨야겠다. 1월 추운 겨울이다. 텃밭에 누워 있는 겨울배추를 창 너머 보면서 한 번 더 마음을 다잡는다.

2024년 2월 경주에서, 글쓴이 정연배